Beechy und Josephine Colclough

Die Zeit ist reif

Mut zur Veränderung – machen Sie mehr aus Ihrem Leben!

Aus dem Englischen übersetzt von Christiana Haack

Die Deutsche Bibliothek – CIP-Einheitsaufnahme

Colclough, Beechy:
Die Zeit ist reif : Mut zur Veränderung – machen Sie mehr aus Ihrem Leben! /
Beechy und Josephine Colclough. Aus dem Engl. übertr. von Christiana
Haack. – Landsberg am Lech : mvg, 2001
   (mvg-Paperbacks ; 08828)
   Einheitssacht.: A challenge to change <dt.>
   ISBN 3-478-08828-3

Wir danken allen Therapeuten und Klienten,
die uns in so großem Maße ihre Ideen
und Erfahrungen mitgeteilt haben.

Titel der englischen Originalausgabe: „A Challenge to Change"
Aus dem Englischen übersetzt von Christiana Haack

Umschlaggestaltung: Atelier Seidel, Altötting
Satz: mi, J. Echter
Druck- und Bindearbeiten: Ebner Ulm
Printed in Germany 08828/801402
ISBN 3-478-08828-3

Inhaltsverzeichnis

Teil II: Wie man Veränderungen vornimmt .. 111

Einleitung

Die Zeit ist reif soll Sie zu Veränderungen in Ihrem Leben anregen. Dieses Buch richtet sich an Personen, die an einem Scheideweg in ihrem Leben angelangt sind und die Hilfsmittel, die Motivation und insbesondere die entsprechende Überzeugung brauchen, um sich vorwärts zu bewegen und Veränderungen vorzunehmen. Mit-hilfe dieses Buches und der darin enthaltenen Übungen werden Sie die Bereiche Ihres Lebens, mit denen Sie unglücklich und unzufrieden sind, klarer erkennen und sich ihnen stellen. Veränderung erfordert sowohl Mut als auch Einsicht. Träumen allein bringt nichts, sofern Sie diese Träume nicht tatsächlich Wirklichkeit werden lassen möchten. Gehen Sie also nicht geradewegs von der Phase des Träumens dazu über, sich vorzusagen, was sich Ihnen in den Weg stellen könnte. Die möglichen Hindernisse dürfen nicht länger automatisch als Antwort kommen. Von jetzt an sollten Sie jedes Mal, wenn Sie „ach, wenn doch nur" denken, innehalten und dies durch „dann, wenn" ersetzen. Jedes Mal, wenn Sie sich selbst bemitleiden oder in eine negative Sichtweise verfallen, sollten Sie innehalten und sich sagen, dass Sie nie vom Fleck kommen, wenn Sie weiter so negativ eingestellt sind und nicht endlich anfangen zu glauben, dass alles auch anders sein kann. Dies ist äußerst wichtig – um etwas zu verändern, müssen Sie davon überzeugt sein, dass es möglich ist (selbst wenn Sie Ihres Erachtens nicht wissen, wie Sie das bewerkstelligen sollen).

Wir versuchen nicht, Ihre Gefühle infrage zu stellen. Wir möchten vielmehr betonen, dass Ihre Denkweise und Ihre Einstellung sich selbst gegenüber ganz entscheidend dazu beiträgt, ob Sie dem Altgewohnten verhaftet bleiben oder vorangetrieben werden. Von jetzt an haben Sie die Wahl, und es ist eine sehr positive, wenn Sie es nur zulassen. Vergessen Sie dies nie. Veränderung beginnt mit einer Entscheidung und Sie müssen diese Entscheidung auf Dauer treffen, indem Sie positiv denken, an sich glauben und so handeln, „als ob" ...

Von jetzt an brauchen Sie sich nicht mehr vor dem Eingeständnis zu fürchten, dass sich etwas verändern muss. Das ist kein Zeichen von Schwäche – sondern ein Zeichen dafür, dass Sie den für Veränderungen nötigen Mut aufbringen und die Einsicht haben, die Bereiche, die der Veränderung bedürfen, zu erkennen. Sowie Sie dies tun, werden Sie entdecken, dass Akzeptanz die Energiequelle wird, mit deren Hilfe Sie sich vorwärts bewegen und die nächste Phase beim Vollbringen Ihrer selbst gesteckten Ziele erreichen. Dieses Buch hilft Ihnen bei der Identifizierung dessen, was Sie wollen und brauchen, und zeigt Ihnen, wie Sie es vermeiden, in dem alten Gleis stecken zu bleiben, um endlich Ihre Ziele verwirklichen zu können. Übrigens akzeptieren wir nicht, dass Sie nicht wissen, was Sie tun müssen. Was Sie blockiert, ist die Angst vor dem Eingeständnis, dass sich etwas verändern muss, weil Sie vielleicht die Lösung noch nicht genau wissen. Auch hierbei wird Ihnen dieses Buch eine Hilfe sein, weil es Ihnen die Zuversicht zu der Erkenntnis verleiht, dass Sie nicht unbedingt eine Lösung parat haben müssen, um sich einzugestehen, dass sich etwas ändern muss. Sie müssen nicht von vornherein alle Lösungen wissen. Befreien Sie sich aus dieser Falle.

Bereiten Sie sich auf Veränderungen vor!

Wir möchten, dass Sie als Vorbereitung eingehend darüber nachdenken, wie zufrieden Sie mit Ihrem Leben sind. Scheuen Sie sich nicht, sich dieser Frage zu stellen. Es ist überhaupt nichts falsch daran, etwas zum Besseren verändern zu wollen. Veränderungen müssen nicht bedeuten, alles infrage zu stellen und bei null anzufangen. Stellen Sie erst einmal folgende vier Schlüsselfragen:

1. Entspricht das Ergebnis wirklich Ihren Erwartungen? Unumwunden gesagt, ist es das, was Sie wollen?

2. Was kostet Sie Ihre Lebensweise? Dies bemisst sich sehr generell in Begriffen wie Zeitdruck, Auswirkungen auf Ihre seelische und körperliche Gesundheit (wie Angst, Depression, Stress), Beziehungen, spirituelles Leben und natürlich Finanzielles. Seien Sie schonungslos ehrlich – bezahlen Sie einen zu hohen Preis? Wenn ja, müssen Sie etwas verändern. Opfern Sie nicht Ihr seelisches und körperliches Wohlbefinden. Das ist es einfach nicht wert.

3. Was sind Ihre Prioritäten im Leben (Ihre wahren Prioritäten, nicht die, von denen Sie glauben, Sie müssten sie haben)? Sind Sie derzeit nahe daran, sie zu erreichen, oder haben Sie sie aufs Spiel gesetzt? Fällt es Ihnen schwer, Arbeit und Zeit für sich und andere ins Gleichgewicht zu bringen (wobei unter Arbeit sowohl Kindererziehung, Hausarbeit und Pflege von Angehörigen als auch bezahlte Berufstätigkeit gemeint ist)? Bedenken Sie auch, dass sich Prioritäten verändern und Sie sich selbst gestatten müssen, diese Möglichkeit zu erforschen.

4. Gibt es schwer wiegende Problembereiche in Ihrem Leben wie Gesundheitsprobleme, psychische Erkrankungen wie etwa Depressionen, Beziehungsprobleme (mit Ihrem Ehepartner, Lebensgefährten, Ihren Kindern, Verwandten), Krisen am Arbeitsplatz?

Halten Sie einen Augenblick lang inne. Legen Sie das Buch beiseite. Wenn Sie eine Sekunde lang schonungslos ehrlich wären, was müsste sich Ihrem *Gefühl* nach verändern? Sie müssen wiederum keine Lösung parat haben – beantworten Sie lediglich die Frage und behalten Sie die Antwort beim Durcharbeiten des Buches im Hinterkopf. Simon, ein 29-jähriger Broker, antwortete darauf:

„Mir kam sofort der Gedanke, dass ich meine Frau und mein Baby kaum sehe. Das möchte ich ändern. Mir geht es ziemlich oft mies, aber ich weiß nicht, was ich da machen kann."

Auf einer ganz anderen Ebene müssen Sie sich auch fragen, woher Ihr Selbstwertgefühl rührt. Fragen Sie sich, wodurch Sie sich buchstäblich „voll Wert" fühlen. Was brauchen Sie, damit Sie sich wertvoll und würdig fühlen? Viele Leute zwingen sich aufgrund von Macht, Status und finanziellem Lohn zur Karriere. Daran ist überhaupt nichts falsch, wenn das für Sie der richtige Weg ist. Sie müssen zudem darüber nachdenken, aus welchen Quellen Sie Ihre positiven Gefühle schöpfen. Hängen Sie zu sehr von einem einzigen Bereich wie Geld oder Arbeit ab? Neigen Sie aus diesem Grund dazu, auf äußere Quellen zu achten, und vergessen Sie dabei die inneren? Lassen Sie deshalb Ihr Privatleben schleifen? Überlegen Sie sich doch, ob Sie Ihre Ressourcen nicht ein wenig erweitern wollen. Wenn Sie von Ihrer Karriere oder von Geld getrieben werden, mag das eine Zeit lang funktionieren, aber wohin führt Sie das letztlich?

Helfen Sie sich selbst!

Haben Sie sich schon einmal gefragt, weshalb Selbsthilfebücher derzeit so beliebt sind? Sie befriedigen ein Bedürfnis – herauszufinden, welchen Sinn das Leben für einen hat. Einige von Ihnen haben zu diesem Buch gegriffen, weil sie eine Richtung suchen – etwa in persönlicher, beruflicher, spiritueller, gesellschaftlicher, körperlicher Hinsicht oder auf Bildung bezogen. Mithilfe dieses Buches können Sie sich leichter darüber klar werden, wohin Sie wollen.

In den letzten Jahrzehnten wird zunehmend über Stress geklagt. Man kann viel und angestrengt arbeiten, wenn man einen Sinn dahinter spürt – Stress entsteht dann, wenn man sich wie in einer Tretmühle vorkommt, und das Leben wird so zu einem endlosen Prozess des verzweifelten Versuchs, die Zielgerade zu erreichen. Sie müssen unbedingt das Gefühl haben, dass Ihrem Tun im Leben ein Sinn zugrunde liegt – der immer wieder neu zu beurteilen ist. Schließlich verändern sich Ihre Prioritäten, und viele ehrgeizige Menschen merken im Alter von 35 bis 40 Jahren, dass sie nicht mehr von denselben Dingen angetrieben werden wie als 20-Jährige. Das kann sich als schlimmer Schock erweisen. Manchmal müssen Menschen fähig sein, die Richtung, in die sie gehen, neu zu bestimmen. Der Ausdruck „aussteigen" bezieht sich auf Menschen, die aufhören, konform zu sein – was für ein emotionaler Begriff, um Personen zu beschreiben, die sich mutig der Tatsache stellen, dass es ihnen Sorgen bereitet, was sie aus ihrem Leben machen. Wenn Sie eine Führungsposition aufgeben, weil Sie zutiefst unglücklich sind, und etwas völlig anderes machen, wie etwa eine kleine Landwirtschaft anfangen, „steigen Sie dann aus" oder leben Sie schlicht und einfach in Verbindung mit dem, was Sie antreibt? Hat sich etwas verändert? Ist es einfach an der Zeit, etwas anderes zu tun, nicht länger in der Tretmühle gefangen zu bleiben, die Sie mit großer Wahrscheinlichkeit körperlich und seelisch krank macht?

In verschiedenen Lebensabschnitten liebäugeln Sie ganz natürlich mit dem Gedanken an Veränderung. Oft bleibt es lediglich beim Liebäugeln, beim Nachdenken, Ausmalen und Nachsinnen. Ihr Wunsch nach Veränderung kann etwas Ernsthaftes betreffen oder etwas weniger Wichtiges. Vielleicht möchten Sie körperlich fit werden oder mit einer negativen Gewohnheit brechen, wie etwa einer Drogen–, Alkohol–, Ess–, Spiel- oder Kaufsucht; oder Sie möchten sich beruflich verändern, eine Beziehung in neuem Licht sehen, fragen sich, ob Sie Kinder haben wollen oder nicht, ob Sie bei einem psychischen oder medizinischen Problem Hilfe suchen sollten. Die Liste ließe sich unendlich erweitern ...

Die Schlüsselfrage lautet: Warum stellen Sie sich diese Frage, unternehmen aber diesbezüglich nichts weiter? Was müssen Sie anders machen, um sich voranzutreiben, damit Sie aus der Phase des Nachdenkens zum Handeln gelangen? Welche Hindernisse legen Sie sich gern in den Weg? Auf all dies werden wir näher eingehen, damit Sie sich der Fallen bewusst werden, die Sie sich selbst stellen, und erkennen, was getan werden muss, damit Sie ein anderes Ergebnis erreichen. Wäre es nicht toll, davon überzeugt zu sein, dass vieles nicht nur ein Traum bleiben muss? Wie enttäuscht sind Sie denn von sich, wenn Sie sich eingestehen müssen, dass eine Veränderung Sie reizt, Sie aber diesbezüglich nichts unternehmen? Welche Energien könnten Sie für die Realisierung dieser Veränderungen wirklich freisetzen, wenn Sie wüssten, dass Sie es wirklich könnten und die Veränderungen dauerhaft wären?

Beim Nachdenken darüber sollten Sie unbedingt realistisch bleiben, aber peilen Sie auch nicht zu niedrige Ziele an. Sie müssen das Gleichgewicht zwischen Realitätssinn und allzu negativer Sichtweise finden. Wir hören schon Ihren Einwand: „Wie weiß ich denn, was was ist?" Darauf gibt es kein Patentrezept, aber indem Sie mit anderen sprechen und den Dingen auf den Grund gehen, können Sie sich allmählich auf eine Antwort zubewegen. Wir schlagen auch vor, dass Sie nicht gleich versuchen sollten, Berge zu versetzen. Unserer Überzeugung nach haben kleine Veränderungen einen Dominoeffekt. Also beginnen Sie mit geringfügigen Veränderungen und warten Sie die Wirkung ab. Mit dieser Strategie werden Sie auch Veränderungen beibehalten können, weil Sie nur das umsetzen, was Sie auch handhaben können.

Hindernisse auf dem Weg zum Erfolg

Furcht und Angst

Inwieweit sind Sie sich Ihrer eigenen Hürden bewusst, Ihrer Furcht, Ihres Mangels an Selbstwertgefühl und Selbstvertrauen? Sind Sie in die Falle gegangen und zu dem Schluss gelangt, dass dies Eigenschaften sind, die zu Ihnen gehören und deshalb nicht zu ändern sind? *Die Zeit ist reif* hilft Ihnen dabei, diese Einstellung zu hinterfragen, und lehrt Sie, sich Ihrer vielen Optionen bewusst zu werden. Sie werden lernen, dass Hürden zwei Seiten haben. Offensichtlich sind sie begründet, aber manchmal übertreiben Sie es damit ein wenig, und dann geraten sie Ihnen in die Quere. Nehmen wir beispielsweise Furcht. Es ist überaus vernünftig und hilfreich, sich zu fürchten, wenn man in einem Raum gefangen ist, in dem ein Feuer ausgebrochen ist. Im Alltagsleben allerdings kann Furcht Sie davon abhalten, die Dinge zu tun, die Sie wirklich gern tun würden. Dasselbe gilt für Angst. Sie kennen wahrscheinlich alle das Gefühl, als drehe sich einem der Magen um, das begleitet wird von schweißnassen Händen und einem Gefühl von Enge in der Brust. Auch die Angst hat zwei Seiten. Etwas, das gewöhnlich völlig außer Acht gelassen wird, ist die Tatsache, dass es bei der Angst darum geht, wirklich etwas zu wollen. Denken Sie mal darüber nach – warum haben Sie Angst, wenn Sie ein Vorstellungsgespräch haben oder in einer Prüfung sitzen? Erzählen Sie uns nicht, Sie hätten Angst zu versagen – nein, die Angst liegt in dem Wunsch nach Erfolg begründet, aber sie kann sich äußerst negativ auswirken. Wenn Sie also das nächste Mal Angst spüren, konzentrieren Sie sich nicht auf die unangenehmen Symptome. Spornen Sie sich lieber an, indem Sie sich fragen: „Was will ich eigentlich?" Darauf kommen wir später noch zu sprechen.

Die Vergangenheit

Eine andere, sehr häufige Hürde ist „die Vergangenheit". Zweifellos werden Sie durch Ihre Lebenserfahrungen geprägt, aber Sie müssen sich nicht völlig von ihnen beherrschen lassen. Ist es nicht ein aufregender Gedanke, dass Sie sich entschließen können, kein machtloses Opfer zu sein, sondern ein Mensch, der sich auf vernünftige und zuträgliche Weise seine Macht nehmen kann – Sie können der Bildhauer Ihres Lebens werden, statt von etwas gefangen zu sein, das Ihnen weitergereicht wurde. Natürlich lassen sich Probleme in der Kindheit nie mehr ungeschehen machen, aber es kommt darauf an, nicht mehr dafür bezahlen zu müssen. Einmal reicht – lassen Sie sich Ihr Leben nicht auf immer und ewig ruinieren. Haben Sie den Mut, sich vorwärts zu bewegen. Das heißt nicht, dass vergangene Geschehnisse unbedeutend sind. Es ist vielmehr an der Zeit, dass Sie mit Ihrem Leben vorankommen, und Sie verdienen Gutes im Leben. Sie können die Vergangenheit nicht ungeschehen machen oder ändern, aber Sie können das Heute mit Positivem füllen.

Negative Selbstgespräche

Die Art, wie Sie mit sich selbst sprechen, kann ein Hindernis darstellen. Bedenken Sie: Ihr Kopf gibt nie Ruhe; Sie denken unablässig, und oft reden Sie sich selbst etwas ein. Sie müssen sich der Botschaften, die Sie selbst sich geben, besser bewusst werden. Sie sind sich vielleicht nicht immer im Klaren darüber, woher all diese Botschaften kommen. Manchmal werden sie durch das beeinflusst, was Ihnen wichtige Leute gesagt haben, etwa Ihre Eltern, Lehrer, Gleichaltrige – diese Menschen formen uns auf so offensichtliche Weise, dass Sie womöglich manchmal zu sehr auf sie hören und sich selbst immer Dinge vorsagen, die nicht zutreffen. Manchmal rühren Botschaften von Erfahrungen her; einzelne Erfahrungen werden oft verallgemeinert, sodass ähnliche Situationen in der gleichen Ursache-Wirkung-Weise gesehen werden. Manche Leute schrecken davor zurück, um eine Beförderung zu bitten, weil sie einmal abschlägig beschieden wurden. Sie reden sich von da an ein: „Es hat keinen Sinn; das klappt bei mir doch nicht." Was für eine vernichtende Feststellung! Wir sind überzeugt, dass Ihnen viele solcher Botschaften an sich selbst einfallen. Etwa:

• Ich bin nun mal ein Pechvogel.
• Ich brauche es gar nicht zu versuchen, weil ich doch nichts erreiche.

- Leute wie ich werden nun mal nicht auf so eine Stelle befördert.
- Bei Vorstellungsgesprächen bin ich eine Katastrophe.
- Ich wollte immer ... aber ich weiß, dass ich es nicht könnte.
- Ich würde ja gern Sport treiben, aber ich sollte es lieber bleiben lassen, weil ich es ja doch nicht kann.
- Ich würde gern ... ausprobieren, aber ich würde dabei mit Sicherheit total blöd aussehen.
- Ich kann nie wirklich glücklich sein.

Später kommen wir eingehender auf diese Botschaften zu sprechen. Wenn Ihnen jetzt einige Ihrer Botschaften einfallen, schreiben Sie sie auf und heben Sie sie für später auf.

Hohe Erwartungen

Denken Sie auch über Erwartungen nach. Meinen Sie nicht, wir erwarten zu viel von uns und anderen? Wir leben in einer Welt der Möglichkeiten, aber nicht allen werden sie sich eröffnen. Wie wirkt sich das aus? Wir leben oft mit einem Hunger, der nie befriedigt werden kann – mit Ausnahme einiger „Auserwählter". Aber was wollen Sie wirklich? Wollen Sie eher ein Opfer zu vieler Wahlmöglichkeiten sein, als der Urheber dessen, was Sie wirklich anstreben und tatsächlich erreichen können? Darüber sollten Sie unbedingt nachdenken.

Zufriedenheit

Wie geht es Ihnen, wenn Sie einem wahrhaft zufriedenen Menschen begegnen? Zufriedenheit ist ein Gemütszustand, den manche erreichen, und er ist unschätzbar wertvoll. Glück können Sie schließlich nur erlangen, wenn Ihre Erwartungen der Realität entsprechen. Wenn unsere Erwartungen nur selten der Wirklichkeit entsprechen, ist es sinnvoller, sie neu zu überprüfen, anstatt uns lediglich über die Wirklichkeit zu ärgern und mit ihr zu hadern. Zufriedenheit kommt von innen. Wir können unsere Perspektiven und Erwartungen neu ordnen, um zu ihr zu gelangen.

Akzeptanz und Seelenfrieden

Sie sollten darüber nachdenken, was Sie ändern wollen, und es genau bestimmen, aber verschwenden Sie keine Energie darauf, Unmögliches anzustreben. Hier sollte erwähnt werden, dass Akzeptanz ein wichtiges Ziel darstellt, eines, das in der heutigen Welt wenig gepflegt wird. Dieses Buch handelt nicht davon, das Ziel der Perfektion zu erreichen, sondern davon, auf alle möglichen Arten – im Großen wie im Kleinen – mehr aus Ihrem Leben zu machen.

Wie Ihnen dieses Buch helfen kann

Mithilfe dieses Buches können Sie sich sowohl das Wissen darüber als auch die Fähigkeiten aneignen, besser mit Ihren Gefühlen, Empfindungen und Beziehungen umzugehen.

Ausgerechnet auf einige der wichtigsten Erfahrungen in Ihrem Leben sind Sie in der Regel nur unzureichend vorbereitet. Was hat man Ihnen denn über Beziehungen beigebracht? Wahrscheinlich so gut wie nichts. Wer sagte Ihnen denn, dass es in Ordnung ist, Gefühle zu haben? Und wie vielen von Ihnen wurde denn gezeigt, dass Sie ruhig um Hilfe bitten oder Gefühle von Depression oder Negativität ausdrücken dürfen? Dieses Buch erlaubt Ihnen, einiges anders zu machen. Es ist auch wichtig zu wissen, dass andere Leute oft Ähnliches fühlen – aber wenn Sie mit niemandem darüber sprechen, werden Sie es auch nie erfahren. Mithilfe einiger der Übungen in diesem Buch werden Sie allmählich empfindsamer dafür, wie andere in Ihrem Leben Sie und ihre Welt wahrscheinlich wahrnehmen, und die Übungen können Ihnen helfen, mit der Zeit auf andere, bedeutungsvollere Weise zu kommunizieren. Bei der Lösung von Beziehungsproblemen geht es nie darum, wer im Recht oder Unrecht ist. Es geht vielmehr darum, einen Ausweg zu finden. Das geschieht, wenn man sich Zeit nimmt, einander zu verstehen.

Denken Sie nur darüber nach, wie isoliert Sie in emotionaler Hinsicht sind. Ja, Sie sind von Menschen umgeben, aber auf welcher Ebene kommunizieren Sie? Das gilt ganz besonders für Männer. Man hat ihnen oft beigebracht, dass Männer nicht über ‚Schwächen‘ reden, und so leiden sie oft unnötigerweise. Dieses

Buch wird Ihnen hoffentlich die eindringliche Botschaft vermitteln, dass Gefühle nichts mit Schwäche zu tun haben und dass nur starke Menschen offen über Probleme sprechen können.

Oft denken Menschen insbesondere nach einer Krise über Veränderungen nach. Was passiert denn beispielsweise nach Trauerfällen, wie wirken sie sich auf die Betroffenen aus? Wir nehmen nicht mehr wirklich die Unausweichlichkeit oder die Normalität des Todes hin – wir erwarten so viel von der modernen Medizin, sogar Wunder. Wir erfahren den Tod nicht mehr aus der Nähe. Er wird steril gemacht und auf Abstand gehalten. Wut spielt im Trauerprozess eine Schlüsselrolle, und ein großer Teil der Wut hat damit zu tun, dass man mit der Tatsache fertig werden muss, dass der Verstorbene einen zurückgelassen hat. Wir fragen oft, ob nicht mehr hätte getan werden können. Das kann sich auf das medizinische Personal oder auf uns selbst beziehen, hätten wir also mehr tun sollen? Unsere ersten Erfahrungen mit Trauer bringen uns auch zwangsläufig dazu, unsere Perspektiven und Ziele infrage zu stellen.

Beziehungsprobleme können Krisenzeiten in unserem Leben sein. Heute heiratet man vielleicht später, aber es gibt noch immer viele 30- und 40-Jährige, die mühsam über Scheidung und Trennung hinwegzukommen versuchen. Weil Trennungen so häufig vorkommen, wird heute anscheinend erwartet, dass die Betroffenen „das schon verkraften". Als Folge gescheiterter Beziehungen leben viele Väter gezwungenermaßen von ihren Kindern getrennt. Väter, die versuchen, regelmäßigen Kontakt zu halten, merken oft, dass sie ihr Leben nicht leicht aufteilen können, und leiden darunter. Gleichermaßen erziehen viele Frauen die Kinder allein, und weil es fast als selbstverständlich hingenommen wird, dass Frauen damit zurechtkommen, bekommen sie oft sehr wenig emotionale und tatkräftige Unterstützung.

Ein anderer potenzieller Krisenbereich ist die berufliche Laufbahn. Leute in den Spätdreißigern sind sich bewusst, dass die Vierziger eine Zeit sind, die als der Anfang vom Ende gilt! Das ist ein ziemlich neues Phänomen. Wie ist es, als Mittdreißiger damit konfrontiert zu sein? Wie ist es, so klassifiziert zu werden, wenn Sie wahrscheinlich in eine Lebensphase größeren Selbstvertrauens und Selbstwertgefühls eintreten, nur damit Ihnen der Boden unter den Füßen weggezogen wird? Wie wirkt sich das aus?

Die Zeit ist reif hilft Ihnen dabei, über viele Facetten des Themas Veränderung nachzudenken, weil es sich aus einer gefühlsmäßigen Perspektive damit befasst. Das Buch gliedert sich in drei Teile:

1. Der erste Teil besteht aus den ersten sechs Kapiteln. Während ihrer Lektüre sollen Sie allmählich Ihre Persönlichkeit und Veranlagung und das, was in Ihrem Leben vorgeht, erkunden und verstehen. Verschiedene Übungen werden Ihnen helfen, bestimmte Kernpunkte besser zu verstehen und so größere Einsicht zu gewinnen.
2. Der mittlere Teil, die folgenden vier Kapitel, handelt davon, wie man Veränderungen anpackt.
3. Der Schlussteil zeigt, wie Sie sich Kraft und Fähigkeiten aneignen und die Veränderungen, die Sie eingeleitet haben, konsolidieren.

Jedes Kapitel enthält nützliche Übungen, in die Sie Zeit und Nachdenken investieren sollten, um möglichst viel davon zu profitieren. Sie sollten auch eine Art Tagebuch führen, in das Sie beispielsweise Ihre Ziele schreiben und vermerken, wie sich die Dinge weiterentwickeln. Diese Übungen sollten Sie ab und zu wiederholen. Wir empfehlen Ihnen, das gesamte Buch zu lesen, aber Sie können gegebenenfalls bestimmte Teile auch nur überfliegen.

Die Übungen sollten Sie möglichst immer an einem bestimmten Platz machen. Das wird Ihnen in mehrfacher Hinsicht nützen – Sie werden sich hoffentlich einen bequemen, störungsfreien Platz aussuchen und diesen werden Sie mit dem verbinden, was Sie dort tun. Wenn Sie nur an den Platz denken oder dorthin gehen, wird Ihnen das helfen, sich wieder dazu zu stimulieren, das voranzutreiben, was Sie zu erreichen versuchen. Das kann wie ein Auslöser wirken, der Sie in die „richtige Stimmung" für die nächste vor Ihnen liegende Aufgabe versetzt. Sie sollten Ihrem Gehirn auch gestatten, einige der Dinge, die Sie erwägen, in Ruhe auszubrüten. Wenn Ihnen nicht sofort hilfreiche Gedanken einfallen, ist das kein Grund zur Sorge – sie kommen schon mit der Zeit, wenn Sie Ihren

Geist von jetzt an in Betriebsbereitschaft versetzen. Es gibt
unzählige Möglichkeiten.

Eines der wichtigsten Hilfsmittel und Themen dieses Buches
lautet „Entdecken Sie Ihre Antriebskräfte". Fangen Sie damit an,
indem Sie sich die Frage „Was treibt mich an?" stellen. Bei der
Beantwortung dieser Frage gilt es, viele Schichten zu erkunden
und zu enthüllen, und Sie brauchen Geduld beim Durchwandern
der verschiedenen Schichten auf der Suche nach der richtigen
Antwort. Was Sie antreibt kann positiv oder negativ sein. Es kann
Sie vorantreiben oder aber zurückwerfen. Mit der Zeit werden Sie
den Schlüssel zu den produktiveren Antriebskräften finden, aber
am Anfang müssen Sie erst einmal Ihr Bewusstsein schärfen. Ihre
Antriebskräfte entstehen durch Ihre Wünsche und Bestrebungen,
und auf einer tieferen Ebene werden sie durch Ihre Gefühle,
Erfahrungen und Gedankenmuster erzeugt. Auf der Gefühlsebene
wird ein großer Teil von Ihnen sich hingezogen fühlen, auf Ihre
negativen Antriebskräfte wie Furcht, Angst oder geringes
Selbstwertgefühl zu hören und sich von ihnen leiten zu lassen, aber
dieses Buch wird Sie in Kontakt mit den vielen unterschiedlichen
Antriebskräften in Ihnen bringen. Vielleicht können sogar einige
Antriebskräfte, die Sie als negativ wahrgenommen haben, ganz
produktiv eingesetzt werden, nur wussten Sie bisher nicht, wie das
geht. Angst ist hierfür ein gutes Beispiel, weil ihre positive Seite
zeigt, dass Sie etwas wirklich wollen. Dadurch eröffnen Sie sich
neue Bereiche, die Ihnen größere und weiter reichende Möglichkeiten aufzeigen – auf persönlicher, beruflicher, emotionaler
und spiritueller Ebene. Beim positiven Gebrauch der Antriebskräfte werden diese zu einer unglaublichen Quelle der Energie und des
Aufschwungs. Bekanntlich braucht man viel mehr Energie, wenn
man etwas tun will, dessen Ziel man aus den Augen verloren hat,
als wenn man ein gewünschtes Ziel anstrebt.

Dieses Buch wird Sie herausfordern, Ihr Leben zum Besseren zu
verändern. Es ist ein Buch, mit dem man arbeitet und über das man
nachdenkt. Wenn Sie die Übungen in diesem Buch ehrlich und
wahrheitsgemäß machen, werden Sie größere Erfüllung finden. Sie
verfügen über unerschlossene Kraftquellen, Ihre positiven Antriebskräfte. Wenn Sie wirklich in die richtige Richtung steuern,
wird die vor Ihnen liegende Aufgabe mühelos erscheinen. Stress

kommt nur dann auf, wenn wir uns ständig in eine Richtung zwingen, die einfach nicht uns entspricht oder keinen Sinn ergibt. Freuen Sie sich darauf, diese überreiche Fülle an Energie und Begeisterung wieder zu entdecken, die in jedem Menschen ist.

Nehmen Sie Hilfe in Anspruch!

Wir möchten, dass Sie sich selbst versprechen, weitere Hilfe und Unterstützung zu suchen, wenn Sie das Bedürfnis danach spüren. Dieses Buch ist kein Ersatz für eine Einzelberatung, die bei bestimmten Themen vielleicht angebracht ist. Sie müssen dies aufgrund Ihres Urteilsvermögens entscheiden.

Wenn Sie Veränderungen in Erwägung ziehen, die Ihre seelische oder körperliche Gesundheit betreffen, sollten Sie Ihren Hausarzt zurate ziehen.

Die Adressen und Buchtipps im Anhang können Ihnen vielleicht von Nutzen sein, wenn Sie bei speziellen Problemen weitere Hilfe suchen.

Teil I

Was möchten Sie verändern?

Kapitel 1

Es ist schwierig, etwas loszulassen, wenn Sie noch immer daran festhalten

Ehe Sie sich wirklich der Herausforderung der Veränderung stellen können, müssen Sie sich dessen bewusst sein, was Sie möglicherweise zurückhält, und sich zuerst einmal darauf konzentrieren. Veränderungen werden sich als viel weniger strapaziös erweisen, wenn Sie nicht gegen sich selbst ankämpfen oder sich sabotieren, sei es nun bewusst oder unbewusst. Fragen Sie sich also, welche Anker Sie vielleicht zurückhalten und Sie daran hindern, sich vorwärts zu bewegen. Seien Sie sich der Tatsache bewusst, dass Anker durchaus ein Gefühl von Sicherheit hervorrufen können, weil sie einem vertraut sind, aber bei genauerer Betrachtung entpuppen sie sich schlicht und einfach als Hindernis auf dem Weg zur Veränderung. Indem Sie sich von den Hindernissen befreien, die Sie zurückhalten, können Sie anfangen, sich in eine präzisere und positivere Richtung zu bewegen, ohne dabei unterwegs Energie zu verlieren. Wenn Sie nicht genau wissen, welche Anker Ihnen den Weg versperren, schauen Sie sich die unten stehende Liste an und bedenken Sie dabei, dass Anker vielerlei Tarnungen annehmen können.

Anker-Typen

1. Innere Abläufe – Ihre inneren Dialoge und Entscheidungsfindungsstrategien
2. Verhaltensmuster und Gewohnheiten, die Sie geschaffen haben – „So habe ich das schon immer gemacht."
3. Perfektionismus – „Ich kann nur etwas ändern, wenn ich es hundertprozentig mache."

4. Nicht ohne Garantie – „Ich ändere etwas nur, wenn die Ergebnisse auch garantiert sind."
5. Tatsächliche Gegebenheiten wie Ihre Verantwortlichkeiten, Pflichten, Zeitzwänge, Ihr gegenwärtiger Lebensstil
6. Gefühlszustände wie Furcht und Angst
7. Der Kein-Glück-Anker – fast wie ein Aberglaube
8. Der körperlich greifbare Anker, wie Unordnung und mangelnde Organisation
9. Der Keine-Lösung-Anker – „Also bleib beim Altgewohnten."
10. Der Berge-Anker – aber Veränderungen sind auch etappenweise möglich machen Sie sich also nicht auf, einen Berg in einer Gewalttour zu bezwingen – setzen Sie sich erreichbare Ziele.
11. „Ich kann die Zukunft nicht sehen."
12. Sicherheit um jeden Preis
13. Veränderung bringt Stress mit sich und wird deshalb fälschlich als Warnsignal gesehen, nicht weiterzumachen.

Auf diese Anker werden wir im Verlauf des Kapitels noch eingehender zu sprechen kommen.

Mit dem Loslassen der Anker meinen wir nicht, dass Sie leichtsinnig werden oder Ihre Verantwortlichkeiten außer Acht lassen sollten. Dies ist nur ein weiterer und sehr negativer Weg, sich keine Veränderung zuzugestehen. Sie sabotieren sich, indem Sie die Erfahrung der Veränderung so negativ und qualvoll wie möglich gestalten, oder Sie jagen sich Angst ein, indem Sie sich die grässlichsten Bilder ausmalen, was denn passieren „wird", oder Sie reden sich ein, es müsse sich derart viel ändern, dass Sie sich unmöglich vorwärts bewegen können.

Fangen Sie jetzt damit an, sich Ihrer persönlichen Anker bewusst zu werden!

Folgende Übung hilft Ihnen dabei, kontinuierlich ein besseres Bewusstsein dafür zu entwickeln, was genau passiert, wenn Sie über Veränderung in welcher Form auch immer nachdenken.

Legen Sie das Buch weg und denken Sie daran, wie Sie das letzte Mal eine Veränderung in Erwägung zogen, und machen Sie sich mit dem vertraut, was geschah. Versuchen Sie, wirklich die letzte Begebenheit auszuwählen, damit Sie sich das Geschehene möglichst präzise vor Augen führen.

Nehmen wir zum Beispiel Nicky. Sie erwog eine Veränderung ihres Arbeitspensums. Sie ist selbstständig, merkt aber, dass sie immer mehr arbeitet.

„Wenn ich mir vornehme, abends nicht mehr so lange zu arbeiten, fühle ich mich ungeheuer erleichtert und freudig aufgeregt. Ich kann mir tatsächlich vorstellen, wie ich zu Hause ‚normale‘ Dinge mache, die mir abgehen – wie ich im Sommer abends im Garten sitze oder fernsehe – und ich werde ganz aufgeregt.

Dann schalte ich wieder zurück in mein ‚unsicheres Ich‘ – ‚wenn ich nun Kunden verliere?‘, ‚Was ist mit dem Geld?‘, ‚Sollte ich nicht arbeiten, solange ich Aufträge bekomme, für den Fall, dass die Arbeit weniger wird?‘ In dieser Phase mache ich mir Sorgen, werde ängstlich, und die ‚Leinwand‘ ist leer. Ich höre lediglich diese Gedanken in meinem Kopf so deutlich wie eine Radiosendung.“

An Nicky fällt Folgendes deutlich auf: Als sie positiv dachte, stellte sie sich ein Bild vor. Und dies erwies sich als ein mächtiges Hilfsmittel, um ihre Begeisterung und ihre positiven Gefühle zu befeuern. Als sie anfing, negativ zu denken, war sie sich mehr einer inneren Stimme bewusst (ein ziemlich großer Anker für sie), wodurch sie in der gegenwärtigen Situation gefangen bleibt, obwohl sie unglücklich ist. An diesem Punkt – dem der Veränderungslosigkeit – ist die Leinwand für Nicky leer. Sie denkt nicht länger über Veränderung nach, sodass nichts da ist, auf das sie sich zubewegen kann.

Kehren wir zu Ihnen zurück. Wenn Sie über Ihre Erfahrungen nachgedacht haben, stellen Sie sich folgende Frage: Haben Sie zuerst über das Positive oder über das Negative nachgedacht, oder sind Sie von einem zum anderen gesprungen? Teil dieses Prozesses spiegelt Ihren persönlichen Entscheidungsfindungsstil wider. Wenn Sie allerdings eine Entscheidung getroffen haben, müssen Sie sich weiterhin auf die positiven Dinge konzentrieren, auf die Gründe, weshalb Sie das tun, was Sie tun, und auf die Vorteile der Veränderung. Die negativen Dinge müssen nicht ignoriert werden (das wäre lächerlich – aber lassen Sie sie bequem am Spielfeldrand sitzen, statt ihnen zu viel Macht einzuräumen – darauf kommen wir später noch).

Um Ihre Strategie zu verstehen, sollten Sie folgende Fragen beantworten:

- Haben Sie in Bildern gedacht wie Nicky – haben Sie das, an das Sie dachten, wie ein Video oder ein Fotoalbum vor Ihrem geistigen Auge gesehen? Wie beeinflusste das Ihre Gefühle? Stärkte es zum Beispiel Ihre positiven Gefühle? Wuchs der Grad Ihrer freudigen Anspannung?
- Haben Sie sich die Situation geistig durchgespielt, indem Sie die Worte hörten, die gesprochen wurden (fast als liefe ein Radio)?
- Besteht diese „Radiosendung" aus Ihrem inneren Dialog?
- Denken Sie an ein bestimmtes Szenario und fangen Sie dann an, die damit einhergehenden Gefühle zu spüren?
- Oder erleben Sie eine Kombination dieser Elemente?

Was immer Sie auch tun, fangen Sie an, sich dessen noch stärker bewusst zu werden, weil dies ein erster wichtiger Schritt auf Ihrem Weg vorwärts und beim Fortführen der Veränderung ist. Das Abspielen des „Videos" oder der „Radiosendung", sei es in Worten, Bildern oder Gefühlen, stellt den ersten entscheidenden Schritt auf dem Weg zur Motivation dar. Wenn Sie zu zögern beginnen, ist es an der Zeit, „es noch einmal abzuspielen" und sich zu erlauben, die positiven Gefühle, Gedanken, Botschaften und Bilder ein weiteres Mal zu erleben und motiviert zu bleiben.

Wenn Leute Veränderungen in Betracht ziehen – ob nun im Beruf, Lebensstil, in der Beziehung oder was auch immer –, erleben sie meistens irgendwann Gefühle freudiger Erregung und Heiterkeit. Diese schlagen allerdings oft sehr schnell in Gefühle der Furcht, Angst und Negativität um. Wie bereits dargelegt, verstärken viele Leute oft die Intensität dieser Gefühle, ob nun positiv oder negativ, indem sie sich vorstellen, ausmalen, anhören oder nachempfinden, wie es wäre, wenn … All dies ist der Beginn eines wichtigen Prozesses, der in neun von zehn Fällen allerdings abbricht. Warum? Dafür kann es viele Gründe geben. Gehen wir näher auf einige der zu Beginn dieses Kapitels erwähnten Hinweise ein.

Furcht

Furcht ist eine der am häufigsten eingesetzten Barrieren gegen das Vorankommen. Um die Barriere zu verstehen, muss man genau wissen, was Furcht überhaupt ist. Sie ist ein falscher Augenschein, der als real erscheint. Wenn wir uns vor etwas Zukünftigem fürchten, erschaffen wir oft das Szenario, stellen es uns bildhaft vor oder spüren es, als sei es real oder als würde es sich tatsächlich ereignen. Nehmen wir beispielsweise an, Sie hatten am Arbeitsplatz mit einem sehr wichtigen, Ihnen übergeordneten Menschen eine Auseinandersetzung. Am Abend kommen Sie nach Hause und fangen an, sich vor dem, was passieren wird, zu fürchten. Sie spielen bestimmte Szenarien durch. „Nehmen wir an, ich gehe morgen zur Arbeit und erhalte meine Kündigung? Nehmen wir an, XY macht mich von jetzt an vor den anderen herunter?" Die Liste der Projektionen ist ebenso endlos wie negativ. All dies ist ein falscher Augenschein, der nur real erscheint, er ist aber so mächtig, dass er von nun an beeinflusst, wie Sie sich fühlen, und sich als Folge dessen auch auf Ihre Handlungen auswirkt.

Bedenken Sie, dass Ihre Gedanken Ihre Gefühle beeinflussen. Wenn Sie sich über etwas Sorgen machen, das noch nicht eingetreten ist und vielleicht nie passiert, nutzen Sie den „falschen Augenschein" auf eine sehr destruktive Art. Wie Sie wissen, wird Ihre Furcht oft nicht Wirklichkeit, aber Sie können von dieser Furcht beherrscht werden. Entwickeln Sie also ein Gespür für den „falschen Augenschein", der Ihnen nur Steine in den Weg legt. Lassen Sie sich also nicht länger von etwas beeinflussen, was gar nicht geschehen ist. Hören Sie auf, in der Furcht zu leben, was *vielleicht* alles passieren könnte, und konzentrieren Sie sich stärker auf das Heute – auf den einzigen Tag, auf den Sie wirklich Einfluss haben.

Die Sicherheitsfalle

Wir neigen auch dazu, an dem festzuhalten, was wir haben, was uns vertraut ist. Es wird uns zur Schwimmweste, die in Wirklichkeit so unhandlich ist, dass wir uns nicht darin bewegen können. Man kann in Schwimmwesten dahintreiben, aber nicht sehr weit schwimmen. Man muss darauf warten, dass jemand kommt und einen rettet. Oft reden sich die Leute ein, dass es besser sei, bei seinen altbekannten Leisten zu bleiben; andere gehen noch einen Schritt weiter und sagen, dass die Kirschen nirgendwo besser schmecken. Also ist ihr Schicksal in Stein gemeißelt. Diese Technik führt dazu, dass Leute über Veränderungen nachsinnen und dann Beweismaterial gegen die Möglichkeit ihrer Realisierung zusammentragen. Es endet damit, dass sie diesen guten alten Schutz umklammern, der sie schlichtweg vor einer Gelegenheit zur Veränderung abschirmt.

Abblocken von Veränderungen

Halten wir kurz inne und untersuchen wir eingehender, wie Sie möglicherweise Veränderungen abblocken und am Alten festhalten:

Zeit

Wie oft sagen Sie:

„Wenn ich erst Zeit habe, würde ich gern ...“
„Wenn ich erst in Rente bin, fange ich an ...“
„Ich habe einfach nicht die Zeit, über ... nachzudenken.“
„Falls ich Zeit hätte, würde ich ...“

Furcht

Furcht kann sich auf unendlich vieles erstrecken, etwa Furcht davor, etwas zu verändern, zu lernen, einen Fehler zu machen, zu versagen, davor, was die Leute denken könnten, vor der Missbilligung anderer usw.

Es kann auch subtilere Formen der Furcht geben. Wenn Sie eine einschneidende Veränderung in Ihrem Leben vornehmen, ist dies wie ein Schritt ins Unbekannte. Wenn Sie sich beruflich verändern, geben Sie einen Teil Ihrer Identität auf. Die Menschen fürchten sich auch vor jener sehr negativen Seite menschlicher Wesen – dass die anderen einen nicht mehr kennen wollen, wenn man seinen gesellschaftlichen Status verändert. An Dingen wie Status, durch den Beruf definierte Identität etc. wollen die Leute sicherlich festhalten. Wer werden Sie sein, wenn Sie nicht mehr Ihrer beruflichen Beschäftigung nachgehen? Was bedeutet es für Frauen und ihre Identität wirklich, ein Kind zu bekommen?

Angst

Bedenken Sie, dass wir dann am häufigsten beunruhigt sind, wenn wir tatsächlich Angst haben, etwas könne nicht eintreten. Oder anders ausgedrückt, wir wünschen uns etwas verzweifelt und haben Angst, dass es nicht geschieht. Wenn Sie sich das nächste Mal überlegen, sich um eine Stelle zu bewerben, und besorgt sind, sollten Sie Angst und Aufgeregtheit nicht miteinander verwechseln.

Denken Sie auch darüber nach, warum Sie vielleicht Angst haben. Wenn Sie diese Stelle wirklich wollen, haben Sie Angst, dass Sie sie nicht bekommen. Verwandeln Sie das also ins Positive „Ich möchte diese Stelle wirklich bekommen", und Sie fühlen sich sofort anders. Dies hilft Ihnen, nicht an der Angst festzuhalten und nicht in die destruktive Abwärtskurve einzuschwenken.

Unerforschtes und ungenütztes Potenzial

Sehr viele Leute kennen ihre Fähigkeiten überhaupt nicht. Sie dürfen nicht in die Falle geraten, sich einzureden, dass Sie etwas nicht können, wenn Sie das gar nicht wissen, weil Sie es noch nie probiert haben. Vielleicht gibt es auch Dinge, die Sie früher einmal nicht konnten, in der Schule etwa, die Sie aber – wie Sie vielleicht entdecken – als Erwachsener durchaus zustande bringen können.

Möglicherweise erwägen Sie, die Hilfe eines Fachmanns zurate zu ziehen. Wenn Sie über berufliche Veränderungen nachdenken, suchen Sie einen Karriereberater auf. Finden Sie Ihre Stärken und Schwächen mithilfe einer Person heraus, die Ihnen objektiv bei der Beantwortung dieser Fragen helfen kann. Wenn Sie sich eine neue Fertigkeit oder ein neues Wissensgebiet aneignen wollen, erkundigen Sie sich bei der Volkshochschule, anderen Weiterbildungsinstituten oder Universitäten. Erlauben Sie sich, voll Schwung die Dinge anzugehen. Sie können nichts verlieren, indem Sie sich kundig machen, Sie können nur gewinnen.

Keine Wahl treffen

Machen Sie aus Ihrem Leben keine endlosen Ziegelmauern, aus denen sich keine Fenster zu Gelegenheiten eröffnen oder die keine Türen zum Hereinkommen oder Hinausgehen haben. Ja, Sie haben gewiss Verpflichtungen – seien es finanzielle, private oder beides –, aber wenn Sie mit Ihrem Leben nicht zufrieden sind oder sich festgefahren fühlen, muss sich etwas ändern. Seien wir realistisch, Sie werden vielleicht nicht sofort durchschlagende Veränderungen vornehmen können, aber irgendwelche Veränderungen sind immer möglich. Legen Sie sich also nicht selbst Steine in den Weg. Schauen Sie sich an, was verändert werden kann, und packen Sie es an.

Perfektionismus

Das Streben nach Perfektion dauert zu lange und bietet nicht genug Freiheit, etwas auszuprobieren und Fehler zu machen. Niemand kann die ganze Zeit perfekt sein. Tun Sie sich das nicht an – Sie werden nie etwas wirklich genießen können, sofern Sie nicht vom Perfektionismus lassen.

Unordnung und Verkomplizierungen

Eine Art, sich Steine in den Weg zu legen, besteht darin, sich das Leben zu sehr vollzustopfen und zu kompliziert zu machen.

Überlegen Sie, wie wir buchstäblich unser Leben vollstopfen. Was steht dahinter, wenn wir an Dingen festhalten, Dinge in Schränke, die Garage, den Speicher usw. pfropfen? Derzeit wird viel über Feng Shui berichtet, die östliche Kunst, unsere Umgebung so zu ordnen, dass alle Aspekte unseres Lebens verbessert werden. Davon kann man einiges lernen. Man kann leicht ins Stocken geraten, wenn man durch Dinge watet, die der Vergangenheit angehören und wirklich keine künftige Verwendung mehr haben. Schauen Sie sich einmal unerbittlich zu Hause um. Sie müssen die Sachen nicht auf den Müll werfen – geben Sie sie Menschen, denen sie wirklich nützen. Und dann spüren Sie den Unterschied.

In gefühlsmäßiger Hinsicht müssen Sie das Gleiche tun. Sind Sie vollgestopft mit Ihrer Vergangenheit? Seien Sie ehrlich sich selbst gegenüber. Sehr oft will man auf schwierige Bereiche nicht zurücksehen. Man deckt sie lieber zu und versucht sie zu vergessen, anstatt sich ihnen zu stellen und etwas dagegen zu tun.

Denken Sie über folgende Fragen nach:

1. Wie oft reden Sie unaufhörlich über ein ungelöstes Problem, einen nicht bewältigten Konflikt oder Vorfall? Sei es eine zerbrochene Beziehung, ein Problem am Arbeitsplatz, das nie bereinigt wurde, ein Streit mit einem Freund, der Ihnen noch immer nachhängt, usw.
2. Hüten Sie sich vor Leuten, die Sie an jemanden erinnern, der Sie verletzt hat? Hegen Sie Vorurteile gegen sie und fürchten Sie sie anstatt herauszufinden, wie sie wirklich sind?
3. Halten Sie an Erinnerungen fest, in der Furcht, dass „es" sich wiederholen wird, wenn Sie es vergessen?

Wie Sie lernen, loszulassen

„Loslassen" kann man lernen. Wir werden Ihnen ein paar Methoden aufzeigen, wie Sie sich dafür öffnen können.

Sehen Sie die Zukunft!

Manche Leute haben große Schwierigkeiten, die Zukunft zu „sehen". Dadurch wird das Vorwärtskommen überaus Furcht erregend und schwierig, wie etwa Autofahren bei Dunkelheit ohne Scheinwerfer – was ein Gefühl der Angst erzeugt und es einem völlig unmöglich macht, zu sehen, wohin man fährt! Geben Sie dem nicht nach. Wenn die Leinwand für die Zukunft leer ist, müssen Sie sich sehr anstrengen, um Dinge zu erschaffen, auf die Sie sich zubewegen. Es spielt keine Rolle, mit welch kleinen Dingen Sie beginnen, solange Sie überhaupt einen Anfang wagen. Sie werden aber kaum vorankommen, wenn Sie zulassen, das diese „Leinwand" leer bleibt. Wenn Ihnen nichts einfällt, das Sie wollen, können Sie bestimmt etwas auflisten, das Sie *nicht* wollen. Philip beispielsweise fühlt sich unzufrieden in seiner gegenwärtigen Beziehung. Er kann nicht recht sagen, wonach er in einer neuen

Beziehung sucht, aber wenn man ihn fragt, was in seiner gegenwärtigen falsch läuft, weiß er definitiv, dass die Unfähigkeit seiner Freundin, ihn zu loben, ein großes Problem darstellt. Dann erkennt er sein ungeheuer großes Bedürfnis nach Bestätigung. Was Sie wollen, ist somit das Gegenteil dessen, was Sie *nicht* wollen. Ganz einfach, nicht wahr?

Werden Sie Ihres Glückes Schmied!

Manche Menschen sind davon überzeugt, dass Glück oder Pech vererbt werden. Wie viele von Ihnen stammen aus Familien, wo Ihnen eingehämmert wurde, dass „unsere Familie vom Pech verfolgt ist" – „uns nie etwas Gutes passiert"? Halten Sie inne und fragen Sie sich, ob das wirklich stimmt? Wenn dieses Motto auf Ihre Familie nicht zutrifft, gab es vielleicht ein anderes, gleichermaßen negatives? Werden Sie sich von nun an immer besser bewusst darüber, was Sie sich in puncto Wandel, Möglichkeiten, etwas zu verändern, vorsagen und ob Sie wirklich glauben, dass Ihnen tatsächlich etwas Gutes widerfahren kann. All dies beeinflusst in hohem Maße, wie sehr Sie an etwas festhalten und Veränderung nicht zulassen.

Entdecken Sie Ihre Bedürfnisse!

Denken Sie an die Übung ab Seite 26, als Sie sich Ihre Gedanken und Gefühle beim Erwägen von Veränderungen in Ihrem Leben in Erinnerung riefen. Gehen Sie kurz zu diesem Beispiel zurück. Legen Sie das Buch beiseite und holen Sie sich Papier oder das Tagebuch, das Sie für diese Übungen benutzen werden.

Vergegenwärtigen Sie sich zuerst diese Situation. Sarah beispielsweise denkt über einen Arbeitsplatzwechsel nach. Sie nimmt ein Stück Papier und notiert oben auf der Seite, was sie verändern möchte. Wir bitten sie dann aufzuschreiben, welches Ereignis sie zu dieser Entscheidung brachte. Dabei handelt es sich um eine Schlüsselfrage. Die Leute stellen sich so oft eine Falle, indem sie sich fragen: „Warum will ich das machen?" Das ist so, als hätten Sie sich selbst vor Gericht zitiert und müssten Ihren Wunsch nach Veränderung rechtfertigen. Halten Sie hier inne. Denken Sie einen

Moment über Ihr Ziel oder Ihren Wunsch nach. Schreiben Sie es auf, dann denken Sie darüber nach, was passierte, als Sie diesen Wunsch oder dieses Ziel formulierten.

Lassen Sie sich hierbei Zeit, gegebenenfalls ein paar Tage. Wenn Sie nicht erkunden, was passierte, werden Sie nicht erkennen, woran Sie wahrscheinlich später festhalten werden. Es kann auch sein, dass Ihnen mit zunehmendem Nachdenken umso mehr negative Gedanken und Botschaften einfallen, und das wird Ihnen helfen weiterzukommen und sich von diesen negativen Dingen zu entfernen. Vergessen Sie nicht, es ist natürlicher, sich von etwas Negativem wegbewegen zu wollen, als sich überreden zu wollen, sich darauf zuzubewegen.

Sarah schreibt, dass sie als Chefsekretärin in einer Steuerberaterkanzlei arbeitet. Sie macht oft Überstunden und ärgert sich nun, im Alter von 38 Jahren, zunehmend über den Preis, den sie zahlt. Dies ist wiederum ein Schlüsselthema. Fragen Sie sich, wenn Sie so weit sind, was es Sie kostet, mit dem fortzufahren, was auch immer Sie tun (und das Sie zugegebenermaßen ändern wollen). Das können Sie auf alle Lebensbereiche anwenden: Beruf, Privatleben, Freunde und Bekannte, Bildung, Gesundheit usw. In Sarahs Fall sind die Kosten klar ersichtlich und hoch: Ihr Familienleben leidet massiv darunter. Sie hat zwei Kinder, um die sich ihre Mutter kümmert. Anfangs machte ihr das nichts aus, aber jetzt möchte sie einfach mehr von ihren Kindern haben. Sie und ihr Mann müssen sehr viel arbeiten. Sie verdienen nicht viel, leben aber in London, das sie derart teuer finden, sodass nach Abzug aller Fixkosten ihrem Gefühl nach nicht mehr viel übrig bleibt. Sie beide werden älter, und es macht ihnen immer mehr aus, dass sie so viel Zeit in der Arbeit verbringen. Sie ärgern sich, dass sie am Wochenende immer so erschöpft sind. Je ehrlicher Sarah sich selbst gegenüber wird, als umso höher empfindet sie den Preis.

Dann bricht Sarahs Entscheidungsfindungsstrategie zusammen, weil sie in die Falle geht, in die die meisten Leute geraten. Sie fragt sich, was sie denn tun möchte. Meistens zögern die Leute bei dieser Frage oder sagen: „Ich weiß nicht, was ich will." Nun, wenn Sie nicht weiterkommen, stellen Sie sich andere Fragen: „Was brauchen Sie denn?" und „Was ist es denn, was Sie tun sollten?" Hört sich das nicht ganz anders an? Dadurch können Sie auch leichter aufhören, an dem festzuhalten, was Sie schon immer gemacht haben – weil Sie mithilfe dieser Fragen leichter erkennen, dass Sie möglicherweise einfach nicht das tun, was Sie brauchen. Sie können schlichtweg nicht vorankommen, wenn Sie weiterhin an Ihren Wünschen festhalten – vor allem dann nicht, wenn diese Wünsche für Sie nicht hilfreich sind.

Wie bereits erwähnt, wissen Sie vielleicht nicht, was Sie tun möchten, aber wir sind überzeugt, dass Sie leichter beantworten können, was Sie *nicht* wollen. Vielleicht müssen Sie gar nicht unbedingt ein sehr deutliches Bild haben – vielleicht werden die Dinge klarer, während Sie sich weiterbewegen. Sie müssen nicht schon am Anfang einen hundertprozentig genauen Plan haben – lassen Sie den Plan sich entwickeln, während Sie alles durchdenken.

Sarah muss sich auch Folgendes eingestehen: Sowohl für sie als auch für ihren Mann besteht die Gefahr, dass sie an ihrem Einkommen als entscheidendem Grund dafür festhalten, weshalb sie nichts ändern kann. Daraus ergeben sich andere Bereiche, an denen man festhalten könnte. Aufgrund ihres Einkommens können sie es sich leisten, in London zu leben – wenn sie sich entscheiden, von London wegzuziehen und ein billigeres Haus zu kaufen, könnte sich Sarah ein Teilzeitstelle suchen.

Stellen Sie sich einen Augenblick lang eine altertümliche Waage mit zwei Messingschalen vor, die an Ketten am Balken der Waage hängen. Der Entscheidungsfindungsprozess lässt sich durch eine solche Waage widerspiegeln. Wir gehen eine Reihe von Gedanken durch und beladen die eine Waagschale, dann halten wir inne und fangen an, die andere Waagschale zu beschweren. Dies nennt man „Entscheidungsgleichgewicht", und wir können buchstäblich mehrmals hin- und zurückgehen, um das Gleichgewicht auf der einen oder der anderen Seite zu kippen. Indem sich Sarah auf den finanziellen Aspekt konzentrierte, belud sie die eine Waagschale, aber wenn sie einen Augenblick innehielte, könnte sie beginnen, die andere Waagschale schwerer zu machen. Sie müsste dann darüber nachdenken, wie sehr ihre Lebensqualität durch ihre beruflichen Anforderungen leidet.

Nehmen Sie sich ein wenig Zeit, um über Ihre Bedürfnisse nachzudenken. Blockieren Sie sich nicht durch praktische Hindernisse, auch dies ist wiederum etwas, mit dem man sich leicht selbst eine

Falle stellt. Wir reden hier nicht der Leichtsinnigkeit das Wort; im Augenblick denken Sie nach und erforschen die Möglichkeiten – Sie machen sich erst dann an die Verwirklichung, wenn Sie bereit sind und alles durchdacht haben. Wann immer Sie also ein praktisches Hindernis entdecken, prüfen Sie, ob Sie es auf eine Waagschale legen können. Sie müssen sich auf Ihre Bedürfnisse konzentrieren – denken Sie an Ihr Ziel oder Ihre Entscheidung und machen Sie eine Bestandsaufnahme über die Gründe, die Sie dazu gebracht haben, sich über Veränderungen Gedanken zu machen.

Folgende Übung soll Ihnen bei der Klärung Ihrer Wünsche und Bedürfnisse weiterhelfen:

Schreiben Sie ein Referat über Ihr Leben, wie Sie es heute sehen. Und zwar sehr präzise und ausführlich. Schreiben Sie es so, als würden Sie jemanden instruieren, einen Tag lang in Ihre Person zu schlüpfen. Sie müssen also Hintergrundinformationen geben und erklären, warum Sie etwas tun und wie Sie es tun.

Beispielsweise:

Sie werden heute Jo sein. Sie sind weiblich, 41 Jahre alt. Unter der Woche stehen Sie um 5.30 Uhr auf, weil Sie pendeln. Sie sind sehr gut organisiert. Ihre Kleidung liegt schon auf einem Stuhl bereit, und in Ihrer Tasche befinden sich Unterlagen, die Sie während der Zugfahrt durcharbeiten.

Beim Verlassen des Hauses sind Sie immer traurig. Sie sind gern zu Hause, aber Sie mögen auch Ihre Arbeit und müssen sich Ihren Lebensunterhalt verdienen …

Sie werden bestimmt viel mehr als das schreiben, aber die obigen Zeilen dürften Ihnen eine Ahnung vermitteln, wie detailliert Sie vorgehen sollten.

Wenn Sie Ihr Referat geschrieben haben, lesen Sie es durch und unterstreichen Sie alles, was heraussticht. Es kann Positives und Negatives geben. Vielleicht Konflikte. Möglicherweise gibt es Dinge, die Sie noch nie so deutlich wahrgenommen haben.

Wenn Sie über Veränderungen nachdenken, lassen Sie sich nicht von Ihren emotionalen Reaktionen verwirren. Veränderung, ob sie nun als positiv wahrgenommen wird oder nicht, bringt Stress mit sich. Dies ist ein weiterer Grund, weshalb sich so viele Leute dafür entscheiden, alles beim Alten zu belassen: Sie sind erst aufgeregt, dann fühlen sie sich gestresst und deuten dies fälschlicherweise als Warnsignal. Die meisten Menschen möchten Stress vermeiden, weshalb sie die Veränderungen nicht weiter betreiben. Denken Sie also daran, dass ein komisches Gefühl in der Magengegend noch nicht heißt, dass Veränderungen eine schlechte Idee sei. Aufgeregtheit und Angst können sich in der Tat ziemlich ähnlich anfühlen. Verwechseln Sie also keinesfalls Angst mit Aufgeregtheit. Denken Sie darüber nach und werden Sie sich dessen von nun an besser bewusst.

Zusammenfassung

- Fangen Sie an, über die Anker nachzudenken, die Sie festhalten, weil sie Ihnen ein Gefühl von Sicherheit vermitteln, entweder weil sie Ihnen vertraut sind oder weil sie Ihnen tatsächlich ein Gefühl der Sicherheit geben. Wir schlagen nicht vor, dass Sie leichtsinnig werden, sondern vielmehr, dass Sie die Elemente erkennen lernen, die Sie vom Weiterkommen abhalten. Hegen Sie von jetzt an die Überzeugung, dass Sie etwas dagegen unternehmen können und dass nichts Schlimmes passieren muss.

- Veränderungen müssen nicht hundertprozentig sein. Sie können sich allmähliche und geringfügige Veränderungen zugestehen. So vermeiden Sie die Furcht, einige der Anker loslassen zu müssen, die Ihnen wirklich wichtig erscheinen.

- Anker können in vielen Verkleidungen auftreten. Bleiben Sie sich ihrer bewusst, während Sie weiterhin lernen, sie zu erkennen.

- Lassen Sie sich nicht von Furcht, dem falschen Augenschein, der als real erscheint, beherrschen. Sie ist ein ungemein negatives Mittel, das Sie fest in der Unfähigkeit zur Veränderung verankert hält.

- Verwechseln Sie nicht Angst mit Aufgeregtheit. Die Gefühle ähneln einander sehr. Sie werden sich motivierter fühlen, wenn Sie sich ins Gedächtnis zurückrufen, wie aufgeregt Sie sind, und wenn Sie verstehen, dass Angst normal ist, aber kein Zeichen drohenden Unheils!
- Achten Sie auf Ihren inneren Dialog und darauf, was passiert, wenn Sie Veränderungen in Erwägung ziehen. Visualisieren Sie zum Beispiel Veränderungen oder erfahren Sie sie auf andere Weise? Das Bewusstsein dessen wird Ihnen helfen, motiviert zu bleiben, wenn Sie eine Aufgabe oder Veränderung anpacken. Sie können die Strategien, die Ihnen helfen, motiviert zu bleiben, immer wieder abrufen.

Kapitel

Fundsachen

Dieses Kapitel befasst sich mit Ihrer Vergangenheit und mit dem, was Sie aus ihr möglicherweise mit sich herumschleppen und was Ihnen heute in die Quere kommt. Vielleicht haben Sie es sich auch zur Gewohnheit gemacht, die Probleme anderer an Bord zu nehmen, was Sie erschöpft und auslaugt. Sie müssen ein besseres Bewusstsein entwickeln und lernen, die Vergangenheit von nun an loszulassen, Sie haben die Freiheit, aus dem Heute das Beste zu machen. Indem Sie sich von Ballast befreien, erwächst Ihnen auch die Kraft, Veränderungen in Erwägung zu ziehen und sich nicht länger von Regeln beherrschen zu lassen, die keine Gültigkeit mehr besitzen – oder vielleicht nie hatten! Dieses Kapitel enthält eine Reihe von Übungen, die Ihnen dabei helfen, ein besseres Bewusstsein zu entwickeln, sowie einige Aufgaben zum Schluss, mit deren Hilfe Sie leichter loslassen können.

Stellen Sie sich Ihrer Vergangenheit!

Es wird viele Gründe geben, weshalb Sie von Veränderungen abgehalten werden, und höchstwahrscheinlich halten Sie sich selbst aktiv zurück. Um dies wirklich zu verstehen, müssen Sie bereit sein, sich Ihrer Vergangenheit zu stellen und dem, was Sie daraus emotional und psychisch mit sich herumschleppen. Sie dürfen sich nicht davor fürchten, die Reise zu erkennen, die Sie bis heute vorgenommen haben – den Deckel draufzuhalten bringt Sie nicht weiter. Bewahren Sie keine Leichen im Keller auf – entfernen Sie sie in der Abgeschiedenheit Ihres Geistes, dadurch verlieren sie an Macht. Und Sie sollten sich auch nicht einreden, dass etwas „egal sei" oder dass „anderen viel Schlimmeres widerfahre". Ihre

Erfahrungen sollten nicht durch Vergleiche mit anderen abgewertet werden. Indem Sie Ihre Vergangenheit betrachten und sich ihr stellen, gewinnen Sie an Stärke, Einsicht und Wissen. Sie werden auch Kraft gewinnen, indem Sie gewisse Dinge nicht mehr mit sich herumschleppen müssen. Wir werden oft gefragt: „Und was soll das? Es lässt sich sowieso nichts mehr ändern." Es stimmt, die Vergangenheit lässt sich nicht rückgängig machen, aber Sie können das Heute ändern und die negativen Folgen, die das Gestern möglicherweise zeitigt. Folgende Ausdrücke werden gern gebraucht: „Ich habe das gut zubetoniert" – „Ich tu einfach so, als wäre es nicht passiert." Sie sollten sich fragen, ob sich dies wirklich vernünftig und Ihrer Gesundheit zuträglich anhört.

Wege, mit der Vergangenheit umzugehen

Bei der Erforschung Ihrer Kindheit und Vergangenheit sollten Sie sich anschauen, welche Wege Sie gefunden haben, um mit dem Leben und all dem, was es Ihnen auferlegt hat, umzugehen. Ziemlich oft setzen Kinder und Heranwachsende dazu Methoden ein, die im Erwachsenenleben als Schuss nach hinten losgehen. Nehmen wir beispielsweise Vermeidungsstrategien – Kinder finden Prüfungen belastend, also drücken sie sich vor dem Lernen, um so den Stress zu verringern. Natürlich funktioniert das nicht wirklich. Viele Erwachsene spiegeln wider, wie eine Schicht von Vermeidungsverhalten mehrere andere nach sich zog, bis daraus eine destruktive Lebensweise wurde. Wenn das der Fall ist, muss man sich dem stellen und entsprechend handeln. Vermeidungsverhalten zerstört systematisch Ihr Selbstvertrauen, das Stück für Stück wieder aufgebaut werden muss. Ein weiteres Beispiel für negative Bewältigungsstrategien ist die „Schicht Zement" – damit legen Sie sich nur ein öffentliches Gesicht zu, das vielleicht selbstbewusst und undurchdringbar erscheint, aber darunter steckt eine völlig andere Person, die auf ganz andere Weise umsorgt werden muss. Wenn Sie darüber nachdenken, werden Sie feststellen, dass dieses Verhalten Ihnen nicht wirklich nützt. Für wen machen Sie das also? Bedenken Sie auch, dass Verletzlichkeit nicht identisch mit Schwäche ist; sie gehört auf sehr spezielle Weise zum Menschsein. Wenn Sie sich nicht erlauben, verletzlich zu sein, werden Sie nie eine wirklich nahe Beziehung mit einem anderen Menschen haben.

Fürchten Sie sich nicht vor der Selbsterkundung!

Wenn Sie nun möglichst schnell zum nächsten Kapitel weiterblättern wollen, halten Sie eine Sekunde inne. Sie sollten nicht vorschnell folgern, dass dieses Kapitel Ihnen nichts bringt, oder vor dem, was wir Ihnen zu sagen haben, davonrennen. Vielleicht sind Sie der Ansicht, in Ihrer Kindheit habe es keine Probleme gegeben. Sie sollen nicht nach etwas suchen, was es nicht gab, oder Ihre Kindheit als schwierig bezeichnen, wenn sie das nicht war. Aber auch dann können Sie von der Selbsterkundung profitieren, denn es gibt neben Problemen auch andere Aspekte, die es sich anzuschauen lohnt. Etwa folgende Bereiche: Ihr Selbstvertrauen, Ihre Einstellung Risiken gegenüber, Ihr Selbstwertgefühl, Ihre Fähigkeit, das Leben auf vernünftige und Ihnen zuträgliche Weise zu bewältigen – wenn es hier irgendwelche Mängel gibt, muss man den Wurzeln auf den Grund gehen. Fragen Sie sich: „Was passierte?" bzw. „Was passierte *nicht*?", dass Sie sich so fühlen. Ganz egal wie es Ihnen im Augenblick geht, stellen Sie sich von jetzt an vor, wie es wäre, wenn Sie sich besser fühlen würden, mehr Selbstvertrauen hätten, von sich so überzeugt wären, dass Sie Neues ausprobieren und vertretbare Risiken eingehen könnten.

Was gehört wirklich zu Ihnen?

Als Erstes sollten Sie darüber nachdenken, ob Sie etwas mit sich herumschleppen, was Ihnen gar nicht gehört. Wenn Ihnen der Sinn dessen nicht sofort einleuchtet, denken Sie an ein Fundbüro, das voll ist mit Dingen anderer Menschen. Es gibt vielleicht einen Gegenstand, der schon so lange herumsteht, dass sich niemand mehr erinnert, wann er hineingestellt wurde. Der ursprüngliche Besitzer hat womöglich nie Anspruch darauf erhoben. Und weshalb nicht? Weil er wahrscheinlich keine Verwendung mehr dafür hat. Er hat wahrscheinlich sogar vergessen, dass er den Gegenstand je besaß. Wichtige Menschen in unserem Leben tun genau dasselbe. Sie überreichen uns buchstäblich Dinge, und es endet damit, dass wir sie aufbewahren. Einige Beispiele sollen Ihnen dies veranschaulichen.

Es gibt wahrscheinlich viele Beispiele aus Ihrem Berufs- oder Privatleben. Wenn Sie eine Führungsposition bekleiden, sind Sie es gewohnt, dass Mitarbeiter mit ihren Problemen am Arbeitsplatz zu Ihnen kommen. Finden Sie, dass Sie am Arbeitsplatz durch die Probleme anderer ausgelaugt und abgelenkt werden und wertvolle Zeit und Energie für sich selbst verlieren? Machen Sie zu viel für andere und laden Sie sich die Sorgen und Aufgaben der anderen zusätzlich zu Ihren eigenen auf?

Ähnliches kann auch in Ihren privaten Beziehungen passieren. Merken Sie, dass Sie die Verantwortlichkeiten anderer schultern und schließlich deren Leben ebenso wie Ihr eigenes schmeißen? Sind Sie immer derjenige, der in der Ehe oder Zweierbeziehung die Entscheidungen trifft und Dinge ins Rollen bringt? Übernehmen Sie zu viel Verantwortung für das Leben anderer erwachsener Menschen?

Dies ist mit Sicherheit bei jedem Menschen unterschiedlich. Vielleicht aber finden Sie sich wieder in folgenden Beispielen, die vom Einfluss von Rollen und elterlichen Erwartungen handeln.

Ihre Träume oder die eines anderen?

Viele Menschen treffen beeinflusst von den Wünschen ihrer Eltern berufliche und zwischenmenschliche Entscheidungen. Vielleicht verwirklichen sie einen Traum ihrer Eltern oder führen die Familientradition fort. Probleme tauchen dann auf, wenn diese Entscheidung nicht wirklich zu ihnen passt. Möglicherweise enden sie einfach mit der „Fundsache" eines anderen – ihre Motivation für das, was sie tun, stammte nicht wirklich von ihnen, sondern von einer anderen Person und deren Wünschen und Ambitionen. Denken Sie einen Augenblick darüber nach, wie sich die Erwartungen anderer in Ihrem Leben auswirken. Wenn Sie mit einigen Ihrer getroffenen Entscheidungen unglücklich sind, gestatten Sie es sich, sie noch einmal zu prüfen. Ihnen wird mehr als eine Entscheidung zugestanden, und Sie dürfen auch Ihre Meinung ändern.

Wessen Verantwortung?

Sie sollten sich auch Ihre Rolle innerhalb Ihrer Familie anschauen, insbesondere wenn zwischen Ihren Eltern irgendwelche Probleme bestanden. Mussten Sie beispielsweise Ihre Eltern emotional unterstützen oder sich um Ihre Geschwister kümmern, weil Ihre Eltern dazu nicht in der Lage waren? Wurden Sie durch Pflichtversäumnisse anderer, ohne die Gründe dafür zu kennen, in eine Position oder zu einer Verantwortung erhoben, die eigentlich jemand anderer innehatte? Das kann verschiedene Gründe haben, wie Krankheit, Alkoholismus, psychische Erkrankungen, Fehlen geeigneter Rollenmodelle. Die Gründe mögen irrelevant sein, die Auswirkungen nicht.

Die Regel, nicht darüber zu reden

Fundsachen gewinnen eigene Macht, denn wenn man den Krempel anderer mit sich herumschleppt, neigt man dazu, nicht darüber zu sprechen. Als Sie sich den Krempel damals, vielleicht in der Kindheit, aufhalsten, gab es wahrscheinlich eine Regel, nicht darüber zu reden. Wir wollen dies an dem Beispiel eines Menschen zeigen, der in einer Alkoholikerfamilie aufwuchs. Der Vater trinkt zu viel, und die Mutter kommt damit nicht zurande. Jack ist das älteste Kind und versucht, seiner Mutter zu helfen und sich emotional um sie zu kümmern. Jill ist jünger und wächst mit der Wut auf die Nähe zwischen Jack und ihrer Mutter auf. Jack wächst damit auf, dass er den Verlust seiner Kindheit betrauert und ganz konfus ist, weil er nicht weiß, was mit seinem Vater los ist. Die Mutter sagte es ihm nicht, weil sie ihn nicht aus dem Gleichgewicht bringen wollte. Jack kämpft seither mit den Auswirkungen, dass er die schrecklichen Streitereien zwischen seinen Eltern mit ansehen musste, und fürchtet deshalb seither intime Beziehungen überhaupt. Als er anfing, mit seiner Mutter darüber zu reden, und die fehlenden Stücke entdeckte, erkannte er, dass seine Angst auf die Erfahrungen anderer zurückzuführen war, nicht auf seine eigenen. Das befreite ihn von möglicherweise schädigenden Fundsachen. Überdies lernte Jack, dass die Welt viel weniger Angst einflößend ist, wenn man miteinander redet und ehrlich zueinander ist. Jack hat lange Zeit die leeren Stellen ausgefüllt und eher Mutmaßungen angestellt, als Sicherheit durch Nachfragen zu finden und so zumindest einen Teil der Wahrheit zu erfahren.

Legen Sie das Buch einen Moment beiseite und denken Sie darüber nach, was Sie für andere Menschen aufbewahren. Schreiben Sie auf, was Ihnen einfällt.

Machen Sie eine Bestandsaufnahme!

Während Ihrer Reise durchs Lebens sind Sie anderen Menschen, Orten, den Emotionen und Problemen anderer ausgesetzt, und all das hinterlässt Spuren. Einige sind natürlich positiv, andere nicht.

Wir müssen eine gründliche Bestandsaufnahme machen. Dadurch können Sie entscheiden, was weg muss – was gar nicht Ihnen gehört. Möglicherweise begegnen Sie extrem schmerzvollen Bereichen in Ihrem Leben. Falls ja, schreiben Sie nur das auf, was Ungefährlich *und noch angenehm* ist.

Bei der Bestandsaufnahme müssen Sie so gründlich wie nur möglich vorgehen, aber Sie müssen nicht notwendigerweise ungeheuer viel schreiben (Sie dürfen aber, wenn Sie wollen). Das Niederschreiben hilft vielen dabei, sich wirklich zu konzentrieren und gründlich nachzudenken. Denken Sie über jeden Abschnitt nach und beantworten Sie die Fragen: „Was genau muss ich unbedingt verstehen? Was sind die wichtigsten Punkte?"

- Versuchen Sie, Ihr Familienleben und Ihre Kindheit zu beschreiben. Blockieren Sie sich nicht, indem Sie versuchen, dies entweder positiv oder negativ zu beschreiben, versuchen Sie einfach, es so zu schildern, wie es war. Denken Sie daran, dass Bestandsaufnahmen aus Positivem und Negativem bestehen, aber an diesem besonderen Punkt konzentrieren wir uns auf Bereiche, die Ihnen heute vielleicht Probleme bereiten.
- Gehen Sie weiter und denken Sie an Ihre Schulzeit. Wie kamen Sie in der Schule zurecht? Welche Art von Beziehung hatten Sie zu Ihren Mitschülern und Lehrern? Schauen Sie auf Ihre

Schulzeit mit Freude oder Traurigkeit oder mit einer Mischung aus beidem zurück?

- Konzentrieren Sie sich auf Ihre Teenagerjahre und die kritischen Meilensteine, an die Sie sich erinnern. Damals werden Sie sich allmählich Ihrer Sexualität bewusst geworden sein. Welche Erinnerungen haben Sie an diese Zeit? Was fühlen Sie, wenn Sie sich diese Jahre ins Gedächtnis zurückrufen? Hatten oder haben Sie Probleme oder Unklarheiten, die damit zusammenhängen?
- Konzentrieren Sie sich auf die Jahre des frühen Erwachsenenlebens. Absolvierten Sie eine längere Schul- oder Hochschulausbildung, oder fingen Sie früh zu arbeiten an? Sticht in dieser Zeit etwas hervor, was Sie sich vielleicht ansehen sollten?
- Denken Sie an Ihre privaten Beziehungen allgemein. Was fällt Ihnen beim Rückblick auf Ihr Leben auf? Gibt es irgendwelche Muster oder Schwierigkeiten?

Die negative Stimme

Nach der Bestandsaufnahme sollten Sie Ihr Bewusstsein hinsichtlich ein paar wesentlicher Dinge intensivieren. Diese nächste Übung behandelt die Erweiterung des Bewusstseins auf eine etwas andere Weise. Es geht darum, wie man sich allmählich befreit fühlt, wie man bestimmte Blockaden überwindet, um sich gut zu fühlen und das Leben zu genießen. Dank dieser Übung werden Sie auch weiterhin mehr Fundsachen erkennen und intensiver in Kontakt mit dem kommen, was wirklich zu Ihnen gehört und was und wer Sie sind.

In Lektion 1 sollen Sie erkennen, dass Ihr wirkliches Ich das spirituelle Ich ist – die Lebenskraft in Ihnen (auf den Begriff Spiritualität werden wir noch eingehender in Kapitel 13 zu sprechen kommen). Dies ist der Teil von Ihnen, der Sie befähigt, sich wundervoll und glücklich zu fühlen. Das heißt natürlich, wenn Sie fähig sind, in Verbindung mit ihm zu sein. Wahrscheinlich hängen Sie jedoch dem Irrglauben an, Ihr wirkliches Ich habe mit der Rolle zu tun, die Sie spielen, der Art, wie Sie sich fühlen, Ihrer Persönlichkeit, Ihrem Aussehen, Ihren früheren Erfahrungen. Das stimmt nicht ganz – dies sind nur Etikettierungen und Erfahrungen.

Wenn Sie uns nicht glauben, schauen Sie doch zehn Minuten einem Baby oder Kleinkind zu – merken Sie, welche Lebensfreude so ein Kind hat? Aus eigener Erfahrung werden Sie wissen, ob Ihnen etwas den Weg zu Ihrer Lebensfreude verstellt, Sie daran hindert, Herausforderungen anzunehmen und sich selbst zu gestatten, die Dinge anders zu machen. In den meisten Fällen manifestiert sich dies als eine Art negative Stimme oder als Ihre „negative Seite". Vielleicht haben Sie sogar einen Namen oder eine Beschreibung dafür. Manche Leute nennen dies „den kleinen Mann im Ohr". Dieser Begriff gefällt uns sehr. Es lässt alle möglichen Bilder aufsteigen.

Diese negative Stimme oder ihre Verkörperung dient nur einem Zweck, der Negativität und dem Unglücklichsein. Sie hat keinen Sinn für Gleichgewicht oder Fairness; sie blüht auf, wenn sie Sie elend macht. Diese negative Stimme überzeugt Sie, dass es gut sei, schlechte vergangene Erfahrungen erneut zu durchleben, sich um die Zukunft zu sorgen, alles und jedes zu analysieren, sich selbst zurückzuhalten und einen Haufen Fundsachen mit sich herumzuschleppen.

Wenn Ihnen das total verrückt vorkommt, geben Sie dennoch nicht auf. Wir sind überzeugt, dass Sie Ihre negative innere Stimme spüren können. Wir alle haben sie, aber vielleicht sind Sie sich der Ihren noch nicht so sehr bewusst.

> Legen Sie also das Buch kurz weg und denken Sie zurück an die Zeiten in Ihrem Leben, als Sie wirklich etwas tun wollten. Versuchen Sie es und befördern Sie sich zurück in jene Zeit und denken Sie daran, wie Sie sich damals fühlten und was Sie dachten. Versuchen Sie, sich an Ihren „inneren Dialog" zu erinnern.

Peter beispielsweise wollte wirklich Abendkurse besuchen, um seine Computerkenntnisse zu verbessern. Ihm war es allmählich in der Arbeit peinlich, dass so viele der jüngeren Kollegen die reinsten Computer-Cracks waren. Er erzählte uns, dass er sich ein Weiterbildungsprogramm hatte schicken lassen und die Anmeldungsunterlagen ausgefüllt hatte. Dann erhob sich seine negative

Stimme: „Was soll denn die Mühe? Du hinkst den anderen so weit
hinterher, dass du sie nie einholst. Wetten, dass die anderen
Kursteilnehmer viel jünger sind und du wie der letzte Trottel neben
ihnen ausschaust? Du hast doch gar keine Zeit – erst fängst du
damit an, und dann bereust du es." Sehen Sie, was wir meinen? Als
sich Peter das angehört hatte, wäre er fast überredet gewesen
aufzugeben. Zum Glück tat er dies nicht, und es kam ganz anders,
als seine negative Stimme ihm hatte einreden wollen.

Können Sie sich mit einem dieser Sätze identifizieren? Fallen
Ihnen auch andere ein? Denken Sie daran, dass die negative
Stimme nur über eine Tonlage verfügt – deshalb können Sie sie
relativ einfach entdecken, wenn Sie erst einmal Ihr Bewusstsein
dafür geschärft haben.

Lektion 1 ist es also, Ihr Bewusstsein zu intensivieren. Sich
dessen bewusst zu sein stellt den Gegenpol zu vielen negativen
Dingen dar.

Als Nächstes wollen wir, dass Sie über die negative Stimme
nachdenken. Was stellen Sie sich unter der negativen Stimme vor?
Sehen Sie tatsächlich „einen kleinen Mann im Ohr" oder etwas
anderes? Wenn ja, versuchen Sie, ihn/sie/es zu beschreiben? Was
immer Sie auch tun, legen Sie das Buch nicht weg. Halten Sie eine
Sekunde inne und denken Sie darüber nach. Wenn Sie diese
negative Stimme hören, können Sie dann einen Schritt weiter
gehen und sie beschreiben? Einige von Ihnen vermögen sie
vielleicht tatsächlich anschaulich zu schildern. In diesem Fall
versuchen Sie, sie zu zeichnen. Andernfalls reicht eine kurze
Beschreibung. Aber lassen Sie sich von der Stimme keinesfalls von
dieser Übung abhalten!

Schreiben Sie nun einige der Dinge auf, die diese negative
Stimme sagt. Sie sollten jedes Mal, wenn Sie sich dabei ertappen,
dass Sie der Stimme lauschen, die Liste erweitern können. In der
Zwischenzeit denken Sie über diese negativen Botschaften nach,
die wir alle haben, wie etwa: „Unsere Familie ist vom Pech
verfolgt" oder Ähnliches. Woher stammt diese Botschaft? Stimmt
sie tatsächlich? Und was noch wichtiger ist: Hilft sie Ihnen wirklich
in Ihrem Alltagsleben? Wenn Sie all diese Fragen mit Nein
beantworten, entledigen Sie sich der Botschaften. Wie machen Sie
das? Indem Sie sich mit der Botschaft auseinander setzen, wann

immer sie auftaucht. Stellen Sie sie beständig infrage. Überprüfen Sie sie auf ihre Gültigkeit und Relevanz. Manchmal tun wir Dinge, weil sie uns zur Gewohnheit geworden sind, und wir sollten wissen, dass wir jederzeit damit aufhören können.

Warum schleppen Sie Fundsachen mit sich herum?

Sie sollten bedenken, dass Kinder wie Löschpapier sind. In Ihrer Kindheit und Jugend haben Sie wahrscheinlich alles aufgesogen, was um Sie herum vorging. Leider neigen Kinder auch dazu, sich für alles, was um sie herum geschieht, verantwortlich zu fühlen. Infolgedessen schleppen sie manchmal die Auswirkungen der negativen Handlungen anderer mit sich herum. Dabei kann es sich um Misshandlung handeln – sexuelle, seelische oder körperliche; möglicherweise gewalttätige Streitigkeiten zwischen den Eltern; Auswirkungen des Scheitern ihrer Ehe etc. Der springende Punkt dabei ist, dass Menschen die Auswirkungen des Verhaltens anderer auf sie oder die, die sie lieben, mit sich herumschleppen. Manchmal muss man prüfen, ob man noch immer die Auswirkungen auf sich nimmt.

Vielleicht tragen Sie auch Fundsachen mit sich herum, weil menschliche Wesen fühlen müssen, sie hätten Kontrolle, und sie reden sich ein, dies sei der Fall. Wenn nun etwas Schlimmes passiert, wie ein Überfall, Betrug, Autounfall, eine Vergewaltigung etc., besteht eine der Möglichkeiten, wie Menschen dies zu verarbeiten versuchen, darin, sich einzureden, dass es tatsächlich ihr Fehler war. Was also die Menschen tun, um damit fertig zu werden, geht in Wirklichkeit als Schuss nach hinten los. Wir können uns zum Beispiel vorstellen, wie es sich auswirkt, wenn eine Frau sich die Schuld für ihre Vergewaltigung zuschreibt. Fundsachen loszulassen bedeutet also, uns selbst vom Haken zu lassen und uns nicht länger selbst die Schuld zuzuschieben. Das Leben geschieht, und manchmal haben wir keinen Einfluss darauf.

Wir möchten, dass Sie sich am Ende des Kapitels die Frage stellen, ob Sie Verletzungen, Wut, Scham oder Schuldgefühle sich selbst, einer oder mehreren anderen Personen in Ihrem Leben gegenüber mit sich herumschleppen. Wenn ja, sollten Sie erwägen, einen „therapeutischen Brief" zu schreiben. Diesen Brief schreiben Sie zu Ihrem eigenen Nutzen. Er dient nicht dazu, abgeschickt zu werden. Schreiben Sie so viele Briefe wie nötig, lassen Sie sich dabei Zeit. Schreiben Sie so, als würden Sie mit der betreffenden Person sprechen, und sagen Sie unverblümt (ohne alle Vorbehalte), was gesagt werden muss. Vergessen Sie nicht, hierbei handelt es sich um etwas Vertrauliches, und niemand außer Ihnen sollte diesen Brief zu Gesicht bekommen, verwahren Sie ihn also an einem sicheren Platz oder verbrennen Sie ihn, nachdem Sie ihn geschrieben haben.

Vielleicht möchten Sie sich auch selbst einen Brief schreiben. Dazu müssen Sie sich zuerst irgendeine reale Person vorstellen, die Sie wirklich gern an Ihrer Stelle hätten. Wie würden Sie diese Person behandeln, was würden Sie ihr sagen? Dann müssen Sie diese Freundlichkeit und Unterstützung auch sich selbst gegenüber an den Tag legen. Gleichgültig wie sehr Sie sich dem widersetzen, Sie müssen ernsthaft erwägen, dies zu tun. Lassen Sie sich auch hierbei Zeit.

Sie müssen auch darüber nachdenken, wie die Lebenssicht anderer Menschen Sie beeinflusst. Manche Leute sind wahrhaft äußerst negativ. Versuchen Sie nicht, sie zu ändern. Aber schützen Sie sich. Stellen Sie sicher, dass Sie mit Menschen zu tun haben, die Ihnen Positives geben können.

Denken Sie auch über negative Einflüsse von Menschen nach, die Sie wirklich nicht absichtlich verletzen oder schädigen wollten. Vielleicht haben wir einen geliebten Menschen verloren, oder jemand wurde körperlich oder seelisch ernsthaft krank. Es kann sehr schwer sein, mit diesen negativen Einflüssen umzugehen, weil viele Menschen Schuldgefühle haben, wenn sie wütend sind. An anderer Stelle sollen Ihnen Übungen dabei helfen, derartige Situationen aus einem anderen Blickwinkel zu betrachten.

Zusammenfassung

Ein Schlüsselthema dieses Kapitels ist die Intensivierung Ihres Bewusstseins und der Gewinn einer wertvollen Einsicht, die Ihnen hilft, sich vorwärts zu bewegen. Von nun an müssen Sie sich also der Fundsachen und ihrer Auswirkungen stärker bewusst werden.

- Nehmen Sie die Probleme anderer an Bord?
- Können Sie anfangen, die Vergangenheit loszulassen?
- Sind es wirklich Sie selbst, der sich mit negativen Bewältigungs-
  strategien zurückhält, wie etwa einer massiven Vermeidungshal-
  tung?
- Werden Sie sich bewusst, was Sie für andere mit sich herum-
  schleppen:
- Übernehmen Sie zu viel Verantwortung?
- Verwirklichen Sie die Erwartungen anderer Menschen an ihrer
  Stelle?
- Versuchen Sie, Probleme, die nicht die Ihren sind, zu lösen?
- Befreien Sie sich, indem Sie darüber reden. Dadurch gewinnen
  Sie möglicherweise Informationen oder Klarheit und hören auf,
  leere Stellen zu füllen.
- Mithilfe der Bestandsaufnahme sehen Sie klarer und können die
  Bereiche, die Ihrer Aufmerksamkeit bedürfen, erkennen. Viel-
  leicht sehen Sie, wie sich bestimmte Muster herauskristallisie-
  ren. Aus all dem schöpfen Sie die zum Weiterkommen nötige
  Energie und legen Ressourcen frei.
- Die Übung „Negative Stimme" zurrt die Themen dieses Kapitels
  zusammen und führt wiederum zu größerem Bewusstsein.
- Sie spielen im Leben nicht Ihre eigene Rolle.
- Ihre negative Stimme ist kein Freund. Sie sagt Ihnen nicht die
  Wahrheit. Sie verhindert Veränderungen, indem Sie Ihnen Ihre
  Kraft raubt.
- Wenn Sie wütend sind, schreiben Sie einen Brief.

Kapitel 3

Wer gibt demjenigen, der gibt?

In diesem Kapitel sollen Sie sich anschauen, wie viel Zeit Sie anderen geben und was Sie wirklich dazu motiviert. Bei der Beschäftigung mit diesen Fragen müssen Sie die vielen unterschiedlichen Bereiche Ihres Lebens unter die Lupe nehmen, angefangen bei Ihrer Familie, Ihrem gegenwärtigen Partner und Ihren Kindern (wenn Sie welche haben). Wenn Sie sich in einem Arbeitsverhältnis befinden, erstreckt es sich natürlich auch auf Ihre Arbeitskollegen und Kunden/Klienten. Schließlich gilt es noch die Zeit zu berücksichtigen, die Sie Ihren Freunden und entfernteren Verwandten widmen. Wenn Sie alle zusammenzählen sollten, ergäbe dies eine stattliche Zahl von Personen, die Anspruch auf Ihre Zeit erheben.

Nehmen Sie eine typische Woche und denken Sie über Folgendes nach:

- Wie viel Zeit bringen Sie auf, um für andere etwas zu erledigen?
- Wie viel Zeit verwenden Sie, um an andere zu denken, sich um sie zu sorgen, über sie zu reden? Seien Sie so detailliert wie möglich.
- Haben Sie vergangene Woche Dinge für sich selbst nicht getan, weil Sie dafür keine Zeit hatten?
- Wirkt sich die Tatsache, dass Sie anderen zu viel geben, noch auf andere Weise aus – können Sie spezifische Beispiele anführen?
- Sehen Sie Beispiele in der vergangenen Woche dafür, dass Sie Erwartungen weckten, die es Ihnen sehr schwer machten, Nein zu sagen?

Ein Teil der für andere aufgebrachten Zeit wird unter übliche „Pflichten" und „Zwänge" fallen, aber ein Teil geht vielleicht durchaus darüber hinaus. Neigen Sie beispielsweise dazu, sich zu sehr auf andere zu konzentrieren, weil Sie sich selbst nichts gönnen können? Oder stellen manche Menschen in Ihrem Leben riesige Ansprüche an Sie, weil sie körperlich oder seelisch krank sind oder an Problemen wie Alkoholismus, Drogenabhängigkeit oder Essstörungen leiden? Vielleicht bringen Sie deshalb nicht von sich aus Ihre Zeit für sie auf, sondern spüren, dass Sie buchstäblich dazu erpresst werden. Oder fühlen Sie sich einfach vollständig ausgelaugt durch Ihre familiären Pflichten und haben Angst zuzugeben, dass Sie es nicht schaffen, weil erwartet wird, das Sie es schaffen (oder Sie dies meinen)?

Viele Menschen neigen dazu, mehr für andere als für sich selbst zu tun. Wir sagen nicht, dass es nicht auch gut und gesund sein kann, sich anderen zu widmen. Sie sollten sich allerdings fragen, ob es Ihnen gut tut, derart viel für andere zu machen. Wird dies auch zu einem der wesentlichen Gründe, warum Sie nie etwas für sich tun und sich so nie für Veränderungen öffnen oder die nötige Energie für Veränderungen aufbringen? Haben Sie sich selbst über all den Alltagspflichten aus den Augen verloren?

Dieses Geben, diese Fürsorge kann in mehrere verschiedene Kategorien fallen, die wir nun im Einzelnen betrachten.

Die Ablenker

Manche Menschen konzentrieren sich absichtlich auf andere, um der Konfrontation mit sich selbst aus dem Weg zu gehen – aber dies ist häufig stark verschleiert! Stellen Sie sich ein paar der folgenden Szenarien vor. Fühlen Sie sich zu Menschen hingezogen, die die gleichen Probleme wie Sie haben? Gehen Sie ans Ende der Welt, um diese Leute zu entdecken, tun aber für sich selbst nichts? Oder gehören Sie eher zu den „verwundeten Helfern" und verlegen sich mit Verve auf karitative oder ehrenamtliche Tätigkeiten, weil Sie sich in Ihrer eigenen Haut so unwohl fühlen – oder machen Sie dies aus Ihnen zuträglichen Gründen? Oder sind Sie „der Held"? Wie oft haben Sie in den letzten paar Monaten anderen erzählt, dass es Ihnen gut gehe, als Sie sich miserabel fühlten, und sich dabei eingeredet, dass die anderen selbst Probleme haben und Sie ihnen nicht die Ihren aufbürden können?

Wenn sich Ihnen jetzt beim Lesen die Nackenhaare aufstellen, seien Sie unbesorgt – wir sperren Sie nicht in irgendwelche Schubladen. Wir möchten nur, dass Sie tief durchatmen und ernsthaft darüber nachdenken, weil sich Unaufrichtigkeit sich selbst gegenüber als großer Stolperstein erweisen wird.

Legen Sie das Buch eine Sekunde lang beiseite. Seien Sie ehrlich sich selbst gegenüber – was passiert dabei mit Ihnen? Was kostet es Sie, wenn Sie sich um alle außer sich selbst kümmern? Was passiert mit Ihnen, wenn Sie sich hinter einer Maske verbergen? Wenn Sie so tun, als gehe es Ihnen wunderbar, Sie jedoch innerlich zusammenkrachen? Was passiert mit Ihnen, wenn Sie sich einreden, dass sich niemand wirklich für Sie interessiert oder Sie nur mag, weil Sie „pflegeleicht" sind?

Wenn Sie sich mit keinem der Beispiele identifizieren, sollten Sie dennoch darüber nachdenken. Manche Leute haben große Schwierigkeiten, sich selbst wirklich wahrzunehmen, und dies wiederum erweist sich als einer der wesentlichen Gründe dafür, weshalb sie sich nicht weiterentwickeln können. Wenn Sie sich nicht wirklich Gelegenheit gegeben haben, sich kennen zu lernen, werden Sie sich niemals Ihrer Plus- und Minuspunkte, der Blockaden und Hürden bewusst, über die Sie vielleicht springen oder um die Sie herumgehen müssen.

Die folgende Übung hilft Ihnen, wirklich einmal darüber nachzudenken:

1. Schneiden Sie aus Papier eine Maske aus. Auf das Aussehen kommt es dabei überhaupt nicht an. Schneiden Sie einfach zwei Öffnungen für die Augen aus.

2. Schreiben Sie auf die Außenseite so viele Dinge, wie Ihnen einfallen, was die anderen sehen, wenn sie Sie anschauen. Also vielleicht die Beschreibung der äußeren Erscheinung. Und was sollen Ihren Vorstellungen nach die anderen sehen? Was wissen die anderen über Sie?

3. Schreiben Sie auf die andere Seite, was Sie den anderen nicht zeigen und was Sie den anderen unbedingt von sich verbergen möchten.
4. Vergleichen Sie die beiden Seiten. Wie sehr unterscheiden sie sich? Was sind die Strafen dafür, dass Sie versuchen, etwas vorzutäuschen, was Sie gar nicht sind? Was sind die Strafen dafür, dass Sie Ihr wahres Ich verbergen?

Setzen Sie sich durch!

Was ist mit Ihrem Durchsetzungsvermögen – auf nicht aggressive Weise dafür zu sorgen, dass Ihren Bedürfnissen entsprochen wird? Wenn Sie darauf festgenagelt sind, sich um die Gefühle aller anderen zu kümmern (weil fürsorgliche Menschen ebendies tun), lassen Sie sich leicht darauf festlegen, überhaupt nicht zu sagen, was Sie selber wollen und brauchen. Dies kann sich ziemlich oft zu einem gefühlsmäßigen Vulkan auswachsen, der nur darauf wartet zu explodieren. Kein menschliches Wesen kann überleben, indem es alle anderen an die erste Stelle stellt. Die Menschen treibt vielmehr die Befriedigung ihrer Bedürfnisse an (nicht zu verwechseln mit Wünschen). Wir haben Grundbedürfnisse nach Nahrung, Wasser und Unterkunft, aber wir haben auch das Bedürfnis danach, zu lieben und geliebt zu werden. Dieses grundlegende menschliche Bedürfnis zeigt sich auf alle möglichen unterschiedlichen Arten und zieht sich durch unser Leben, indem es viele verschiedene Wege und Pfade einschlägt.

Legen Sie das Buch wieder für eine Sekunde beiseite und denken Sie über Ihre Bedürfnisse nach. Sarah hat folgende Bedürfnisse:

- Ich brauche die Zweisamkeit mit meinem Partner und muss spüren, dass ich geliebt und geachtet werde.
- Ich muss spüren, dass ich denen, die ich liebe, wichtig bin.
- Ich brauche Menschen um mich.
- Ich brauche Unterstützung.
- Ich brauche Ruhephasen.Ich muss lachen können.
- Ich brauche Nahrung, ein Dach über dem Kopf und Wärme.
- Ich brauche einen Urlaub!

Nehmen Sie dies nur als Leitfaden und versuchen Sie, so viele
Bedürfnisse wie möglich aufzulisten. Wenn Sie damit fertig sind,
umkreisen Sie rot jene Bedürfnisse, die derzeit nicht befriedigt
werden. Fragen Sie sich nach dem Grund. Sind Sie in die Falle
geraten, dass Sie Bedürfnisse befriedigen, die von außen an Sie
herangetragen werden, wie Status und Berufstätigkeit? Haben
diese „Bedürfnisse" den grundlegenderen den Rang abgelaufen?

Folgender Schritt-für-Schritt-Leitfaden hilft Ihnen bei der
Befriedigung Ihrer Bedürfnisse:

1. Identifizieren Sie das Bedürfnis und seien Sie diesbezüglich
   ehrlich sich selbst gegenüber.
2. Zerschmettern Sie die Gegenargumente Ihrer negativen inneren Stimme. Bedürfnisse sind Bedürfnisse – sie sind nicht
   richtig oder falsch, kein Zeichen von Schwäche oder Nach-
   giebigkeit sich selbst gegenüber.
3. Lassen Sie von nun an die wichtigen Menschen in Ihrem
   Leben wissen, dass Sie diese Bedürfnisse haben – auch die
   Menschen, die Ihnen am nächsten stehen, können nicht
   Gedanken lesen!

Haben Sie jemals die „Bill of Rights" gesehen? Nein, das hat nichts
mit den amerikanischen Menschenrechten zu tun. Es handelt sich
hierbei um die therapeutischen Menschenrechte. Sehen Sie sich
bitte diese Liste an und haken Sie die Rechte ab, die Ihres
Erachtens befriedigt werden.

Grundrechte

Jeder hat das Recht darauf:

• dass man ihn respektvoll behandelt;
• dass man ihm zuhört;
• um das zu bitten, was er braucht;
• dass seinen Gefühlen Achtung geschenkt wird;
• seine Meinung zu ändern;
• Fehler zu machen;

- sich zu entscheiden, Dinge loszulassen;
- Nein zu sagen.

Nicht viele Menschen würden alle Punkte abhaken, aber wenn Sie zu wenige anstreichen, sollten Sie innehalten und nachdenken. Sie haben Rechte und Bedürfnisse und Sie haben ein Recht darauf, dass sie befriedigt werden. Das bedeutet nicht, dass dies auf Kosten eines anderen geschehen muss. Denken Sie einen Moment darüber nach. Wenn Sie Ihre eigenen Erfahrungen auf andere übertragen – Sie geben anderen viel, und Sie spüren, dass Ihnen selbst dadurch keine Zeit mehr bleibt und Sie sich insgeheim darüber ärgern –, dann könnten Sie selbstverständlich befürchten, dass dies auch die Art mancher Leute darstelle, einige Ihrer Bedürfnisse zu befriedigen. Aber wenn man sich um sich selbst kümmert, muss das Geben für andere keine kostspielige Angelegenheit sein. Von jetzt an sollten Sie Ihre Gefühle möglichst nicht mehr auf andere übertragen. Einfacher ausgedrückt, stellen Sie sich nicht vor, dass jeder so wie Sie empfindet.

Denken Sie über die Botschaften nach, die Sie anderen hinsichtlich Ihrer Bedürfnisse senden bzw. nicht senden. Lassen Sie die anderen tatsächlich je wissen, was Sie brauchen? Vielleicht wünschen Sie sich, dass jemand dies erraten kann, aber das trifft nicht den Kern. Sie müssen akzeptieren, dass die anderen nicht Gedanken lesen können, auch wenn wir das gern hätten. Selbst die uns am nächsten stehenden Personen nehmen unsere Worte oft für bare Münze. Treffen Sie heute die Entscheidung, dass Sie an den rot umrandeten Bedürfnissen arbeiten werden. Wenn Sie beispielsweise das Bedürfnis nach Unterstützung verspüren, dann bitten Sie von jetzt an darum. Wenn Ihnen Ihre negative Stimme sagt, dass es ein Zeichen von Schwäche sei, um Unterstützung zu bitten, oder dass Sie sie nicht brauchen sollten, halten Sie einen Augenblick inne. Diese Stimme hat nicht Recht. Bedürfnisse sind Bedürfnisse – so einfach und simpel ist das. Es ist genauso lächerlich, als würde man behaupten, wir sollten kein Wasser trinken müssen – wir müssen es und würden ohne Wasser sterben. Wenn unsere emotionalen Bedürfnisse nicht befriedigt werden, ist dies genauso lebensbedrohlich. Na schön, Sie würden nicht Ihr Leben verlieren, aber Sie würden innerlich absterben. Wenn Ihre Bedürfnisse nicht befriedigt werden, wissen Sie genau, wovon wir reden.

Fangen Sie mit kleinen Schritten an, und springen Sie nicht gleich ins Tiefe. Wenn Sie anfangen, andere Ihre Bedürfnisse wissen zu lassen, stellen Sie vielleicht fest, dass Sie sich verletzlich fühlen und möglicherweise auch sehr wütend sind. Wenn Sie bisher Ihre Bedürfnisse ignoriert und verzweifelt gehofft haben, dass jemand Gedanken lesen kann, werden all die jahrelang verdrängten Gefühle, Enttäuschungen und all der Groll an die Oberfläche gelangen.

Familiäre Verpflichtungen

Viele Frauen mit familiären Verpflichtungen neigen dazu, ihren Partner und die Kinder immer an die erste Stelle zu setzen statt sich zu erlauben, sich selbst auch hin und wieder wichtig zu nehmen. Vielen Frauen kommt es nach eigenem Bekunden so vor, als hänge ihr Leben in der „Warteschleife", als warteten sie auf den Tag, an dem sie endlich Zeit haben werden, an sich zu denken. Offensichtlich ist einiges davon völlig natürlich, aber wenn man ins Extrem verfällt, schadet man sich damit. Sie sollten sich folgende Schlüsselfragen stellen:

• Schaden Sie sich selbst damit?
• Fühlen Sie sich verärgert und wütend? (Vielleicht kleiden Sie dies nicht direkt in Worte, aber verhält es sich so?)

Allein Erziehende

Vielleicht sind Sie eine allein erziehende Mutter oder ein allein erziehender Vater – aufgrund von Scheidung, Trennung, Tod oder auch gelegentlich aufgrund einer bewusst gefällten Entscheidung. Viele Leute kümmern sich um einen allein erziehenden Vater, weil man von ihm eher annimmt, er müsse eine ungewohnte Rolle übernehmen, während man von allein erziehenden Frauen erwartet, dass sie damit zurechtkommen. Jenen, die sich bewusst zum Alleinerziehen entscheiden, werden womöglich wiederum unfaire Erwartungen entgegengebracht, sodass sie nicht wagen, um Hilfe zu bitten.

Allein Erziehende leben in der Gefahr, sozial isoliert zu werden. Die allein erziehende Mutter wird vielleicht von gesellschaftlichen Ereignissen ausgeschlossen, die von Paaren besucht werden. Allein erziehende Väter sagen oft, dass man ihnen mit einem gewissen Misstrauen begegne, weil sie eine traditionelle Frauenrolle ausfüllen. Wie viele allein erziehende Väter würden zu einem Kaffeeklatsch junger Mütter eingeladen?

Der Ernährer

Manche Männer meinen, ihnen obliege die totale Verantwortung für die Versorgung der Familie, und lassen diesen Druck zu einem Berg anwachsen. Das kann zu Gesundheitsproblemen, Verstimmung, Wut etc. führen. Männer haben Gefühle und Schwachpunkte, aber meinen oft, nicht darüber reden zu dürfen. Im heutigen wirtschaftlichen Klima können viele Männer nicht mehr für den Broterwerb sorgen oder zumindest nicht der alleinige Ernährer der Familie sein. Die Angst vor dem Verlust des Arbeitsplatzes ist bei vielen allgegenwärtig, und manche Männer glauben, dass sie mit ihren Frauen nicht darüber sprechen können. Sie meinen, sie taugten nicht genug. Durch diese Bürde fühlen sie sich möglicherweise sehr wütend und voll Groll.

Soziale und helfende Berufe

Manche Menschen in sozialen und helfenden Berufen lassen ihre Arbeit ins Privatleben überschwappen. Wie ist es, insbesondere für junge Berufseinsteiger, in einem sozialen oder helfenden Beruf tätig zu sein? Welchem Stress und welchen Belastungen sind sie ausgesetzt; zu wem können sie gehen, wenn sie Probleme haben? Stellen Sie sich einen jungen Arzt vor, dem der Tod eines Patienten sehr nahe geht – viele hätten Angst zu zeigen, dass sie damit Probleme haben. Denken Sie auch an Krankenschwestern, Therapeuten, Sozialarbeiter, Lehrer, Polizisten – die Liste ließe sich wahrscheinlich endlos verlängern. Wer kümmert sich denn um Sie, falls Sie in irgendeinem sozialen oder helfenden Beruf arbeiten? Was machen Sie, um Ihre Probleme abzuladen? Was machen Sie, wenn Sie sich wirklich Sorgen machen um jemanden, der Ihrer Fürsorge untersteht?

Menschen, die im privaten Bereich für andere sorgen

Manche Leute kümmern sich vollzeit um einen kranken Verwandten oder Freund. Das Wort „krank" deckt viele Problembereiche ab wie Alkoholismus, Essstörungen, psychische Krankheiten, körperliche und geistige Behinderungen, unheilbare Krankheiten. Wie viele von Ihnen leiden fast lautlos? Wann erkundigte sich das letzte Mal ein Freund oder Familienmitglied nach Ihrem Befinden? Wie müde sind Sie? Welche Angst haben Sie? Es gibt Bereiche im Leben, die wir gern ändern würden, die sich jedoch nicht ändern lassen, wenn kein Wunder geschieht. Jene von Ihnen, die einen geliebten, an einer unheilbaren Krankheit leidenden Menschen oder einen körperlich oder geistig Behinderten pflegen, wissen, dass das Problem sich nicht ändert oder vergeht. Doch wir hoffen, dass Sie überprüfen, was Sie anders machen können, um auf sich selbst Acht zu geben. Dasselbe gilt für die Menschen, die damit leben müssen, dass ein geliebter Mensch suchtkrank ist. Ja, es besteht vielleicht Hoffnung auf Änderung für diese Person, aber Sie, der Sie Sorge für andere tragen, müssen sich mehr auf sich selbst konzentrieren und sich um sich selbst kümmern. Wir alle müssen bewusst daran arbeiten, das zu verändern, was verändert werden kann, und dürfen uns nicht auf das konzentrieren, was nicht zu ändern ist, und uns so blockieren.

Viele unter Ihnen werden diesen letzten Abschnitt als „noch mehr Arbeit" interpretieren. Wir wissen von unseren Klienten, dass es so verständliche Wünsche gibt wie: „Warum kann sich nicht zur Abwechslung mal jemand um mich kümmern?" – „Warum kann ich nicht mal einen Tag frei haben?" – „Warum merken die anderen nicht, was ich durchmache?" – „Warum muss ausgerechnet ich den Anstoß dafür geben, dass sich etwas ändert?" Nun, dies wird nie passieren, wenn Sie nicht selbst anfangen, um Hilfe zu bitten, und die anderen wissen lassen, wie es Ihnen tatsächlich geht. Menschen, die wirklich Hilfe brauchen, werden von den ihnen am nächsten Stehenden oft als besonders fähig und tüchtig wahrgenommen. Ja, es stimmt – wahrscheinlich kommen Sie besonders gut mit schwierigen Situationen zurecht, aber dadurch werden Sie nicht zum Übermenschen. Warum lassen Sie die anderen nicht von nun an wissen, wie es Ihnen geht, anstatt sich als ein Mensch ohne

Bedürfnisse zu zeigen? Auf diese Weise erkennen die anderen vielleicht allmählich, was Sie in Wirklichkeit durchmachen, und bieten Ihnen ein wenig Hilfe an. Sich um sich selbst zu kümmern bedeutet also hauptsächlich, sich selbst ehrlich einzugestehen, wie es einem geht, und fähig zu sein, die „Maske fallen zu lassen".

Nehmen Sie Veränderungen vor!

Was entgeht Ihnen, wenn Sie sich nicht auf sich selbst konzentrieren? Welche negativen Folgen zieht das nach sich, und was erreichen Sie dadurch nicht? Wie ist es denn, wenn Sie sich nicht in eine Position begeben, in der Sie Bestätigung, Freundlichkeit, Zeit, Hilfe, Trost von anderen bekommen können? Viele von Ihnen ersehnen sich bestimmt all dies, aber packen es nicht aktiv an oder machen nicht deutlich, dass sie ebendies brauchen. Was sagt das über Ihre Gefühle sich selbst gegenüber aus? Wie wirkt sich das auf Ihre Beziehungen zu den Ihnen besonders nahe Stehenden aus? Wie wütend und sauer sind Sie denn letzten Endes?

Was geschieht mit diesem Groll? Meistens äußert er sich auf andere Weise. Wenn die Leute beginnen, gegenüber ihren Freunden und der Familie wirklich ehrlich zu sein, geben sie zu, dass viel Wut in ihnen brodelt. Wenn Sie tatsächlich ein Risiko eingehen wollen, sollten Sie vielleicht innehalten und sich fragen: „Wie sieht mich meine Familie?" Vielleicht möchten Sie dann einige Familienmitglieder bitten, diese Frage für Sie zu beantworten, sofern Sie sich wohl dabei fühlen.

Wenn andere Menschen Sie wirklich brauchen – sei es als Mutter, Vater, Fürsorgetragender, als in einem sozialen Beruf tätiger Mensch, als Bruder, Schwester, Freund(in) oder was auch immer –, ist Ihr eigenes Wohlbefinden von allergrößter Bedeutung. Was würde denn passieren, wenn Sie nicht mehr zurande kämen? Was würde passieren, wenn Sie so schlimm erkranken würden, dass Sie nicht mehr weitermachen könnten? Wir möchten Ihnen mit diesen Fragen nicht Angst einjagen, sondern Sie zum Nachdenken animieren. Sie können sich nicht emotional oder körperlich völlig verausgaben – das geht einfach nicht. Sie müssen einen Anfang machen, und zwar bald.

Wie wäre es, wenn Sie sich versprächen, von jetzt an sich auch um sich selbst zu kümmern? Wir schlagen gar nichts Großartiges vor. Welche Kleinigkeit können Sie heute bloß für sich selbst tun? Sie können uns natürlich nicht sehen, aber wir haben uns gerade geduckt, um dem Sperrfeuer von Gründen, weshalb Sie dies nicht tun können, zu entgehen. Hören Sie sofort damit auf. Sie müssen einen Anfang wagen, egal mit welch kleinem Schritt. Selbst wenn Sie sich nur fünf Minuten Zeit für sich nehmen – tun Sie es, und zwar heute. Sie könnten etwa:

- sich Zeit nehmen, um sich etwa mit einem Freund oder Ihrem Partner zu unterhalten;
- sich selbst etwas gönnen, wie ein Schaumbad nehmen, eine Zeitschrift lesen oder einfach nur die Augen schließen.

Wir hoffen, dass Sie mithilfe dieses Kapitels genau erkennen konnten, inwieweit Sie ein Geber oder Sorgetragender sind. Wir wissen, dass einigen aufgrund der Umstände diese Rolle zuteil wurde, nicht etwa aufgrund einer freien Entscheidung. Andere haben diese Rolle freiwillig gewählt. Der springende Punkt ist, dass dies überhaupt keine Rolle spielt. Das Wichtigste ist, dass Sie erkennen, warum Veränderungen nötig sind, und anfangen, ein Leben für sich zu sehen, ganz egal, was alles dagegen spricht.

Von jetzt an müssen Sie wirklich ehrlich zugeben, was die Fallgruben für Sie sind, und die Kosten (emotional, spirituell, körperlich, seelisch, sozial und finanziell) betrachten. Wenn Sie beispielsweise argen Groll hegen, zahlen Sie einen zu hohen Preis. Groll züchtet nur das Negative und schadet Ihrer Gesundheit. Der Preis kann auch viel subtiler sein – vielleicht widmen Sie einfach anderen viel zu viel Zeit und Kraft und führen überhaupt kein eigenes Leben mehr. In Ihrem tiefsten Inneren sind Sie vielleicht furchtbar traurig, dass Sie einfach keine Zeit für sich haben oder sich selbst keine Zeit widmen können. Von jetzt an müssen Sie sich wie etwas sehr Wertvolles behandeln. Wie gut Sie auch andere behandeln, ein Teil dieser Zeit, Energie und Fürsorge muss sich auf Sie richten. Glauben Sie uns: Sie werden sich viel wohler fühlen, wenn Sie damit unverzüglich anfangen.

Setzen Sie sich jetzt hin und machen Sie diese Übung. Stellen Sie sicher, dass Sie nicht gestört werden, suchen Sie sich also einen ruhigen und abgeschiedenen Platz. Schließen Sie die Augen und gehen Sie in Gedanken zurück zu der Zeit, als Sie vom Erwachsensein träumten. Können Sie sich an spezielle Zeiten in Ihrer Kindheit oder Jugend erinnern, als Sie sich Ihr Erwachsenenleben vorstellten und das, was Sie erreichen wollten? Welches Bild hatten Sie von sich als Erwachsenem? Wie sah dieses Bild aus? Was wollten Sie in Ihrem Leben haben? Hatten Sie einmal Hobbys und Interessengebiete, die Ihnen sehr viel Freude bereiteten, die Sie jedoch einfach aufgaben? Hobbys und Freizeitbeschäftigungen sind so wichtig. Es sind Erfahrungen, in denen Sie sich verlieren können, in denen Sie sich Ausdruck verleihen und die Sie einfach genießen können. Wenn Sie alle Ihre Hobbys aufgegeben haben, schwören Sie jetzt, dass Sie eines davon wieder aufnehmen – eines sollte sich bewerkstelligen lassen. Es gibt unzählige Möglichkeiten. Wir kennen Leute, die nach jahrelanger Inaktivität wieder mit Sport anfingen, wieder ein Instrument spielten, Gesangsstunden nahmen, Briefmarken sammelten, sich der Lektüre, der Malerei widmeten ...

Wir müssen Ihnen noch eine wichtige Frage stellen. Zu wem gehen Sie, wenn Sie Probleme haben und Ihr Herz ausschütten müssen? Seien Sie ehrlich. Haben Sie ein paar Freunde, bei denen Sie sich wirklich aussprechen können? Reden Sie mit Ihrem Partner? Ist Ihnen wohl dabei, wenn Sie jemanden um Hilfe bitten?

Wenn Ihnen etwas wirklich Sorgen macht, neigen Sie eher dazu, es für sich zu behalten? Fürchten Sie, andere zu belasten oder den Eindruck zu erwecken, als kämen Sie nicht zurecht? Fürchten Sie sich zuzugeben, dass Sie manchmal keine Antwort wissen? Dies ist ganz wesentlich, wenn es daran geht, etwas zu verändern – Sie können nicht immer die Antworten parat haben, also müssen Sie die Quellen um Sie herum anzapfen, um sie zu finden.

Wenn Sie sich in diesem Kapitel irgendwie erkannt haben, ist eines sehr deutlich: Sie brauchen irgendeine Art Unterstützung, um irgendwann und irgendwo ein wenig Last abzuladen. Das muss gar nicht furchtbar viel Zeit sein. Auf diese Weise blockieren sich so viele Menschen – das altbekannte „Ich-habe-keine-Zeit." Schaffen Sie sich Zeit, und denken Sie auch darüber nach, wie oft Sie anderen von Ihren Alltagsproblemen, denen Sie möglicherweise gegenüberstehen, erzählen. Sie möchten vielleicht nicht alles preisgeben – das ist normal –, aber wie wäre es für den Anfang, wenn Sie einen Teil abladen und sehen, ob Sie das dazu bringt, damit weiterzumachen? Wenn Sie es nicht wagen, werden Sie niemals erkennen, dass es wirklich nicht so schlimm ist, wie Sie vielleicht meinen. Wenn Sie gegenüber den Ihnen nahe Stehenden etwas riskieren, werden Sie merken, dass sich Ihre Beziehungen vertiefen. Und wenn Sie in dieser Spirale des Gebens gefangen sind, brauchen Sie diese Verbindung und müssen Sie so stark wie möglich spüren.

Zusammenfassung

- Legen Sie detailliert und klar dar, wie viel Zeit und Energie Sie anderen geben.
- Handelt es sich um ein gesundes Geben oder gehen Sie damit sich und Ihren Problemen aus dem Weg oder versuchen Sie, damit ein nachlassendes Selbstwertgefühl aufzumöbeln?
- Seien Sie ehrlich hinsichtlich Ihrer Motive, weil dies vielleicht ein großes Hindernis auf dem Weg zu Veränderungen darstellt.
- Fangen Sie an, Ihre Bedürfnisse zu erkennen, und schenken Sie ihnen Aufmerksamkeit. Bedürfnisse sind keine Zügellosigkeit, sie sind so lebenswichtig wie Wasser und Essen. Lassen Sie wichtige Menschen Ihre Bedürfnisse wissen – sie können nicht Gedanken lesen.
- Versuchen Sie, Ihre Pflichten besser ins Gleichgewicht zu bekommen – es gibt vielleicht Gelegenheiten, bei denen Sie um Hilfe bitten können, es aber nicht tun. Seien Sie sich der Risiken, keine Hilfe in Anspruch zu nehmen, bewusst, etwa dass sich Wut und Groll aufbauen.
- Es mag Situationen geben, in denen jedwede Veränderung unmöglich erscheint, aber schauen Sie noch einmal hin.
- Seien Sie überzeugt, dass Sie Unterstützung und Kooperation verdienen.

Kapitel 4

Zu viele Passagiere

Die Personen in Ihrem Leben kann man sich als Passagiere vorstellen. Nicht immer ist die Anzahl der Passagiere das Problem. Die Schlüsselfrage lautet vielmehr, wie man mit seiner speziellen Gruppe von Passagieren umgeht und welche Passagiere das sind.

Sie haben allerdings die Wahl. Sie können sich endlos über jene Passagiere aufregen, die Ihnen Ihrer Meinung nach das Leben schwer machen, oder Sie können in dieser Minute zu dem Schluss kommen, dass sich etwas ändern wird, und diese Veränderung muss in Ihnen stattfinden. Anders ausgedrückt, hören Sie auf, das Unkontrollierbare kontrollieren zu wollen, und konzentrieren Sie Ihre Kräfte auf sich selbst! Zu viele Menschen machen den Fehler, sich jahrelang zu wünschen, dass andere sich ändern. Das geschieht jedoch nur in den seltensten Fällen. Die einzige Person, die Sie ändern können, sind Sie selbst, und wenn Sie etwas ändern und Dinge anders machen, entdecken Sie womöglich, dass sich Ihre Beziehungen verbessern, dass Ihre Veränderungen einen Dominoeffekt haben. Während Sie an der Veränderung Ihres Verhaltens arbeiten, müssen Sie sich auch darauf konzentrieren, Verantwortung zu übernehmen. Sehen Sie sich an, welchen Beitrag Sie zu Ihren Schwierigkeiten mit problematischen Passagieren geleistet haben, indem Sie ihnen tatsächlich „beibrachten", dass es in Ordnung ist, sich schlecht zu benehmen, keine Verantwortung zu übernehmen, Ihnen keinerlei Unterstützung zu gewähren und nicht mit Ihnen zusammenzuarbeiten.

Es gibt auch bestimmt ein Tauziehen zwischen verfügbarer Zeit, Ihren Pflichten, Ihrem Bedürfnis nach Erfüllung und Leistung und der Zeit, die Sie mit den entscheidenden Menschen in Ihrem Leben verbringen. Dies kann dazu führen, dass Sie das Gefühl haben, Sie hätten einfach zu wenig Zeit für sich und zu viele Menschen stellten Forderungen an Sie. Das kann oft zu gewaltigen Schuldgefühlen und Groll führen und setzt einen Teufelskreis in Gang. Dies ist keine Basis für eine gute Beziehung, und jeder leidet darunter, bis Sie sich entschließen, etwas anders zu machen. Wenn Ihre Beziehungen Ihnen Kummer und Schuldgefühle verursachen, müssen Sie etwas unternehmen. Akzeptieren Sie nicht länger, dass Ihre Beziehungen so zu sein hätten. Das stimmt nicht. Wenn Sie nichts unternehmen, werden die Schuldgefühle zu Wut und Ärger und Sie werden schließlich zornig auf die Menschen, die Ihnen am wertvollsten sind. Sie werden das Gefühl bekommen, weder sich noch den anderen zufrieden stellen zu können. Stellen Sie sich eine Sekunde lang vor, wie es wäre, wenn Sie nicht so oft wegen mancher Ihrer Passagiere verärgert, wütend, beschämt, niedergeschlagen, verletzt und isoliert sein müssten. Sie haben es in der Hand – aber damit wollen wir nicht sagen, dass Sie sich die ganze Verantwortung aufbürden sollten. Es besteht ein Unterschied, ob man auf gesunde Weise Verantwortung übernimmt oder die Kontrolle und Verantwortung für alles trägt.

Ihre Passagierliste kann sehr persönliche Beziehungen bis hin zu flüchtigen Bekanntschaften umfassen, und es werden insgesamt ziemlich viele Leute darauf stehen:

1. Ihre Herkunftsfamilie, also Ihre Eltern, Geschwister, Onkel, Tanten etc;
2. die Familie, die Sie gegründet haben – Ihr Partner und Ihre Kinder;
3. die Familie, von der Sie ein Teil werden, wenn Sie eine langfristige Beziehung mit jemandem eingehen, etwa Kinder aus einer früheren Beziehung, angeheiratete Verwandte etc;
4. Ihre Arbeitskollegen, die Ihnen unterstellten Mitarbeiter, Ihre Angestellten;
5. Freunde und Bekannte;
6. jene, die nur sehr kurz in unserem Leben auftauchen, etwa Leute, die Sie nur sehr kurzfristig beschäftigen, wie Handwerker, und kurzzeitige Bekannte.

Um sich wirksamer mit Ihren Passagieren auseinander zu setzen, müssen Sie zuerst über Ihre persönlichen Erwartungen und Regeln nachdenken. Gliedern Sie Ihre Beziehungen in verschiedene Kategorien (Lebenspartner, gegenwärtiger Partner, Eltern usw.) und überlegen Sie, was Sie von der jeweiligen Beziehung erwarten.

Denken Sie als Erstes an Ihren gegenwärtigen Partner und legen Sie das Buch beiseite. Atmen Sie tief durch und seien Sie ehrlich:

1. Was erwarten Sie? Haben sich Ihre Erwartungen mit der Zeit verändert?
2. Welches sind die „Regeln" der Beziehung, soweit es Sie betrifft:
   Wollen Sie eine gleichberechtigte Partnerschaft oder etwas anderes?
   Wie denken Sie über die Rollenverteilung? Sind die Rollen klar definiert?
   Wie denken Sie über Treue?
   Wie denken Sie über Zeit für Hobbys, Zeit für sich selbst?
   Wie denken Sie über Kinder und Kindererziehung?
   Wie über Ihre körperliche Beziehung?
3. Inwieweit kennt Ihr Partner Ihre Gedanken und Gefühle? Bemühen Sie sich herauszufinden, wie es ihm geht, wie er gegenwärtig denkt und fühlt. Wir möchten, dass Sie darüber wirklich gründlich nachdenken und dies auch weiterhin tun. Sie müssen bereit sein, Ihren Partner mehr über sich wissen zu lassen, und sich selbst die Zeit nehmen, ihn über sich zu befragen. Ja, dadurch machen Sie sich möglicherweise sehr verwundbar, aber dadurch kann auch eine Beziehung entstehen, die Sie zutiefst beglückt.
   Am Ende des Kapitels lesen Sie, welche Erwartungen verschiedene Paare aufgelistet haben – dies zeigt Ihnen, wie unterschiedlich Erwartungen ausfallen können.

Wenn Sie fertig sind, denken Sie nach, was Sie von anderen Beziehungen erwarten und wie die Regeln hierbei sind. Fragen Sie sich wieder, ob Sie diese Menschen je wissen lassen, was Sie erwarten, wollen und brauchen. Vergessen Sie nicht: Um zufrieden zu sein, müssen Sie daran arbeiten, dass sich Ihre Erwartungen und die Wirklichkeit treffen – je größer die Kluft dazwischen, umso weniger zufrieden und glücklich werden Sie sein.

Nun untersuchen wir einige Kernpunkte für den Aufbau von besseren Beziehungen. Sie werden erkennen, dass das Fundament wesentlich in der Bereitschaft zur Kommunikation und zum Zuhören besteht.

1. Erwarten Sie nicht, dass die Ihnen am nächsten Stehenden Gedanken lesen können. Es wäre schön, wenn wir nicht um Hilfe bitten müssten. Anders ausgedrückt: Es wäre schön, wenn die uns nahe Stehenden merken würden, wenn wir in Schwierigkeiten oder aufgebracht sind, und spontan nachfragen würden. Aber das entspricht nicht der Realität. Wenn Sie ein Problem haben, aufgebracht sind, Hilfe brauchen, sprechen Sie bitte darüber.

2. Wenn Sie und Ihr Partner (oder Freund etc.) über ein Problem sprechen müssen:

Hören Sie zu, was der andere sagt.

Unterbrechen Sie den anderen nicht.

Heben Sie nicht die Stimme, sprechen Sie keine Beleidigungen oder Drohungen aus.

Versuchen Sie nicht zu diskutieren, wer Recht und wer Unrecht hat. Warum bringen Sie nicht lieber Ihre Gefühle zum Ausdruck? Gefühle sind nicht richtig oder falsch. Wenn jemand verletzt ist, erkennen Sie dies an. Kämpfen Sie nicht „bis aufs Messer", um zu beweisen, wer im Unrecht ist. Den Leuten geht es besser, wenn Sie spüren, dass man ihnen zuhört. Sie können dies dem anderen zeigen, indem Sie etwas sagen: „Ich verstehe, dass du wirklich aufgebracht bist."

Fühlen Sie sich nicht zur Zustimmung verpflichtet. Sie können darin übereinstimmen, dass Sie unterschiedlicher Meinung sind. Davon geht die Welt nicht unter.

Versuchen Sie nicht, vorschnell eine Lösung zu finden. Arbeiten Sie an Kompromissen über Themen wie Zeiteinteilung, Zeit für sich selbst, wer wann für die Kinder zuständig ist.

3. Im Fall einer Krise:

Begrenzen Sie sie. In Beziehungen gibt es Probleme, aber eine Krise muss nicht Ihre ganze Beziehung vergiften. Vergessen

Sie nicht, über die guten Aspekte in der Beziehung zu reden.
Nützen Sie die Zeit, die Sie mittlerweile zusammen sind, und
das Wissen, das Sie voneinander haben. Werden Sie nicht
plötzlich zu Fremden.

Um ein Problem zu bewältigen, muss es eine Übereinkunft
geben, dass Sie zusammen an der Lösung arbeiten.

Scheuen Sie sich nicht, professionelle Hilfe zu suchen. Es ist
extrem schwer, objektiv zu bleiben, wenn man verletzt und
wütend ist.

Sie müssen sich nicht nur Ihrer eigenen Erwartungen bewusst sein,
sondern auch denen der anderen. Ihr Leben lang werden Sie viele
unterschiedliche Beziehungen mit Menschen haben, die selbst
Erwartungen hegen und ihre eigenen Absichten verfolgen, wobei
Sie wahrscheinlich manchmal das Gefühl haben, es seien einfach
zu viele Passagiere mit vielleicht zu vielen unterschiedlichen
Anforderungen, Erwartungen, Wünschen und Bedürfnissen. Beziehungen werden vielleicht zu einem größeren Jonglierakt, der
Sie womöglich auslaugt und frustriert. Aber Sie können auch
aufhören, sich die ganze Arbeit aufzuladen, und Raum für Kooperation lassen. Es liegt bei Ihnen – ob Sie so schuften, dass Sie eine
Art erschöpfter Held werden, oder andere ihren Teil der Arbeit
erledigen lassen. In solchen Situationen sagen die Leute oft derlei
wie: „Ach, ich dachte, du wolltest meine Hilfe nicht" oder: „Aber
du kriegst doch alles so toll auf die Reihe" oder: „Neben dir
komme ich mir wie ein Versager vor, weil du immer so viel
machst."

Beliebte Spielchen

Eine andere große Veränderung, die Sie anpacken können, ist es,
nicht mehr bei den Spielchen anderer mitzumachen.

Tauziehen

Probleme tauchen auf, wenn Menschen nicht kooperieren können
oder wollen und Ihnen so einen Berg von Verantwortung aufbürden. Wenn Sie die Erfahrung machen, dass zu viele Leute Sie in

verschiedene Richtungen zerren, müssen Sie die Leute wissen lassen, dass Sie dieses Spiel nicht länger mitmachen. Es kann kein Tauziehen stattfinden, wenn einer sich weigert, dieses metaphorische Ende des Taus zu packen und daran zu ziehen. Lassen Sie sich das durch den Kopf gehen. Tauziehen mit wichtigen Menschen in Ihrem Leben funktioniert nie wirklich, und wer muss sich denn beweisen, dass er als Gewinner hervorgeht? Es ist ein ungutes Spiel und hinterlässt immer ungute Gefühle. Also übernehmen Sie nicht immer sofort die Verantwortung und warten Sie ab, was passiert.

Der Schuldzuweisungskrieg

Wir kennen alle dieses Spiel und die grässlichen Gefühle, die es hervorruft. Zu oft kämpfen die Leute mit miesen Tricks, indem sie Schuldzuweisung als Waffe einsetzen. Und was für eine tolle Waffe das abgibt! Schuld ist mit Sicherheit eine der Emotionen, mit denen es sich am schwersten umgehen lässt. Das Problem bei diesem Spiel besteht darin, dass Sie nicht nur den Schmerz der Schuld spüren, sondern schließlich auch sehr wütend werden und denjenigen, der Ihnen die Schuld zuschiebt, meiden. Wenn Ihnen jemand Schuldgefühle verursacht, verlieren Sie an Status. Sie können die Angelegenheit nicht als Gleichberechtigte besprechen. Sie sind im Unrecht und der Übeltäter. Dieses Spiel müssen Sie sofort beenden – und das beginnt, indem Sie eine Entscheidung treffen. Sie müssen sich einen Teil Ihrer Macht wieder nehmen.

Nehmen wir James als Beispiel. Seine Mutter ist verwitwet und recht betagt. Sie möchte, dass er sie jedes Wochenende besucht. James ist verheiratet, hat zwei kleine Kinder und muss viel arbeiten. Zu seiner Mutter fährt er fast zwei Stunden. Er findet, dass seine Mutter enormen Druck auf ihn ausübt, und hat Schwierigkeiten, seine Verantwortlichkeiten und Pflichten ins Lot zu bringen. James bekommt Schlafstörungen und erkennt, dass er die Schuldgefühle nicht mehr aushält. Er mag nicht immer die Forderungen seiner Mutter ausschlagen müssen, also kommt er zu dem Schluss, dass er die Sache in die Hand nimmt und die Anforderungen seiner Mutter abfängt. Ihm kommt die Idee, sich mit seiner Mutter alle paar Wochenenden auf halbem Weg zu verabreden. Sie fährt mit dem Bus und sie treffen sich zum Mittagessen oder

Kaffeetrinken. Er hat auch begonnen, die Routine zu durchbrechen, sodass seine Mutter nicht mehr erwartet, dass er immer kommt. Er ruft seine Mutter jede Woche an, wodurch er ausschließt, dass es ihr nicht gut geht oder sie ihn braucht. Er sagt nun von sich aus, wann er kommt, sodass seine Mutter keine Gelegenheit mehr hat zu Bemerkungen wie: „Dieses Wochenende werde ich dich wohl nicht zu sehen bekommen – ich nehme an, du hast zu viel tun, als dass du dir die Mühe machst …" Auf diese Weise setzt er dem Schuldzuweisungskrieg ein Ende.

Wenn man sich mit Verhaltensweisen beschäftigt, die einen negativ beeinflussen, sollte man berücksichtigen, dass die Leute oft einfach nicht wissen, wie sie um das, was sie wollen, auf positive Weise bitten sollen. Deshalb spielen sie schließlich Spielchen (und sehr oft negative, anstatt einfach unverblümt ihre Bedürfnisse zu äußern). Wie wütend Sie also auch sein mögen: Vielleicht finden Sie es hilfreich, zu überlegen, warum sie dieses Verhalten an den Tag legen.

In Bezug auf Beziehungen muss man seine 50 Prozent Verantwortung am Gelingen oder Scheitern einer Beziehung übernehmen, vorausgesetzt, es handelt sich um Erwachsene. Wenn Sie auch vieles vergessen, daran sollten Sie sich immer erinnern. Sie können es nicht zulassen, dass Sie für einen anderen Menschen völlig verantwortlich gemacht werden – diese Position einzunehmen erweist sich als gefährlich. Ja, wenn es sich um ein Kind oder um einen seelisch oder körperlich Schwerkranken handelt, ist das etwas anderes, aber auch hier müssten Sie sehr vorsichtig sein, um den anderen nicht seiner Würde zu berauben, indem Sie völlig die Verantwortung an sich nehmen oder sich eine Aufgabe und Verantwortung setzen, der Sie nicht gewachsen sind. Befassen wir uns wieder mit unserer Passagierliste und betrachten wir Ihre wichtigen Beziehungen eingehender.

Ihre Eltern

Wie ist Ihre gegenwärtige Beziehung zu Ihren Eltern? Ihre heutige Beziehung wird von den natürlichen Veränderungen beeinflusst sein, die sich ergaben, als Sie erwachsen wurden und von zu Hause auszogen, und auch davon, wie Ihre Eltern mit ihrem zunehmenden Alter zurechtkommen und sich anpassen. Anders gesagt, es handelt sich hierbei um eine Beziehung, die schon viele Veränderungen aushalten musste.

Einige von Ihnen haben vielleicht hoch betagte Eltern oder Eltern mit gesundheitlichen Problemen. Leben Sie in der Nähe Ihrer Eltern oder ziemlich weit entfernt? Welche Erwartungen hegen Ihre Eltern Ihnen gegenüber, und mit welchen davon geht es Ihnen wirklich gut? Wenn Sie meinen, Sie sollten mehr tun, lässt sich das nicht ignorieren. Sie müssen sich fragen: „Warum fühle ich mich so?" – „Was muss ich tun, damit es mir anders geht?"

Manche von Ihnen haben einen oder beide Elternteile verloren. Vielleicht fühlen Sie sich unbehaglich, wenn Sie sich nicht genug Zeit nehmen, um an Ihre verstorbenen Eltern zu denken oder an ihr Grab zu gehen. Vielleicht verbringen Sie einige Zeit damit, mit ihnen zu „reden" und haben dann wieder Phasen der Stille. Denken Sie darüber nach, wie Sie Ihre Beziehung führen möchten. Das klingt vielleicht verrückt, ist es aber nicht. Sie können nicht so tun, als hätte es Ihre Eltern nicht gegeben, und es kann Ihnen nur nützen, wenn Sie sich die Zeit nehmen, sich an sie zu erinnern und mit ihnen zu reden, sich Fotos und Videos anzuschauen und manchmal bei schönen Erinnerungen zu lachen und zu lächeln.

Schuld intensiviert eine Beziehung nicht und fördert auch nicht ihr Funktionieren. Und sie ist auch nicht gut für Ihr seelisches und körperliches Wohlbefinden. Lassen Sie sich also nicht in die Falle locken zu glauben, dass Schuld ein wichtiger Teil Ihres Lebens sein müsse. Das wird nicht gut gehen. Sie können vielleicht nichts Gravierendes ändern, aber Sie sollten sich nicht davon abhalten lassen, manches anders zu machen. Manche Situationen erscheinen hoffnungslos, aber anstatt in etwas Unabänderlichem gefangen zu bleiben, sollten Sie noch einmal hinschauen und prüfen, was man anders machen kann – und sei es noch so geringfügig, dass Sie kaum denken, es lohne sich. Machen Sie es dennoch. Eine kleine Veränderung ist besser als gar keine. Wenn Sie sich auf die kleinen Veränderungen konzentrieren, werden Sie sich oft fähiger fühlen, sie auszuführen, weil sie vergleichsweise risikoarm sind. Wenn es klappt, werden Sie das Selbstvertrauen gewinnen, sich an etwas anderes zu wagen. Es wird Ihnen auch das wunderbare Gefühl vermitteln, dass nicht alles außerhalb Ihres Einflussbereichs liegt, und das tut Ihrer Gemütsverfassung wirklich gut.

Das Wort „Pflicht" fällt ziemlich oft, wenn sich Leute über ihre
Eltern unterhalten. An Pflichtbewusstsein ist nichts falsch. Wenn
Sie es haben, wird es nicht verschwinden, aber Sie müssen
aufpassen, welchen Preis Sie dafür bezahlen. Wenn Sie ziemlich
fordernde Eltern haben oder nur mehr einen Elternteil, müssen Sie
entscheiden, was Sie in die Beziehung investieren können, und sich
daran halten. Wenn Sie sich entweder manipulieren oder durch
Schuldgefühle antreiben lassen, sind Sie am Ende bloß wütend und
aufgebracht, weil Sie spüren, dass Sie keine Kontrolle über Ihr
Leben haben. Sie müssen in allen Beziehungen abwägen, was in
puncto Erwartungen in Ordnung für Sie ist und was nicht. Wenn
Sie dieses Thema bearbeiten wollen und dabei feststellen, dass Sie
immer wieder am Nullpunkt anfangen, dann halten Sie jetzt inne –
legen Sie das Buch beiseite und schreiben Sie auf, was Sie
vernünftigerweise tun können. Dieses wundervolle Wort Kompromiss fällt uns ein, und Kompromiss ist keine Einbahnstraße!
(Schauen Sie sich James' Beispiel an.)

Vielleicht war es in gewisser Weise einfacher, als die Familien
noch sehr nah beieinander lebten, oft in derselben Stadt oder im
selben Dorf. Damals konnte man leicht regelmäßigen Kontakt
pflegen und Aufgaben wie Babysitten übernehmen, den Eltern bei
der Gartenarbeit und beim Einkaufen helfen, sich zum Abendessen
treffen. Das Familienleben ist viel komplizierter geworden, weil
die meisten von uns nicht mehr nah genug bei ihren Eltern wohnen,
um einfach spontan „hereinzuschneien". Viele von uns müssen
eine zeitraubende und ermüdende Reise dorthin unternehmen.
Wenn man berufstätig ist, hat man nur an den Wochenenden Zeit
und ist vielleicht zu müde oder hat zu viel um die Ohren, um zu
seinen Eltern zu fahren. Für die meisten Menschen stellt Zeit ein
sehr wichtiges Thema dar, und sie hat deshalb gewaltige Auswirkungen darauf, wie Sie mit Ihrer Passagierliste umgehen. Je mehr
Sie in Panik geraten, je verstimmter Sie sind oder je mehr sich
unter Druck fühlen, umso weniger effektiv werden Sie reagieren.

Ihr Partner und Ihre Familie

Der Druck und die Dilemmata, denen Sie ausgesetzt sind

In der zweiten Hälfte des 20. Jahrhunderts hat sich das Leben der Frauen dramatisch verändert. Ihnen eröffneten sich viel mehr Wahlmöglichkeiten, woraus sich wiederum Erwartungen ergaben. Wie wirkte sich dies auf die Frauen aus, wie auf die Männer und ihre Beziehungen zu Frauen? Viele Frauen wissen nicht mehr so recht, was sie tun „sollten". Wir möchten, dass Sie überlegen, wie oft Sie die Wendung „Ich sollte" verwenden. Sie müssen in Kontakt sein mit dem, was Sie wollen und brauchen, und nicht Ihr Leben mit „Ich sollte" zubringen. Das führt nur zu Wut und Groll.

Manche Frauen mit Kindern müssen einer Erwerbstätigkeit nachgehen, was ihnen Sorge bereitet. Andere entscheiden sich bewusst für die Berufstätigkeit und wieder andere meinen vielleicht, sie müssten arbeiten gehen, oder geraten in die Falle finanzieller oder gesellschaftlicher Belohnungen durch Berufstätigkeit. Über Status sollten wir unbedingt nachdenken. Er wurde mit den Jahren immer wichtiger (wie bereits weiter oben erwähnt) und ist für das Selbstbild mancher Menschen ungemein wichtig. Wenn Frauen ihre Berufstätigkeit aufgeben, um Kinder zu haben, durchlaufen sie oft eine richtiggehende Krise. Die Tatsache, dass postnatale Depressionen auf dem Vormarsch sind, ist stark mit der Tatsache verknüpft, dass Frauen solch gewaltigen Veränderungen unterworfen sind, wenn sie ein Kind bekommen. Es gibt die offensichtlichen Veränderungen des Mutterseins, aber wenn man sie mit der Tatsache verbindet, dass die junge Mutter vielleicht gerade die Berufstätigkeit aufgegeben hat, was einen großen Verlust in puncto Status, Identität und Gelegenheiten für soziale Interaktion mit sich bringt, wird das Bild verständlicher.

Ein anderes wichtiges Thema ist die Auswirkung der Verhütung. Vor Jahren mussten die Frauen nicht überlegen, ob sie ein Kind bekommen sollten – es passierte einfach! Ob man Kinder bekommen soll oder nicht, ist zu einer der größten Zwickmühlen geworden, denen sich Frauen und ihre Partner gegenüber sehen.

Man muss sich auch die Zeit nehmen, die Erwartungen an die Männer unter die Lupe zu nehmen. Das Leben der Frauen hat sich entscheidend geändert. Wie kommen die Männer damit zurecht? Einem Mann, der in einer traditionelleren Familie aufwuchs, flößt vielleicht der Umgang mit der modernen Frau Angst ein. Es fehlen auch Verhaltensregeln zwischen den Geschlechtern. Vor vielen Jahren war es üblich, dass es in der frühen Phase einer Beziehung nicht zu körperlichen Kontakten kam – heute erweist sich dieser Bereich für Männer und Frauen als sehr verwirrend. Zeitschriftenartikel haben Erwartungen hinsichtlich körperlicher Beziehungen geweckt. Wenn dann Probleme oder Angst auftauchen, fällt es den meisten noch schwer, diese zu besprechen. Viele Frauen sind auch enttäuscht, dass Männer sie nicht als Frauen behandeln. Wobei die Botschaften hier meist doppeldeutig sind, sodass sie beide Geschlechter in eine verwirrende Lage manövrieren.

Zeit füreinander finden

Wie bringen Sie die Zeit, die Sie Ihrem Partner, den Kindern (wenn Sie welche haben), Ihrer Arbeit (in und außerhalb des Hauses) und sich selber widmen, ins Gleichgewicht? Zeit wird besonders für jene ein wichtiges Thema darstellen, die Überstunden machen, lange Anfahrtswege zur Arbeit haben oder sich um Kinder oder andere Angehörige kümmern. Wie viele von Ihnen kommen abends heim und sind einfach zu erschlagen, um noch am Familienleben teilzunehmen? Wenn Ihr Partner nicht berufstätig ist oder keinen so langen Arbeitstag hat, ist er vielleicht in Gesprächslaune und voll Energie, während Sie nur mehr vor dem Fernseher einsdösen wollen. Wie ist es, wenn Sie beide pendeln oder wenn Ihr Partner sich zu Hause um die Kinder kümmert? Wie können Sie etwas geben, was Sie nicht haben? Wie können Sie das jemandem erklären, der sich vielleicht überhaupt nicht beachtet und unterstützt fühlt, weil Sie einfach zu erschöpft sind?

Wie können Sie einen tragfähigen Kompromiss finden? Wie ist es, nach einem langen Arbeitstag heimzukommen und dafür kritisiert zu werden, dass Sie sich nicht am Familienleben beteiligen? Wie oft sehen Sie als berufstätige/r Mutter/Vater eigentlich Ihre Kinder? Während der Woche wohl so gut wie gar nicht und wahrscheinlich spüren Sie, dass Sie am Wochenende ein wenig Zeit für sich brauchen – aber können Sie das bringen? Etwas muss sich ändern, aber das ist nicht so einfach. Wenn Sie darüber nachdenken, seien Sie bitte zum Gespräch darüber bereit – dies wird Ihre Schuldgefühle erleichtern und Ihrem Partner helfen, mit seiner Wut und seinem Ärger umzugehen. Ignorieren Sie Probleme nicht. Es gibt vielleicht keine Patentlösung, aber Sie können Ihre Gefühle ändern.

Für jene unter Ihnen, die bei kleinen Kindern zu Hause sind, ist es vielleicht extrem schwierig, einem von der Arbeit ausgelaugten Partner verständlich zu machen, wie ermüdend Ihr Tag war und welche Anforderungen die Kindererziehung an einen stellt. Der Beziehung tut es auf alle Fälle gut, wenn Sie nicht darüber wetteifern, wer den schlimmsten Tag hinter sich hat oder wer den anstrengenderen Job macht. Warum verständigen Sie sich nicht einfach darauf, dass Sie beide zu verstehen versuchen, was der andere durchmacht und was er braucht? Wenn Sie das tun, werden Sie eine sofortige Verbesserung bemerken.

Das Gegenmittel gegen Beziehungsprobleme ist Reden und die Bereitschaft zuzuhören. Wenn Ihnen diese Vorstellung Angst einjagt, versuchen Sie, Ihrem Partner einen Brief zu schreiben. Erklären Sie darin, wie Sie sich *fühlen*. Etwa:

Liebe(r) X,
ich schreibe Dir, weil ich mir sehr ausgeschlossen vorkomme und das Gefühl habe, dass Du Dich dauernd über mich ärgerst. Ich gebe Dir daran nicht die Schuld, aber wir streiten uns so viel, und das regt mich auf und beunruhigt mich sehr.

In dem Brief sollten Sie:

- keine Anschuldigungen erheben;
- bei Ihren Gefühlen bleiben;
- Lösungen und Kompromisse anbieten (wenn möglich) oder um ein Gespräch bitten;
- anbieten, dem anderen und seinen Gefühlen zuzuhören;

- Ihm sagen, dass Sie ihn lieben und wünschen, dass sich die Dinge zu Ihrer beider Wohl ändern.

Wenn Sie miteinander reden, befolgen Sie einige Regeln:

- Keine Schuldzuweisungen.
- Sagen Sie, wie Sie sich fühlen, und zwar so, dass der andere gut damit umgehen kann, etwa: „Ich komme mir isoliert vor, weil ich weiß, dass ich so selten zu Hause bin" anstatt: „Du merkst ja gar nicht, wie ich mich abschufte. Du kannst immer nur jammern, jammern, jammern. Das bringt mich auf die Palme."
- Wechseln Sie sich mit Reden ab (kein Schreien, Punktemachen, Unterbrechen oder Anschuldigen).
- Fragen Sie einander, was Sie sich wünschen. Finden Sie einen Kompromiss oder zeigen Sie zumindest Ihren Willen, etwas anders zu machen.
- Bleiben Sie nicht in dem alten Fahrwasser.

Geben Sie Ihrem Partner den Brief und setzen Sie sich mit ihm zusammen, während er ihn liest – oder lesen Sie ihm den Brief vor. Wählen Sie einen geeigneten Moment dafür, wenn Sie ungestört sind und Zeit haben.

Ihre Kinder

Sie werden zweifellos ein Tauziehen erleben, was die Kinder angeht. Sie wollen natürlich das Beste für sie, aber Ihre Fürsorge kann als Kritik und mangelndes Vertrauen aufgefasst werden. Vielleicht machen Sie auch den Fehler, anzunehmen, dass Sie Ihre Kinder „kennen und verstehen", oder glauben, dass sie dieselben Dinge wie Sie mögen. Um das Tauziehen zu verringern, wenden Sie einige der Vorschläge an, die wir Ihnen in puncto Aufbau einer besseren Beziehung mit Ihrem Partner unterbreiteten. Zuhören, Respekt erweisen und nicht verurteilen wird sich positiv auswirken.

Ihre Geschwister und andere Verwandte

Wenn Sie Ihre Beziehungen mit Ihren restlichen Verwandten betrachten, ist möglicherweise von einer recht großen Anzahl von Menschen die Rede. Neben Ihren Geschwistern, Cousins und Cousinen gibt es deren mögliche Partner und Kinder. Die Passagierliste wird wahrscheinlich noch weiter anwachsen.

Was wollen Sie an Ihren Beziehungen mit diesen Passagieren ändern? Merken Sie, dass Sie im Lauf der Jahre bestimmte Familienmitglieder immer weniger sehen und gar nicht glücklich darüber sind? Oder spüren Sie zu viele Anforderungen und zu großen Druck? Welche Erfahrungen Sie auch machen, Sie müssen sich die Zeit nehmen und überlegen, was Sie wollen und brauchen. Wenn Ihre Bedürfnisse nicht befriedigt werden, dann unternehmen Sie etwas. Betrachten Sie die Beziehungen auch von einer längerfristigen Perspektive aus. Vielleicht haben Sie wegen des Aufbaus Ihrer Karriere oder der Kindererziehung viel zu tun, aber was wird später einmal sein? Werden Sie verpasste Gelegenheiten bereuen oder dass Sie zuließen, dass Sie sich von Menschen in Ihrer weiteren Verwandtschaft entfremdeten?

Stiefkinder

Viele von Ihnen haben Stiefkinder oder leben in einer Beziehung mit jemandem, der Kinder aus einer früheren Bindung hat. Dies ist ein besonders heikles Thema. Es gibt Selbsthilfegruppen für Familien mit Stiefkindern. Menschen in einer solchen Situation sind in Anforderungen an sich selbst gefangen, die nicht realistisch sind. Gegenüber schwierigen Kindern kann es einen zum Beispiel hart ankommen, verständnisvoll zu bleiben. Vielleicht sind Ihrem Gefühl nach diese Passagiere völlig unerwünscht, aber es gibt sie nun mal und sie werden auch nicht verschwinden. In solchen Situationen ist es wichtig, dass man mit einem anderen Menschen offen darüber reden kann, anstatt alles unter Verschluss zu halten und irgendwann später unkontrollierbar zu explodieren. Ein Gespräch mit Ihrem Partner kann schwierig sein, weil er sich hin und her gerissen fühlen wird, aber wagen Sie es. Und zwar auf eine Weise, die ihm zeigt, dass Sie seine Gefühle achten. Es kommt darauf an, dass man die Situation in einem neuen Licht sehen kann. Wenn die Kinder in Ihrem Leben bleiben, wird es nicht gut gehen, wenn Sie sie als Feinde betrachten. Das bedeutet aber nicht, dass Sie ihnen erlauben sollten, sich völlig unmöglich zu benehmen. Sie werden das Wort Grenzen schon gehört haben. Nun, hier sind sie unbedingt nötig. Sehr kleinen Kindern müssen Sie Zugeständnisse machen, aber ab einem bestimmten Alter müssen Sie die Nachkommenschaft wissen lassen, dass Sie einen gewissen Verhaltensstandard erwarten und dass Probleme besprochen werden müssen, nicht etwa „ausagiert" werden sollen.

Beziehungserwartungen

Wie bereits vorher erwähnt, ist unbedingt zu bedenken, ob Ihre Passagiere alle dasselbe Regelwerk gelesen haben! Wenn wir einem anderen sehr nahe sind – verheiratet, in einer festen Beziehung, was auch immer –, gaukeln wir uns gern vor, wie ähnlich wir einander doch seien. Ähnlichkeit ist ein wichtiger Faktor, aber vielleicht überbewerten Sie diesen Faktor auf Ihre Kosten. Nur weil Sie in mancherlei Hinsicht übereinstimmen, heißt das nicht, dass Sie einander notwendigerweise verstehen oder die Gedanken des anderen lesen können.

Schauen Sie sich Ihre engste Beziehung an. Haben Sie wirklich Ihre Einstellung zu den Rollen hinterfragt, die Sie in der Beziehung spielen? Sind Sie ein ziemlich traditioneller Mann (bestens getarnt), der mit einer Frau lebt, die Sie herausfordert und Gleichberechtigung in einer Beziehung erwartet? Oder sind Sie ein Mann, der eine vollkommen gleichberechtigte Beziehung möchte, dessen Frau jedoch erwartet, dass Sie der „behaarte Jäger" sind – der große, starke, furchtlose Mann, der immer für sie sorgt etc. Wie fühlt es sich an, wenn die Erwartungen beider überhaupt nicht zusammenpassen? Kehren Sie zu Ihrer Liste mit Ihren Erwartungen zurück. Seien Sie absolut ehrlich. Sehen Sie sich als Beispiele die Listen einiger Personen, die wir zufällig befragten:

Elizabeth – 35 Jahre alt

Sie lachte erst einmal und meinte, sie könne nicht glauben, was sie gesagt habe, und fragte sich besorgt, welchen Eindruck sie wohl hinterlasse ...

- Ich möchte, dass mein Mann für unseren Lebensunterhalt sorgt, damit ich zu Hause bei den Kindern bleiben kann.
- Ich erwarte von ihm, dass er die Initiative beim Sex ergreift, andernfalls komme ich mir zurückgewiesen und unweiblich vor.
- Ich erwarte, dass er stark und kompetent ist.
- Ich möchte mich auf ihn verlassen und ihn achten können.
- Ich möchte, dass das Leben mit ihm Spaß macht.

Charles – 37 Jahre alt

- Ich möchte, dass meine Frau berufstätig ist. Sie ist gescheit und ehrgeizig, und ich unterstütze sie vollkommen, wenn sie sich auf ihre Karriere konzentriert.
- Ich möchte mit ihr Kinder haben und verstehe, dass sie dann weiterarbeiten will. Ich kann mich nicht groß an der Hausarbeit beteiligen, aber ich bin bereit, das mir Mögliche beizutragen.
- Ich möchte, dass wir gleichberechtigt sind.
- Ich erwarte, dass meine Frau manchmal in sexueller Hinsicht die Initiative ergreift.
- Meine Frau muss verstehen, wie wichtig mir meine Karriere ist, und soll nicht an mir herumnörgeln, wenn ich abends oder am Wochenende arbeiten muss.

Sarah – 25 Jahre alt

- Ich will keine Beziehung wie meine Eltern haben.
- Ich erwarte, dass mein Partner (obwohl ich zurzeit keinen habe) mir zuhört und bereit ist, die Dinge durchzudiskutieren.
- Ich möchte, dass er zugeben kann, wenn er im Unrecht ist – ich würde das auch tun.
- Ich erwarte absolute Treue von ihm.

- Ich möchte, dass er mir das Gefühl vermittelt, ich sei der wichtigste Mensch in seinem Leben.
- Ich möchte eine gleichermaßen liebevolle und sinnliche Beziehung mit ihm.

Chris – 27 Jahre alt

- Ich möchte, dass meine Partnerin versteht, dass ich die niederen Arbeiten im Haus teilen werde, aber sie soll auch verstehen, dass ich Zeit für meine Kumpel brauche und nicht angemotzt werden will, wenn ich in die Kneipe oder zum Fussball gehe.
- Ich denke, wir sollten finanziell alles halbe-halbe aufteilen. Ich möchte noch keine Kinder – ich weiß nicht einmal, ob ich überhaupt welche will. Also müsste sie auch dafür Verständnis aufbringen.
- Ich möchte niemanden, der alles analysieren muss. Das Leben ist dazu da, dass man es genießt, also sollte man meiner Meinung nach drauflosleben und seinen Spaß haben.
- Ich erwarte, dass meine Partnerin treu ist und auch nicht mit anderen flirtet.

Könnten Sie sich vorstellen, was passieren würde, wenn Chris und Sarah ein Paar wären oder Elizabeth und Charles? Dennoch gibt es wahrscheinlich viele Paare, deren Erwartungen derart krass auseinander liegen.

Welche Beziehungen Sie auch beim Lesen dieses Kapitels unter die Lupe genommen haben, so ist doch eines klar: Nicht immer stellt die Anzahl der Passagiere das Problem dar – sondern ob sie ihren Beitrag leisten wollen, dem Fahrer dabei zu helfen, dass die Reise für alle Beteiligten möglichst reibungslos vonstatten geht. Lassen Sie sich das durch den Kopf gehen. Es muss irgendeine Art von Teamgeist geben. Bringen Sie Ihren Mitmenschen nicht bei, dass Sie die ganze Arbeit machen oder die ganze Verantwortung übernehmen. Eine Beziehung ist ein wechselseitig verlaufender Prozess. Ihr Selbstwertgefühl wird hochschnellen, wenn Sie Beziehungen haben, in denen die entscheidenden Personen in Ihrem Leben Sie genug schätzen, um Ihnen möglichst auf halbem Weg entgegenzukommen. Scheuen Sie nicht davor zurück, die Last zu teilen – das macht Sie nicht schwach oder verletzlich, sondern gibt Ihnen tatsächlich die Zeit und Energie, Ihren Teil wirklich gut zu machen.

Bedenken Sie dies auch im Hinblick auf Ihre Kinder (wenn Sie welche haben) oder andere Verwandtschaft. Ihnen gegenüber können Sie eine Liste mit Erwartungen vielleicht nicht auf dieselbe Weise erstellen wie gegenüber einem Lebensgefährten, aber es hilft wirklich, mit den Schlüsselpersonen in Ihrem Leben über die Wünsche und Bedürfnisse zu reden und darüber, ob sie erfüllt werden können. Oft schlagen Verwandte einander nichts ab oder erklären nicht, warum etwas nicht möglich ist – und so fängt ein Krieg an.

Sie sollten unbedingt mit jedem wichtigen Menschen in Ihrem Leben die Kommunikationskanäle offen halten. Wenn Sie ein Problem mit Ihrem Kind, einem älteren Verwandten oder wem auch immer haben, bringt Streiten überhaupt nichts:

1. Die Leute hören nicht zu, wenn man sie anbrüllt oder kritisiert.
2. Sie müssen beide darüber reden, was Sie wollen und was der andere machen kann, um Ihnen dabei zu helfen, dies zu bekommen.
3. Formulieren Sie Ihr Anliegen behutsam und arbeiten Sie mit Bedacht darauf hin, eine bessere Kommunikationsebene mit den Schlüsselpersonen in Ihrem Leben zu erreichen.

Zusammenfassung

- Jeder kann das Gefühl hegen, er habe zu viele Passagiere. Es kommt nicht so sehr auf die Zahl an – sondern auf die Gefühle.
- Das Gefühl, dass Sie zu sehr unter Druck sind, zu viel um die Ohren haben, dass zu viele Leute Enttäuschung und Frustration zum Ausdruck bringen, macht Sie fertig. Das heißt nicht, dass Sie nicht Recht haben. Darum geht es nicht. Sondern darum, dass Sie nicht positiv reagieren können, wenn es Ihnen schlecht geht. Sie werden wahrscheinlich entweder wütend oder meiden letztlich die Situation, indem Sie sich abkapseln oder auf wenig hilfreiche und zerstörerische Weise Trost suchen.

- Vergessen Sie nicht, wo Passagiere sind, muss es auch einen Fahrer geben. Der Fahrer hat eine Aufgabe, das bedeutet aber nicht, dass er alles für seine Passagiere tun muss. Es muss Kooperation geben und die anderen müssen für sich die Verantwortung übernehmen sowie angemessen reagieren, wenn es wirklich darauf ankommt.
- Sie müssen delegieren können. Wenn es zu viel in zu kurzer Zeit zu tun gibt, muss entweder etwas unter den Tisch fallen oder man muss die Last aufteilen. Versuchen Sie, mit dieser Idee kreativ umzugehen und sie nicht abzutun, indem Sie eine mentale Liste erstellen, weshalb dies nicht möglich sein soll. So stecken Sie nur weiterhin fest und schließlich lesen Sie dieses Buch nicht ohne Grund!

Kapitel 5

Der Klub der Eckensteher

Als Nächstes sollen Sie mit Ihrem negativen Denken besser vertraut werden. Das ist nicht so lächerlich, wie es klingt! Sie müssen besser verstehen, warum Sie dem negativen Denken anhängen, und mit seinen feinen Tücken und Frontalangriffen umzugehen lernen. Ja, vielleicht wissen Sie sehr wohl, dass Sie negativ denken, zumindest manchmal, aber wir bezweifeln, dass Sie sich wirklich der Macht und des Ausmaßes Ihrer negativen Gedanken bewusst sind. Sie müssen auch erkennen, dass der erste Schritt zur Überwindung dessen in der Auseinandersetzung damit besteht. Dadurch werden Sie genau verstehen, was Sie tun. In diesem Kapitel sollen Ihnen Übungen dabei helfen, Ihr negatives Denken noch besser kennen zu lernen, damit Sie es eines Tages besiegen können. Mit der Zeit werden Sie lernen, einige dieser Botschaften zu verändern, andere abzulenken und manche ins Positive zu verwandeln, anstatt zuzulassen, dass sie sich zu einem destruktiven Prozess auswachsen, der dazu führt, dass Sie in der Ecke stehen und zuschauen, wie die Welt an Ihnen vorbeizieht.

Dieses Kapitel handelt davon, wie man allmählich lernt, dieses Verhaltensmuster zu durchbrechen, aus der „Ecke" herauszutreten und sich auf positives Verhalten und den Lohn der Veränderung zu konzentrieren. Zunächst müssen Sie besser verstehen, was Sie tun und aus welchem Grund.

Viele Menschen warten immer darauf, dass das Schlimmste eintritt. Sie glauben anscheinend, dass gute Dinge nicht geschehen oder, falls doch, nicht von Dauer sind. Dieses negative Glaubenssystem ist mit am schwersten zu durchbrechen und eine Riesenblockade auf dem Weg zur Veränderung. Sie können sich selbst leicht ausreden, etwas zu versuchen oder darauf zu drängen, dass etwas passiert, indem Sie sich vorsagen: „Das erreiche ich eh nicht" oder „Das ist nicht von Dauer – etwas Gutes ist nie von Dauer."

Vielleicht fragen Sie sich, warum dies geschieht. Manche Leute sagen: „Ach, ich war schon immer so – das ist mir angeboren" – nun, das stimmt nicht wirklich. Wenn wir Sie bitten würden, ein 20 Zeilen langes Gedicht auswendig zu lernen, würden Sie sofort protestieren, dass Sie dafür ewig brauchen würden, dass Sie ein miserables Gedächtnis haben etc. Was die Dinge betrifft, die in Ihrem Leben schief gegangen sind, haben Sie außergewöhnlich schnell gelernt, dass „so etwas mir immer widerfährt." Oft muss etwas nur ein- oder zweimal schief gehen, und Sie lernen (oder nehmen dies zumindest an), dass dies immer so laufen wird. Der Schlüssel dieses negativen Verhaltens liegt im Gebrauch von „immer". Sie „generalisieren" Ihre Erfahrungen, anstatt eine richtige und realistische Perspektive einzunehmen. Oder Sie spielen Hellseher. Etwas ist schief gegangen, und Sie „wissen" einfach, dass es auch künftig missglücken wird.

Legen Sie das Buch eine Sekunde aus der Hand und versuchen Sie Beispiele zurückzuverfolgen, die vielleicht den Anfang dieses Prozesses bildeten. Möglicherweise können Sie Erfahrungen mit „Warnungen" durch für Sie wichtige Personen verbinden, wie „Mädchen machen immer Schwierigkeiten" – „Geld ist die Wurzel allen Übels" – „Wer hoch hinaus will, kann tief fallen" (siehe auch die Übung in Kapitel 2 über den „kleinen Mann im Ohr", S. 48). Wenn Ihnen nicht sofort ein Beispiel einfällt, versuchen Sie weiter, sich zu erinnern. Ihre Erinnerungen könnten überaus aufschlussreich sein. Vielleicht haben Sie durchaus gute Gründe zu der Befürchtung, die Vergangenheit könne sich wiederholen – die ursprüngliche Erfahrung war möglicherweise äußerst schmerzhaft. Dennoch dürfen wir nicht fortfahren, das Drehbuch zu schreiben, dass „es" (z. B. dass immer alles schief geht) ein paar Mal und bei sehr wichtigen Dingen passiert ist und dass es deshalb wieder so laufen muss. Vielleicht haben Sie auch einmal Glück gehabt, und es ging anschließend schief und jetzt reden Sie sich ein, dass „gutes niemals von Dauer ist" oder etwas Ähnliches.

Wie oft haben Sie sich also (laut oder nur insgeheim) gesagt, dass „mir nie etwas Gutes widerfährt"? Das nächste Mal unterbrechen Sie sich. Denken Sie ein paar Minuten nach, ob das wirklich stimmt. Nie? Das bedeutet buchstäblich, dass Ihnen in Ihrem ganzen Leben noch niemals etwas Gutes widerfahren ist. Das ist nahezu unmöglich. Wir bestreiten gar nicht, dass Sie vielleicht gute Gründe für dieses Gefühl haben. Es können durchaus Dinge passiert sein, die bei Ihnen diese Narbe hinterlassen haben. Aber leiden Sie etwa heute weiterhin für etwas, was gestern geschah? Hoffentlich nicht.

Bitte denken Sie ein paar Minuten über jemanden nach, den Sie für einen erfolgreichen oder glücklichen Menschen (oder beides) halten. Wenn Sie einen Moment lang in die Schuhe desjenigen schlüpfen sollten, welche Gedanken würde Ihrer Meinung nach diese Person wohl hegen? Vielleicht kennen Sie den Betreffenden sogar gut genug, um mit ihm darüber zu reden und ihn zu fragen, aber Sie würden mit Sicherheit nicht so etwas zu hören kriegen wie „Mir widerfährt nie etwas Gutes." Erfolg – beruflicher und privater – hat ebenso viel mit Einstellung wie mit Fähigkeiten und Glück zu tun. Wenn Sie fest genug an etwas glauben, helfen Sie mit, dass es auch eintritt.

> Denken Sie jetzt einen Augenblick an eine positive Begebenheit, die in den letzten sieben Tagen vorgefallen ist. Überlegen Sie lange und gründlich. Es darf ruhig eine Bagatelle sein. Denken Sie daran, versetzen Sie sich in Ihre Gefühle zu jenem Zeitpunkt und sagen Sie sich, dass Sie vorhaben, sich viel öfter so zu fühlen.

Fragen Sie sich auch, ob Sie gern die Gesellschaft von Menschen suchen, die Ihr negatives Denken bekräftigen oder gar darin einstimmen und es verstärken.

Legen Sie das Buch kurz beiseite. Überlegen Sie, ob die Menschen in Ihrem Leben eine positive oder negative Kraft sind. Manche Leute sind vielleicht sogar neutral. Fühlen Sie sich bisweilen zu manchen Leuten stärker hingezogen als zu anderen? Gibt es beispielsweise Menschen in Ihrem Leben, mit denen Sie gerne besprechen würden, was Sie jetzt gerade tun? Gibt es Leute, die Sie wieder in den „Klub der Eckensteher", wo man die Welt an sich vorbeiziehen sieht, zurückholen würden? Vielleicht gibt es auch Leute in Ihrem Leben, die potenziell positive Kräfte darstellen, und Sie wissen es gar nicht. Möglicherweise müssen Sie andere Gespräche mit Leuten in Gang bringen, um dies zu entdecken. Wenn Sie fest genug an etwas glauben, initiieren Sie wahrscheinlich Gespräche mit Menschen, die einfach das beweisen, wovon Sie bereits überzeugt sind. Um also etwas anderes geschehen zu lassen, um zu erreichen, dass Ihre Mitmenschen anders reagieren, müssen Sie sich von nun an auf andere Weise unterhalten.

Im Folgenden führen wir Sie Schritt für Schritt durch diesen individuellen Prozess.

In der ersten Übung stellen Sie sich bitte vor, dass Sie jemandem beibringen, genau das zu tun, was Sie tun, wenn Sie an etwas denken, was Sie ändern wollen. Nehmen Sie sich also Zeit und stellen Sie sich ein Verhalten (oder eine Situation) an einem Beispiel vor, das Sie gern verändern würden. Beschreiben Sie es so detailliert wie möglich, als erläuterten Sie es einer anderen Person. Stellen Sie sich vor, welche Fragen die andere Person stellen würde, damit sie verstehen könnte, was sie an Ihrer Stelle tun müsste. Das ist nicht so verrückt, wie es klingt, weil Sie sich so Ihrer Prozesse, Gedankenmuster und Verhaltensweisen besser bewusst werden. Wenn Sie einen vertrauenswürdigen Freund haben, können Sie diese Übung sogar mit ihm machen. Ihr Freund soll Ihnen so viele Fragen wie möglich stellen, damit er Ihnen wiederum genau erklären kann, wie Sie dabei vorgehen.

Sie brauchen kein zu privates Beispiel auszuwählen, wenn Sie das nicht wollen. Jane arbeitet zum Beispiel für ein großes Softwareunternehmen. Seit einigen Jahren leidet sie an Depressionen. Wir bitten sie, detailliert zu beschreiben, was in ihr abläuft, wenn sie an eine Veränderung in ihrem Leben denkt. Sie kann schnell schildern, wie sie ständig spürt, dass sie kündigen möchte. Sie ist sich jetzt ziemlich sicher, dass ihr Beruf nicht eben gut für ihre

Depressionen ist, aber sie erkennt auch realistischerweise, dass er ihre Depressionen nicht notwendigerweise verursacht hat. Wir fragen sie, was geschieht, wenn sie an die Kündigung denkt. Normalerweise ist sie ein sehr visueller Mensch, aber sie erklärt, sie sehe nichts. Ihre mentale Leinwand ist auf einmal leer. (Falls Sie bei dieser Übung Hilfe brauchen, gehen Sie zurück zu Kapitel 1. Was geschieht dann? „Ich mache mir Sorgen und sage mir, dass da nichts ist – keine Zukunft, dass ich festsitze." Also erkennt Jane, dass sie um ihres seelischen Wohlergehens willen den Arbeitsplatz wechseln muss, aber sie kann sich nicht vorstellen, wie Ihr Leben nach der Veränderung aussehen könnte. Dann bekommt sie Angst und redet sich ein, festgefahren zu sein. So fühlt sie sich verständlicherweise noch elender, weil der bloße Gedanke an eine Veränderung eine weitere negative Reaktion hervorruft. Dies ist ein Beispiel dafür, dass auch schon der Gedanke an eine Veränderung negative Gefühle auslösen kann.

Wir bitten Jane um mehr Informationen. Woher weiß sie, dass ihr Arbeitsplatz ihrer Gesundheit schadet? Die Schleusen öffnen sich. Sie beschreibt, dass ihr ihre Arbeit seit Jahren keine Freude bereitet, dass sie sie nicht befriedigt. Dass ihr vor dem Sonntag graut, weil danach der Montag kommt. Dass sie in diese Sparte gestolpert ist, weil sie ihren ursprünglichen Berufswunsch nicht weiterverfolgte. Und so redet sie immer weiter und beweist, dass sie absolut überzeugt davon ist, im Beruf unglücklich zu sein.

Doch kehren wir zu der leeren Leinwand zurück. Auf diese Weise hält sich Jane nämlich von einer Vorwärtsentwicklung ab. Die leere Leinwand bringt sie geradewegs zurück in den Klub der Eckensteher, wo sie sich wünscht, dass alles anders sein könnte, aber nicht einmal weiß, wie oder wo sie anfangen soll. Sie hat schreckliche Angst.

Egal, wie Sie denken, es kommt darauf an, Dinge so klar wie möglich sehen, hören, fühlen und erfahren zu lernen, um sich ein Ziel zu geben, auf das man sich zubewegt. Niemand kann sich auf eine leere Leinwand zubewegen. Da gibt es nichts, was Sie motiviert. Sie können sich vielleicht nicht genau ausmalen, was Sie wollen, eventuell aber sehen oder erfahren Sie bestimmte bruchstückhafte Ideen. Nutzen Sie diese als Gerüst. Viele Leute bewegen sich nicht vorwärts, weil sie erwarten, sie müssten genau wissen,

was sie wollen – na, vielleicht müssen Sie sich erst ein wenig
kundig machen. Sie dürfen nicht voraussetzen, von Anfang an
einen detaillierten Spielplan zu haben.

Nehmen Sie sich ein Stück Papier. Schreiben Sie sich auf, was
Sie ändern wollen. Geben Sie spezifische Beispiele an. Falls
nötig, gliedern Sie die angestrebte Veränderung auf. Schreiben
Sie nicht Allgemeines wie: „Ich will alles ändern!" So erreichen
Sie mit Sicherheit gar nichts. Dann denken Sie nach, was Sie
denn wollen. Streben Sie nichts völlig Unmögliches an. Fangen
Sie an, sich ein Bild auszumalen.

Wenn Sie sagen: „Ich möchte ändern, dass ich andauernd so
unglücklich bin", gliedern Sie das auf. Konzentrieren Sie sich
darauf, was Sie unglücklich macht, und auf die Dinge, die Sie
ändern können, statt auf das Unabänderliche. Wenn Sie etwa
unglücklich sind, weil ein geliebter Mensch unheilbar krank ist
oder Sie sich kürzlich getrennt haben bzw. sich haben scheiden
lassen, dürfen Sie sich nicht mehr auf das konzentrieren, was
nicht zu ändern ist. Das ist eine Art der Selbstgeißelung, und Sie
werden nicht vorankommen, wenn Sie an der Vergangenheit
festhalten oder von etwas Unabänderlichem besessen sind.
Fragen Sie sich, was Sie seither nicht mehr machen, um sich gut
zu fühlen.

Wir sprachen kürzlich mit jemandem, der allmählich das, was er
will, zu einem Bild zusammenfügt. Das Bild ist noch nicht
vollkommen klar. Er sagte: „Ich bin seit 20 Jahren in einem stark
von Wettbewerb geprägten Beruf tätig. Der Status und das Geld
zogen mich an, aber irgendwann veränderte ich mich. Ich erkannte,
dass ich nicht glücklich bin – ich möchte in einem weniger von
Konkurrenz geprägten und weniger rücksichtslosen Beruf arbeiten. Ich möchte einen Teil meiner Fähigkeiten auf andere Weise
einsetzen können. Eigentlich möchte ich anderen Menschen helfen. Da ich Jurist bin, kann ich vielleicht eine andere Richtung
einschlagen und meine Kenntnisse anderweitig einsetzen, möglicherweise im Familienrecht."

Dieser Mann hat noch keine Entscheidung getroffen, sondern macht sich noch kundig. Er ist allerdings bereits zu einer wichtigen Erkenntnis gelangt. Er will keine Konkurrenz und Rücksichtslosigkeit mehr. Auch Sie können einen Anfang machen, und wir zeigen Ihnen, wie.

Veränderung ist wie ein Kartenhaus. Wenn Sie eine Sache verändern, wirkt sich dies auf andere Bereiche Ihres Lebens und andere Menschen aus. Deshalb ist es so wichtig, die Sache anzupacken. Indem Sie eine Sache anders machen, können Sie die Kraft gewinnen, sich weiterzubewegen und andere Bereiche zu verändern. Aufgrund dieses Kartenhauseffekts ist es auch wichtig, dass Sie manchmal graduelle Veränderungen vornehmen, damit Sie aus Angst nicht den Rückwärtsgang einlegen.

Die sechs Gebote der Veränderung

Die wichtigsten Regeln der Veränderung lassen sich in sechs Geboten darstellen:

1. Hingabe an die Veränderung!
2. Harte Arbeit!
3. Sich ankern – man rutscht so leicht wieder zurück!
4. Nichts Negatives, aber seien Sie realistisch!
5. Ziele!
6. Nur zu – es geht doch!

Schauen wir uns jetzt einige Kernpunkte im Leben an, wo man dazu neigt, das Bedürfnis nach Veränderung zu spüren, und untersuchen wir, wie das negative Denken jeglichen Veränderungsversuch blockieren kann. Wenn Sie also an Lebensbereiche denken, die der Veränderung bedürfen, blockieren Sie sich nicht durch den Eintritt in den Klub der Eckensteher. Indem Sie anders denken und sich darauf einstellen, etwas anders zu machen, werden Sie entdecken, dass Sie sich weiterbewegen können. Das Schlimmste, was wirklich passieren kann, ist, dass sich nichts ändert! Sie können immer zu dem zurückkehren, was Sie bereits haben.

Ehe beziehungsweise langfristige Beziehung

Wenn Sie sich hier unzufrieden fühlen, kommen Sie sich vielleicht vollkommen in der Sackgasse vor. Man sieht oft nur diese Alternativen:

1. Bleiben und sich arrangieren, ungeachtet der Probleme.
2. Den Partner verlassen.

Tatsächlich gibt es auch noch einen dritten Weg, der heißt, mit Ihrem Partner die Probleme anzugehen. Das wird Ihnen bei der Entscheidung helfen, welche Richtung Sie letztlich einschlagen müssen. Der Versuch birgt keine Gefahren. Er kann die Beziehung retten oder zeigt Ihnen ein für alle Mal auf, dass die Beziehung beendet werden muss.

Ungeachtet des Problems müssen Sie sich zuerst fragen: Müssen Sie über das Problem denn sprechen? Sagen Sie nicht vorschnell, „Es hat keinen Sinn, er/sie ändert sich sowieso nicht" etc. Antworten Sie uns aufrichtig. Haben Sie etwas zu verlieren, wenn Sie das Problem offen und ehrlich mit Ihrem Partner besprechen? Oder anders ausgedrückt, wie schlecht geht es Ihnen im Moment? Kann es denn noch schlimmer werden, wenn Sie versuchen, etwas zu unternehmen? Wovor fürchten Sie sich, wenn Sie sich öffnen? Der einzige Grund, es nicht zu tun, ist die berechtigte Sorge vor Gewalttätigkeiten oder sonstigen Vergeltungsreaktionen. Fragen Sie sich, was sie davon abhält, etwas gegen Ihr Unglück zu unternehmen. Seien Sie nicht defätistisch und sagen Sie nicht: „Was soll's? Es ändert sich ja doch nichts."

Möglicherweise ist es sinnvoll, in Bezug auf Ihre Beziehung Hilfe einzuholen. Es ist überhaupt keine Schande, einen Eheberater oder einen auf Ehe- oder Beziehungsprobleme spezialisierten Therapeuten aufzusuchen. Viele Leute legen sich Steine in den Weg, indem sie sich einreden, sie müssten die Probleme selbst auf die Reihe kriegen. Warum? – Versuchen Sie, diese Frage zu beantworten – wir sind gespannt auf Ihre Antwort. Das ergibt nämlich keinen Sinn. Wenn Sie krank wären, würden Sie zum Arzt gehen (oder würden sich zumindest nicht deshalb genieren). Wenn es in Ihrer Beziehung krankt, sollten Sie auch zu jemandem gehen, der helfen kann.

Sie haben bestimmt schon von der goldenen Regel der Immobilienmakler gehört – Lage, Lage, Lage. Es gibt auch eine goldene Regel zur Verbesserung von Beziehungen: Kommunikation, Kommunikation, Kommunikation. Wenn Sie vor dieser Idee zurückschrecken, überlegen Sie mal, was passiert, wenn Sie sich nicht an diese Regel halten. Was ist schlimmer – den Mund halten und die Dinge sich weiter verschlechtern lassen oder ein Wagnis eingehen und etwas unternehmen?

Ein weiterer Grundsatz der Regel „Kommunikation, Kommunikation, Kommunikation" ist es, Probleme ohne Schuldzuweisungen, Punktemachen und Beschämen diskutieren zu lernen. Denken Sie darüber nach, weil Sie dann vielleicht eher den Mut aufbringen, etwas für Ihre Beziehung zu tun. Auch dies ist eine häufig vorkommende Blockade gegen Veränderungen. „Wie kann ich mit meinem Partner reden, wenn es ihn so kränkt oder er sich auf den Schlips getreten fühlt?" Finden Sie einen Weg, die Dinge so zu sagen, dass Sie keine Kritik üben und keine Schuld zuweisen. Versetzen Sie sich einmal in die Lage Ihres Partners. Vielleicht können Sie die Dinge nicht allzu sehr beschönigen, aber Sie können sich respektvoll verhalten und immer darauf hinweisen, dass Sie dies deshalb ansprechen, weil Sie ihn lieben und sich wünschen, dass die Beziehung besser läuft.

Die entscheidende Blockade gegen Veränderungen in Beziehungen ist, sich eine Falle zu stellen, indem man sich einredet: „Das passiert immer mir. Es ist allein meine Schuld. Alle meine Beziehungen enden in einem völligen Desaster – das liegt alles bloß an mir." Was für eine grandiose Ausrede dafür, Probleme nicht zur Sprache bringen! Rufen Sie sich ins Gedächtnis zurück, dass es zwei Menschen für eine Beziehung braucht. Oder vielleicht ist das Teil des Problems – Sie berücksichtigen dies nicht.

Wenn Ihre Beziehung bereits beendet ist, durchlaufen Sie bestimmt gemischte Gefühle. Wenn Sie im Moment starken emotionalen Schmerz spüren, sollten Sie sich keinesfalls blockieren, indem Sie sagen: „Mir wird es nie mehr besser gehen." Vergessen Sie nicht, dass es gut ist, mit jemandem zu reden – sei es ein guter Freund, ein Berater oder Therapeut. Und ganz besonders wichtig: Geißeln Sie sich nicht mit negativem Denken. Übernehmen Sie Ihren Anteil an dem Problem, aber keine 100 Prozent.

Beruf

Wenn Sie mit Ihrer beruflichen Tätigkcit nicht zufrieden sind, dann sagen Sie sich bitte nicht von vornherein: „Ich kann meine Arbeit nicht ausstehen, aber ich kann nichts dagegen machen, weil ich festsitze." Sie müssen einen Augenblick lang so tun, als seien Veränderungen möglich. Damit riskieren Sie nichts.

Beantworten Sie folgende Fragen:

1. Welche Vorfälle veranlassten Sie, Ihren Arbeitsplatz wechseln zu wollen?
   Versuchen Sie eine Liste der Gründe zu erstellen, deretwegen Sie Ihren Arbeitsplatz wechseln wollen. Das kann eine Vielzahl von Dingen sein, angefangen von Langeweile bis hin zu schlechtem Gesundheitszustand oder Angst. Egal, was es ist, schreiben Sie es auf. Beachten Sie, dass die Antwort auf *Was?* etwas ganz anderes ist als die Antwort auf *Wie?* Sie sollen sich nicht erklären oder rationalisieren, was passiert. Wenn Sie diesen Weg beschreiten, entsteht eine neue Blockade. Was Sie aufgeschrieben haben, wird das, von dem Sie sich fortbewegen wollen.
2. Müssen Sie die Stelle wechseln oder können Sie etwas ändern, das es Ihnen ermöglicht zu bleiben?
   Wenn Veränderungen möglich sind, schreiben Sie sie zusammen mit den Ideen auf, wie man sie geschehen lassen könnte. Mitglieder des Klubs der Eckensteher glauben wiederum gerne, dass Veränderungen immer dramatisch und riesengroß sein müssten (noch mehr einzigartige Blockaden). Wenn Sie sich an eine weniger bombastische und Furcht erregende Veränderung wagen, steigt Ihr Motivationspegel.
   Wenn Sie keine Bereiche erkennen können, in denen Veränderungen möglich sind, sagen Sie damit, dass Sie kündigen müssen. Dann brauchen Sie eine Strategie für die Stellensuche. Ja, das kann etwas dauern, aber sich umzuschauen schadet

nichts. Sie kommen so in Kontakt mit Alternativen, und sagen sich nicht länger vor, dass Sie festgefahren sind. Alternativen motivieren Sie – festgefahren zu sein nicht. Glauben Sie uns, das Erkunden Ihrer Optionen birgt keine Gefahren in sich. Vielleicht steht im Moment kein passender Job zur Verfügung, aber Sie können nie wissen, wann sich etwas ergibt.

Gesundheit

Der Begriff „Gesundheit" deckt viele verschiedene Kategorien ab. Vielleicht wollen Sie einfach fit werden oder Sie haben ein medizinisches oder ein Suchtproblem, gegen das Sie vorgehen müssen. Oder Sie leiden vielleicht an einer ernsthaften Krankheit, möglicherweise einer unheilbaren. Wenn Letzteres auf Sie zutrifft, kann es für Sie schwierig sein, überhaupt Motivation zu spüren, aber wir wollen sehen, wozu Sie fähig sind.

Wenn Sie nur fit werden wollen, lautet die erste Frage: „Was geschah bzw. geschah nicht, dass ich so lasch wurde?" Lassen Sie sich bei der Beantwortung Zeit – Sie können sich eine Antwort aus dem Ärmel schütteln oder die Frage ordentlich beantworten. Was hält Sie von Sport ab? Was kommt dazwischen? Warum kümmern Sie sich nicht besser um sich?

Wenn Sie zu dem Schluss kommen, dass Sie fitter werden wollen, müssen Sie wie bei jeder Aufgabe die Aufgabe in kleinere Häppchen mit kürzeren zeitlichen Vorgaben aufteilen. Sie setzen sich beispielsweise die Aufgabe, dreimal pro Woche 20 Minuten auf dem Heimtrainer zu radeln. Das ist viel besser als etwa fünfmal pro Woche 60 Minuten. Setzen Sie sich keinem Fehlschlag aus. Holen Sie professionellen Rat ein, indem Sie in ein angesehenes Fitnessstudio gehen. Viele Leute maximieren ihre Fortschritte nicht, weil sie nicht erkennen, dass Fitness und Ernährung Teil eines sehr komplizierten wissenschaftlichen Prozesses sind und dass kleine Änderungen spürbare Unterschiede bewirken können.

Falls Ihre Befürchtungen hinsichtlich Ihrer Gesundheit ernsterer Natur sind, sollten Sie ein paar Minuten darüber nachdenken, wie Sie Ihre Krankheit betrachten. Wenn Ihre Standardantwort „Was für einen Sinn hat es?" lautet, versuchen Sie, die Frage einmal ganz anders zu stellen. Was für einen Sinn hat es denn genau? Das ist eine gute Frage, wenn Sie sie umdrehen. Das kann für jeden mit einem ernsthaften medizinischen Problem gelten – was für einen Sinn hat es denn, wenn Sie für sich Sorge tragen und so fit wie möglich sind? Und es gibt auch kein Alter, in dem Sie derlei sagen sollten wie: „Es ist zu spät" – das ist nur eine faule Ausrede.

Freizeit und Hobbys

Beantworten Sie zunächst folgende Fragen:

1. Haben Sie Hobbys?
2. Hatten Sie als Kind Hobbys?

Viele beantworten Frage 1 mit Nein, Frage 2 mit Ja. Wie halten Sie sich davon ab, Zeit in Aktivitäten zu investieren, die Ihnen Freude bereiten, mit deren Hilfe Sie sich entspannen und in denen Sie ganz aufgehen können? Wir wissen, dass die Zeit Ihr ärgster Feind sein kann und dass Verpflichtungen eine Vorrangstellung einnehmen, aber wie wäre es, wenn Sie sich regelmäßig ein wenig Zeit für sich gönnten? Wenn Sie in einer Beziehung leben, müssen Sie das vielleicht mit Ihrem Partner besprechen, damit Sie beide ein wenig Zeit haben, Ihrem jeweiligen Hobby nachzugehen.

Hobbys können so breit gefächert sein:

Schöpferische Hobbys

• Zeichnen/Malen
• Lesen
• Bildhauern
• Kochen
• Töpfern
• Gartenarbeit
• das Heim schmücken

Körperliche Aktivitäten

• Squash
• Tennis

- Aerobic
- Fußball
- Joggen
- Segeln
- Wandern
- Bergsteigen
- Reiten
- Schwimmen

Erlernen einer neuen Fertigkeit

- Sprachen
- Schreiben
- Berufliche Weiterbildung
- Computerkenntnisse
- Auto fahren
- Kochen
- Musik

Spirituell-philosophische Tätigkeiten

- Yoga
- Meditation
- Sammeln
- Antiquitäten

Ihr spirituelles Leben

Welcher Beschäftigung gehen Sie nach, die Ihrem Leben Sinn verleiht? Was machen Sie, das Ihnen einen Grund zum Weitermachen und ein Gefühl von Sinn gibt? Wenn Sie sich gedanklich an Ihrem 80. Geburtstag versetzen und Ihren Gratulanten von Ihrem Leben erzählen würden, was würden Sie ihnen vor allem sagen wollen?

Was immer Sie auch tun: Verschließen Sie sich nicht vor dem, was Ihrem Leben Sinn verleiht. Das ist nichts Seltsames oder Befremdliches – sondern etwas, das den Kern dessen trifft, warum so viele Menschen auf eine für sie unverständliche Weise unglücklich sind.

Die meisten dieser Menschen haben keinen Schimmer davon, was ihnen fehlt. Und zwar weil sie sich nie erlaubt haben, zu verstehen, warum es so notwendig ist – was „es" überhaupt ist. In Kapitel 13 gehen wir noch näher darauf ein. In der Zwischenzeit lassen Sie sich diese Frage bitte durch den Kopf gehen.

Zusammenfassung

- Sie müssen sich Ihrer „negativen Stimme" stärker bewusst werden und sie besser verstehen. Dadurch können Sie ihr die Macht nehmen, und mit der Zeit können Sie einige der negativen Botschaften durch sowohl positivere wie auch realistischere ersetzen.

- Vergessen Sie nicht, dass eine positive Haltung nicht bedeutet, dass man dumm ist oder zu hohe Risiken eingeht. Sie müssen lernen, sich nicht mehr durch eine negative Einstellung von Veränderungen abzuhalten. Damit Sie mit größerer Zuversicht an Veränderungen herangehen können, müssen Sie anerkennen, dass Sie Schritt für Schritt ohne großes Risiko Veränderungen anpacken können.

- Sie wissen vielleicht gar nicht genau, in welche Richtung Sie gehen wollen, aber Sie wissen, dass Sie nicht dort verharren wollen, wo Sie sich jetzt befinden. In diesem Fall müssen Sie Ihren Weg langsam erspüren.

- Während Sie kleine Dinge verändern und die Früchte ernten, gewinnen Sie an Begeisterung und Selbstvertrauen, sich an weitere Veränderungen zu wagen.

Kapitel

Die Meute: Wer jagt hier wen?

Das letzte Kapitel Ihrer persönlichen Erkundungs- und Entdeckungsreise handelt davon, dass Sie lernen müssen, Ihre Gefühle klarer zu erkennen. Vor ihnen davonzulaufen funktioniert nicht. Sie können nicht dauernd auf der Flucht sein. Auch wenn Sie dies vielleicht nicht wahrhaben wollen, Sie werden merken, dass Sie einen hohen Preis zahlen müssen, wenn Sie nicht auf sich hören.

Ihre Gefühle sind wie ein Barometer. Wenn Sie ihnen keine Beachtung schenken, ignorieren Sie etwas sehr Nützliches. Sie ignorieren womöglich lebenswichtige Warnsignale und schotten sich auch vor äußerst positiven Gefühlen ab, wenn Sie sich nicht erlauben, das Wagnis einzugehen, Ihre Gefühle zu erspüren. Vielleicht riskieren Sie es auch, mithilfe bestimmter Gewohnheiten oder Substanzen weiterhin Gefühle zu vermeiden, doch dies hat einen hohen Preis. Wenn Sie wirklich etwas verändern wollen, müssen Sie sich Ihrer Gefühle besser bewusst und fähig sein, sie genauer zu beschreiben, und die Gründe, warum Sie so fühlen, wenigstens zum Teil verstehen. Wenn Sie dies tun, werden Sie einen Teil von sich erschließen, der Ihnen anfangs vielleicht ein Gefühl der Verwundbarkeit, aber auch großer Lebendigkeit verschafft. Schließlich sollten Sie sich in Erinnerung rufen, dass Ihre Gedanken Ihre Gefühle steuern, und das Bedürfnis erkennen, diese Verbindung herzustellen. Gefühle tauchen nicht einfach aus dem Nichts auf!

Manchmal sagen wir zu Klienten, die immer furchtbar viel zu tun haben, dass es sich doch so anfühlen müsse, als seien sie auf der Flucht vor sich selbst. Als würden sie wie verrückt rennen und sich fürchten, anzuhalten, weil sonst eine ganze Horde von Gefühlen sie einholen könnte. Manche Menschen sabotieren sich selbst, indem

Sie niemals eine Aufgabe fertig stellen und somit sichstellen, dass sie immer viel zu tun haben. Dieser Schuss geht nach hinten los, denn obwohl Sie sich wirklich auf Trab halten können, halten Sie sich auch von der Befriedigung ab, etwas zu Ende zu bringen.

Untersuchen wir dies eingehender. Viele Menschen haben viel zu tun – alle mit familiären Verpflichtungen oder einem Beruf haben viel um die Ohren. Manche von Ihnen gehen aber noch etliche Schritte weiter. Das sind diejenigen, die sich noch viel mehr aufhalsen. Vielleicht übernehmen Sie für jemanden die Fahrt zur Schule (wenn Sie eigentlich keine Zeit haben), erklären sich bereit, im Beruf zusätzliche Arbeiten zu erledigen (was Sie durchaus hätten abschlagen können) oder vielleicht weigern Sie sich, eine Hilfe für Haus oder Garten zu engagieren (obwohl Sie es sich leisten könnten). Sie haben wahrscheinlich zahlreiche Projekte am Laufen und kaum eine Chance, irgendeines davon abzuschließen oder ihm die dafür nötige Zeit zu widmen. Infolgedessen herrscht vielleicht ein gewisses Chaos. Lassen Sie sich das mal durch den Kopf gehen – Sie sind vielleicht gut organisiert, aber wenn gar zu viele Termine auf Ihrem Terminplan stehen, muss nur einer davon schief gehen und die Lawine gerät ins Rutschen. Das Leben ganz allgemein kann so sein – eine Lawine, die nur darauf wartet, ausgelöst zu werden –, und Sie müssen viel schuften, wenn Sie dies zu verhindern versuchen. Was für ein Zustand. Chaos ist allerdings ein guter Rauchschleier. Die Leute werden glauben, dass Ihr Problem einfach darin besteht, dass es zu viel zu tun gibt; sie merken nicht, was sich eigentlich dahinter verbirgt.

Wenn Sie sich darin wieder erkennen, wissen Sie wohl auch, dass dieses Verhalten nur zu Verstimmung und geringem Selbstwertgefühl führt. Wie können Sie an irgendetwas Freude haben? Sie müssen sich vorkommen, als nähmen Sie an einer absonderlichen Gameshow teil: immer auf der Flucht, wahrscheinlich rennen Sie zwischen Aufgaben hin und her, die Sie erledigen müssen, entgehen Katastrophen gerade eben und schauen ununterbrochen auf die Uhr. Als Folge dessen ist das Leben ein fortwährender harter Kampf, und Ihnen ist jene allgegenwärtige, sich selbst erfüllende Prophezeiung knapp auf den Fersen, dass Sie nicht gut genug sind, weil Sie nicht das getan haben, was Sie sollten. Die Tragödie besteht darin, dass Sie sich selbst dem Misserfolg verschrieben haben. Wenn Sie unmögliche Ziele anpeilen, befinden Sie sich in einem immerwährenden Zustand des Misserfolgs. Hängen Sie Ihre Ziele niedriger, und Ihnen kann Erfolg beschieden sein, was wiederum mit Sicherheit ein motivierendes Gefühl mit sich bringt.

Eine andere Art, sich mit diesem ultrachaotischen Lebensstil auseinander zu setzen, besteht darin, sich zu fragen, was wirklich vorgeht. Sie machen dies nicht ohne Grund. Einer der häufigsten Gründe besteht darin, dass Sie buchstäblich auf der Flucht vor sich selbst sind, weil diese Meute Gefühle Sie jagt. Sich nicht mit Gefühlen auseinander zu setzen ähnelt diesem gigantischen Korb mit Bügelwäsche, der überquellenden Ablage, dem mit Unkraut überwucherten Garten. Sie wissen, die Aufgabe ist da, und es ginge Ihnen besser, wenn Sie sie anpackten, aber sie erscheint einfach zu bombastisch. Es ist allerdings an der Zeit, wieder die Kontrolle zu erlangen.

Stellen Sie sich folgende Fragen:

- Wie gut können Sie sich entspannen?
- Wissen Sie überhaupt noch, was das eigentlich ist?
- Wie wäre es, wenn Sie sich im Einklang mit Ihren Gefühlen befänden und nicht immer auf der Flucht?
- Wann saßen Sie das letzte Mal ruhig da und machten nichts, außer fernsehen, Musik hören, reden oder die Augen schließen und sich entspannen?
- Gehören Sie zu den Menschen, die immer mehrere Dinge gleichzeitig machen wollen, weil Sie es sich partout nicht erlauben können, eine Pause einzulegen?

Halten Sie einen Moment lang inne. Legen Sie das Buch aus der Hand und fragen Sie sich, warum Sie nicht einfach mit der Hetze aufhören. Legen Sie die Entschuldigungen und Rationalisierungen beiseite. Wie viel Angst haben Sie davor, eine Zeit lang mit sich selbst zu sein? Es ist an der Zeit, sich diesen Gefühlen zu stellen und sich durch sie zu hindurch zu arbeiten, statt vor ihnen davonzulaufen. Das wird einen gewaltigen Unterschied in Ihrem Leben bewirken.

Wenn wir andere fragen, wie sie fühlen, schauen uns selbst die sprachgewandtesten Leute entsetzt an oder antworten mit „Ich meine …" Sie können die Frage: „Wie fühlen Sie?" nicht mit „Ich meine" beantworten. Das Problem besteht darin, dass der Wortschatz zum Ausdruck von Gefühlen anscheinend vielen Leuten nicht leicht über die Lippen kommt, weil die meisten einfach keine unverblümten und ehrlichen Gespräche mit sich selbst führen. Insbesondere viele Männer wurden nie ermutigt, über Gefühle zu reden. Denken Sie an den Prozess des Heranwachsens. Jungen werden aufgefordert, sich „tapfer" und wie „ein Mann" zu benehmen. Sie werden selten darin bestärkt, über Angst zu reden und zu erfahren, dass es durchaus in Ordnung ist, über seine Gefühle zu sprechen.

Um Ihnen beim Aufbau eines „Gefühlevokabulars" zu helfen, möchten wir, dass Sie sich mit dieser langen Liste von Gefühlswörtern vertraut machen. Seien Sie bitte nicht beleidigt – wir wissen, dass Sie diese Wörter kennen und Ihre Bedeutung verstehen –, aber Sie sollen auch anfangen, sie zu verwenden.

abenteuerlich	entmutigt	isoliert	überlegen
abgestoßen	erfolgreich	kalt	überwältigt
abgewiesen	erfreut	liebevoll	unerwünscht
abwehrend	erfrischt	matt	ungeliebt
ängstlich	feige	misstrauisch	unglücklich
aufgebracht	feindselig	närrisch	unsicher
aufgeregt	freudig	natürlich	unterlegen
ausgeglichen	friedlich	neidisch	unwürdig
ausgenutzt	fromm	nervös	unzulänglich
bedrückt	frustriert	provoziert	verlassen
beschämt	furchtsam	reingelegt	verlegen
besorgt	fürsorglich	respektvoll	verletzt
bestürzt	geborgen	reumütig	verstanden
betrogen	gelangweilt	ruhig	verstimmt
beunruhigt	gelassen	schmerzerfüllt	warm

dankbar	geschlagen	schuldig	widerstrebend
ehrerbietig	glücklich	selbstmitleidig	wie ein Versager
eifersüchtig	gütig	selbstsüchtig	wütend
eifrig	hilflos	spielerisch	zögerlich
einsam	hintergangen	starr	zufrieden
elend	hoffnungslos	stolz	zuversichtlich
energiegeladen	irrational	überglücklich	zwiespältig

Als Erstes sollten Sie sich Ihrer Gefühle stärker bewusst werden. Dabei müssen Sie nicht das Gefühl haben, Sie müssten eine Erklärung für Ihre Gefühle geben. Wir fragen Sie schließlich nicht, *warum* Sie so fühlen, wie Sie fühlen. Das führt nur zu Rationalisierungen und entfremdet Sie Ihren Gefühlen!

Wenn Sie sich ständig müde (im körperlichen Sinn) oder schlapp fühlen, beschreiben Sie diese Gefühle auf andere Art. Sie benennen mit diesen Worten nur Ihr körperliches Befinden, keinen Gefühlszustand. Müde beispielsweise ist eine körperliche Empfindung, kein Gefühl. Schauen Sie sich noch einmal die Liste an und überlegen Sie in aller Ruhe, wie Sie sich fühlen. Dadurch können Sie auch leichter den Dingen ins Auge schauen, die anders werden müssen. Wenn Sie nicht in richtigem Kontakt mit Ihren Gefühlen sind, können Sie kaum erkennen, was sich in Ihrem Leben ändern muss. Anders ausgedrückt, Sie können in die Falle geraten, Ihre Probleme zu sehr zu vereinfachen. Wenn Sie etwa ständig müde sind, gibt es vielleicht einen augenfälligen Grund, wie Ihre weite Anfahrt zum Arbeitsplatz oder die gestörte Nachtruhe mit einem Baby, aber es kann auch ein tieferer Grund dahinter stecken.

Schauen wir uns also einige wesentliche Gefühle an und sehen wir zu, dass Sie ein wenig gefühlskundiger werden.

Wut

Wut kann eine positive Antriebskraft sein, man kann sie aber auch nach innen richten und niederdrücken. Wut, der man sich nicht stellt, ist oft die grundlegende Ursache von Depressionen. Wenn sich Ihnen jetzt die Nackenhaare aufstellen, denken Sie daran, dass Welten liegen zwischen einem wütenden Menschen, der sich aggressiv und unverschämt benimmt, und dem Empfinden von Wut. Oft ist kein äußeres Zeichen von Wut erkennbar, weil sie so heftig unterdrückt und beherrscht wird. Wut ist auch kein besonders ‚reines‘ Gefühl, sondern setzt sich oft aus anderen schmerzvollen Gefühlen wie Kränkung, Scham und Schuld zusammen.

Frauen sind in puncto Wut besonders benachteiligt. Kleine Mädchen werden von früh an erzogen, dass es nicht gerade damenhaft sei, mit dem Fuß aufzustampfen oder anders Wut zum Ausdruck zu bringen. Frauen lernen daher sehr schnell, dass sie Wut nicht zeigen dürfen. Denken Sie auch an die abfälligen Begriffe, mit denen Frauen tituliert werden, die ihre Wut zum Ausdruck gebracht oder lediglich Durchsetzungskraft bewiesen haben. Unverschämte Ausdrücke wie „Schreckschraube" oder „Xanthippe" sind sehr gebräuchlich. Aggression wird als etwas typisch Männliches betrachtet und ist deshalb für Männer durchaus akzeptabel, sofern es nicht zu Gewalttätigkeiten kommt.

Wenn Frauen wütend sind, weinen sie oft. Das führt zu sehr verwirrendem Feedback. Wie viele von Ihnen identifizieren sich mit Leuten, die Sie bedauern, während Sie außer sich sind, wenn Sie eigentlich wütend über etwas sind.

Wir behaupten nicht, dass es allen Männer gut mit ihrer Wut geht. Viele Männer machen sich große Sorgen, dass man sie dabei ertappen könnte, wie sie die Beherrschung verlieren. Andere mit aggressiverem Temperament fürchten sich richtiggehend davor, die Kontrolle zu verlieren und gewalttätig zu werden.

Lernen Sie, mit Ihrer Wut umzugehen!

Folgende Punkte sollten Sie, egal ob männlich oder weiblich, in puncto Wut beachten.

Erstellen Sie als Erstes eine Liste von Dingen, über die Sie sich derzeit ärgern, oder von Leuten, auf die Sie wütend sind. Denken Sie daran, dass es verschiedene Grade von Wut gibt, und nach dem Erstellen der Liste könnten Sie sie vielleicht von Weißglut-Wut am oberen Ende der Skala bis zu milderer Wut am unteren Ende abstufen. Wenn wir Sie bitten, diese Liste noch einmal zur Hand zu nehmen, sollten Sie sich zuerst mit der milderen Wut beschäftigen, weil Sie sich so am sichersten fühlen.

Freud verglich Wut einmal mit einem raucherfüllten Raum. Das Zimmer kann viel Rauch aufnehmen, aber schließlich beginnt er, unter den Türen, durch die Fenster etc. zu entweichen. Dies ist eine ausgezeichnete Metapher. Sie verfügen vielleicht über eine unglaubliche Kapazität zum Speichern von Wut, aber sie muss herauskommen und tut es auch. Das heißt nicht, dass sie deutlich herausbricht – vielleicht fühlen Sie sich einfach krank oder niedergeschlagen.

Sie sollten lernen, mit der Wut umzugehen, während Sie sie erkennen und erleben. Auf diese Weise muss sich die Sache nicht dramatisieren. Später sprechen wir mehr darüber, wie man mit Durchsetzungsvermögen rechtzeitig mit Problemen umgeht und die anderen wissen lässt, wie man sich fühlt. An dieser Stelle möchten wir darauf hinweisen, dass Sie nicht überall herumposaunen sollten, dass Sie wütend sind – dafür gibt es Mittel und Wege, und als Erstes sollten Sie sich überlegen, was Sie erreichen wollen, wenn Sie anderen Ihre Gefühle kund tun. Jemandem hinzuknallen, dass Sie wütend sind, erweist sich in einer Diskussion nicht als förderlich, die vielleicht genau das ist, was Sie gerade brauchen.

Nehmen Sie also Ihre eben gefertigte Liste und schauen Sie sich eine typische Reihe von Themen oder Erfahrungen an, die Sie in Rage versetzen. Oft sagt man: „Wenn es etwas gibt, das mich wirklich zur Weißglut treibt, ist es ...“ Versuchen Sie, die leere Stelle auszufüllen. Es hilft Ihnen, wenn Sie Ihre Schwachpunkte kennen.

Wut verdeckt manchmal Kränkungen

Sie müssen sich auch gewahr sein, was Sie vielleicht verletzt. Viele Menschen drücken Wut als dominantes Gefühl aus, weil sie zu verwundbar würden, wenn sie zugäben, dass sie verletzt sind. Wir gestehen uns nicht gern ein, dass andere solche Macht über uns haben. Von jemandem emotional verletzt worden zu sein ist ein schreckliches Gefühl, und es ist sicher eine natürliche Reaktion, wütend auf die Person zu sein, die einem eine Kränkung zugefügt hat. Wiederum ist ganz entscheidend, dass man lernt, bei den Betreffenden nachzufragen (sofern dies ungefährlich für Sie ist), was sie damit beabsichtigten. Wenn Sie etwa meinen, dass jemand kurz angebunden Ihnen gegenüber war und dass dies unnötig und verletzend war, sollten Sie nachfragen. Sie müssen nicht zu dem anderen hinmarschieren und sagen: „Ich finde, Sie waren vor zwei Minuten kurz angebunden, und bin deshalb wütend auf Sie." Aber Sie können sagen: „Als wir uns vor zwei Minuten unterhielten, hatte ich das Gefühl, dass Sie sich nicht unterhalten wollten, und ich frage mich nun, weshalb." Auf diese Weise geben Sie dem anderen die Möglichkeit (ohne ihn anzugreifen), zu antworten und vielleicht die Situation zu erklären. So oft verhalten sich andere Leute anscheinend negativ uns gegenüber, wenn sie vielleicht nur ein Problem haben oder durch etwas abgelenkt werden, das nichts mit uns zu tun hat. Vielleicht kriegen wir rein zufällig ihre Gefühle ab.

Scham und Schuld

Wir haben bereits viel von Schuld gesprochen. Lassen Sie uns kurz den Unterschied zwischen Scham und Schuld darlegen. Schuld bedeutet, dass „ich etwas Falsches getan habe", Scham hingegen, dass „etwas mit mir nicht stimmt." Beide Gefühle sind wahrscheinlich die unangenehmsten und schrecklichsten Gefühle, die man haben kann, und geben mit Sicherheit eine sehr machtvolle Meute ab. Beim Versuch, diesen Gefühlen zu entkommen, passiert es recht oft, dass Menschen sich hart schinden, um sich zu beweisen oder um eine reale oder imaginäre Balance wiederherzustellen. Betrachten wir diese beiden Gefühle nun gesondert.

Schuld

Wenn Sie sich schuldig fühlen, kann dies viele verschiedene Ursachen haben. Vielleicht haben Sie absichtlich etwas falsch gemacht; vielleicht haben Sie jemanden vorsätzlich verletzt oder ihm Unrecht getan; vielleicht haben Sie dies unabsichtlich getan; oder es kann auch subtiler und verdrehter sein – dass etwas Gutes in Ihrem Leben passiert ist und Sie glauben, Sie verdienten es nicht (das hat mehr mit Selbstwertgefühl zu tun, aber das greifbare Gefühl wird das der Schuld sein). Es kann sogar noch tiefer gehen. Vielleicht fühlen Sie sich immer schuldig und können sich nicht erinnern, dass das je anders war. Und womöglich stellt Schuld sogar einen Teil Ihrer Familienkultur dar.

Die ersten dieser Schuldgefühle sind vielleicht schwierig aufzulösen. Sie müssen vielleicht zu verstehen versuchen, warum Sie so handelten. Unsere Aufgabe ist es nicht, Ihnen Entschuldigungen zu geben. Es ist besser, wenn man bereit ist, Verantwortung zu übernehmen, und wenn Sie dies tun, können Sie auch entscheiden, ob Sie weitergehen wollen. Dies führt uns zu der Frage, ob man Wiedergutmachung leisten sollte. Dabei gibt es einige wesentliche Punkte zu beachten:

• Würde dies Auswirkungen auf Sie nach sich ziehen, die dazu führten, dass aus diesem Schritt ein negativer würde?
• Würden Sie die Person, der Sie Unrecht getan haben, durch den Versuch einer Wiedergutmachung noch mehr verletzen?

Lassen Sie sich diese Punkte durch den Kopf gehen. Manchmal möchte man voreilig Wiedergutmachung leisten, wenn dies nicht unbedingt das Beste ist. Manchmal kann dies egoistisch sein – Sie wollen sich von einer Last befreien und überlegen nicht, wie sich der andere dabei fühlen wird.

Scham

Scham hat, wie bereits erwähnt, damit zu tun, dass Sie sich sagen: „Mit mir stimmt etwas nicht." Das kann alle möglichen Ursachen haben.

Vielleicht ist Ihnen etwas Schlimmes widerfahren, eine Form von Misshandlung oder Missbrauch beispielsweise. Wenn Ihnen oder in Ihrer Umgebung Schlimmes geschieht, ist es leider natürlich, sich in gewisser Weise die Schuld zuzuschieben, sich zu fragen: „Was habe ich getan?" – „Warum ist das mir passiert?" Misshandlung und Missbrauch kann körperlicher, psychischer, sexueller oder verbaler Art sein oder aus einer Kombination dessen bestehen. Bedenken Sie immer, Sie müssen sich nicht mit anderen vergleichen. Wenn Sie mit Scham erfüllt wurden, versuchen Sie nicht, es schönzufärben oder Ihre Gefühle zu verleugnen. Dies ist ein machtvolles Gefühl – und ein sehr destruktives dazu.

Angst

Diese Emotion kann von einer leichten Reizung bis zur völligen Lähmung reichen. Wir müssen die Gefühle von Angst nicht beschreiben; Sie kennen sie und wissen, wie Angst sich psychisch und physisch anfühlt. Sie müssen aber einsehen, dass Sie die Angst nicht Ihr Leben bestimmen lassen dürfen. Später werden wir eingehender darüber sprechen, wie man lernt, sich allmählich seinen Ängsten zu stellen, und so beginnt, sie zu besiegen.

Man muss sich bewusst sein, dass Angst auch eine gute Seite hat. Sie hat damit zu tun, dass wir etwas wirklich wollen. Denken Sie daran, wie Sie vor einer Prüfung Angst haben. Sie haben Angst, weil Sie wirklich bestehen wollen. Und vor einem Vorstellungsgespräch haben wir Angst, weil wir die Stelle wollen. Verwechseln Sie Angst nicht mit Aufgeregtheit. Das klingt vielleicht verrückt, aber die Empfindungen ähneln sich ziemlich, und wenn Sie an Angst leiden, etikettieren Sie schließlich alles als Angst. Wenn Sie sich das nächste Mal also ängstlich fühlen, halten Sie inne und prüfen Sie, was wirklich in Ihnen vorgeht – was Sie wirklich fühlen.

Sie müssen sich auch vor den komplexen Schichten von Gefühlen hüten, die selbstzerstörerische Verhaltensmuster verursachen können. Wie bereits erwähnt, kann Wut eine positive Antriebskraft oder aber absolut destruktiv sein. Die Entscheidung liegt bei Ihnen. Vielleicht sind Sie angesichts dieser Feststellung wütend – halt, denken Sie nach, hören Sie zu. Sie können in gewisser Weise über Ihre Gefühle entscheiden. Und zwar in höherem Maße, als Sie meinen. Wenn sich in Ihrem Leben eine schlimme Tragödie ereignet hat, wollen wir Ihnen nicht weismachen, dass Sie die Wahl hätten, sich glücklich zu fühlen, während Sie gerade entsetzlichen

Schmerz erleiden. Das wäre lächerlich. Aber unter weniger schmerzvollen und tragischen Umständen müssen Sie von nun an glauben, dass Sie die Wahl haben.

Wir reden hier mehr über das Alltagsleben und Ihre Wahlmöglichkeiten. Wenn Sie immer nur vor Ihren Gefühlen davonrennen, werden Sie nie erfahren, wie Sie positiv zu Ihren Gefühlen beitragen können. Rufen Sie sich ins Gedächtnis zurück, dass Ihre Gedanken Ihre Gefühle steuern. Wenn Sie sich dauernd mit negativen Botschaften vollstopfen, dann geht es Ihnen schlecht. Wenn Sie einen Schritt weiter gehen und so weit wie möglich den Kontakt mit Ihren Gefühlen abbrechen, dann können Sie sich oft nicht einmal erklären, was los ist. Sie wissen es einfach nicht, weil Sie auf der Flucht sind und nicht an das denken wollen, was wirklich in Ihnen vorgeht.

Sie müssen sich selbst mit der Überzeugung konfrontieren, dass es einen gesünderen und positiveren Ausweg gibt. Wir reden hier nicht von Wundern, sondern davon, etwas zu tun, das einen enormen Unterschied in Ihrem Leben bewirken kann. Bevor Sie zum nächsten Kapitel kommen, möchten wir, dass Sie die letzten Abschnitte noch einmal lesen. Wir möchten, dass Sie ernsthaft darüber nachdenken, was sie besagen und wie Sie sie in die Tat umsetzen können.

Zusammenfassung

- Sie dürfen nicht länger vor Ihren Gefühlen davonlaufen. Wenn diese Meute Sie jagt, müssen Sie stehen bleiben und ihr ins Auge schauen, was immer es ist.
- Dadurch schaffen Sie ein Gefühl von Kontrolle in Ihrem Leben, statt mit dem Chaos zu leben, das eine Flucht immer mit sich bringt. Sie werden auch merken, dass das Chaos jede positive Faser in Ihrem Leben angreifen wird, weil nichts wirklich oder zumindest nicht für längere Zeit gut geht.
- Sich mit sich selbst zu konfrontieren hilft Ihnen bei Veränderungen, weil Sie wahrlich in Kontakt damit sind, was Sie fühlen und was sich ändern muss.

- Leben Sie nicht permanent in der Angst, dass Sie zu viele Dinge tun und es zu einer Katastrophe kommt, wenn eines dieser Dinge scheitert.
- Sie müssen auch erwägen, sich für sich selbst Zeit zu nehmen – keine Ausflüchte mehr.
- Hören Sie auf, sich vor Ihren Gefühlen zu fürchten – lassen Sie sie für sich arbeiten.

Teil II

Wie man Veränderungen vornimmt

Kapitel 7

Nichts als die Wahrheit

Sie haben bereits viel getan, um ein größeres Wissen und Bewusstsein zu erlangen, und das nächste Stadium wird das bisher Erreichte festigen. In diesem Kapitel, mit dem der zweite Teil des Buches beginnt, erfahren Sie, wie Sie von nun an Veränderungen anpacken können. Es konzentriert sich besonders auf die Bestandsaufnahme – sowohl des Positiven wie des Negativen –, die das Fundament bildet, von dem Veränderungen ausgehen können.

Damit laufen Sie jedoch Gefahr, eine neue machtvolle Blockade gegen Veränderungen aufzubauen.

Die Bestandsaufnahme wird Ihnen helfen, Veränderungen anzupacken, denen Sie bislang immer aus dem Weg gegangen sind, obwohl Sie genau wussten, wie wichtig Sie sind. Einige davon fallen mit Sicherheit in die Kategorie Gesundheit. Es ist ungemein schwierig, die Ressourcen für eine Veränderung aufzuspüren, wenn Sie gesundheitliche Probleme haben, seien sie nun körperlicher oder seelischer Natur, oder wenn Sie gegen eine Sucht ankämpfen. Es ist lächerlich, in allen anderen Lebensbereichen Änderungen zu erwägen, wenn Sie ein eklatantes Problem haben, das immer alles andere überlagern wird. Die Bestandsaufnahme wird Ihnen deshalb helfen zu erkennen, wo Ihre Prioritäten in puncto Veränderungen liegen und ob Ihr Plan Herausforderungen beinhaltet, die Sie in einer bestimmten Reihenfolge in Angriff nehmen müssen. Schließlich ist es möglicherweise hilfreich, wenn Sie Ihre Herausforderungen nach Schwierigkeits- und Risikograd staffeln, damit Sie auch wirklich zu Beginn die weniger schwierigen anpacken.

Hoffentlich haben Sie sich eingehend mit dem letzten Kapitel befasst – sich Zeit dafür genommen, wirklich mit den Gefühlswörtern in Kontakt zu kommen und sie von jetzt an auch anzuwenden. Achten Sie dabei zunehmend darauf, was geschieht. Fühlt es sich beispielsweise nicht ein wenig anders an, nicht mehr Dinge zu sagen wie: „Ich bin müde", sondern tatsächlich ein wenig weiter zu gehen und sich zu fragen, was wirklich abläuft, also wie Sie sich fühlen? Während Sie also zunehmend Ihre Gefühle verstehen, können Sie tatsächlich beginnen, etwas gegen die negativen Dinge zu unternehmen und zu lernen, die positiven für sich zu nutzen. Wenn Sie sich der potenziellen Schwierigkeiten bewusst sind und sie während des Prozesses der Veränderung berücksichtigen, fällt es leichter, eine dauerhafte Veränderung herbeizuführen.

Ehe Sie weiter über Veränderungen nachsinnen, müssen wir betonen, dass Sie nicht in die Falle gehen dürfen und meinen, Sie müssten alles von Grund auf ändern. Niemand muss 100 Prozent ändern. Wenn Sie mit dieser Einstellung an die Sache herangehen, werden Sie rasch die vertraute Lethargie spüren und aufgeben. Türmen Sie keine Berge vor sich auf und erwarten Sie nicht, das Hinaufklettern würde Ihnen Spaß machen. Zerlegen Sie die angestrebten Veränderungen in kleinere Teilschritte und nehmen Sie sie nacheinander in Angriff.

Mike zum Beispiel findet seinen gegenwärtigen Job fürchterlich, aber er hat einen sicheren Arbeitsplatz, den er nicht aufgeben will. Er mag auch das Team, in dem er arbeitet, und würde sich seinen Kollegen gegenüber illoyal vorkommen, wenn er kündigen würde. Er möchte aufs Land ziehen und zum Arbeitsplatz pendeln, aber er glaubt, dass seine Chefs etwas dagegen hätten, weil Mike für sie immer auf Abruf erreichbar sein soll. Mike fühlt sich dort, wo er lebt, überhaupt nicht wohl und glaubt, dass er besser mit der Arbeit zurechtkäme, wenn er umziehen könnte.

Mike möchte am liebsten an seinem Arbeitsplatz sofort die Karten auf den Tisch legen. Er sieht jedoch ein, dass seine Idee niedergeschmettert wird, dass es zu einer Konfrontation kommt und ihm die Kündigung nahe gelegt wird. Wir schlugen ihm vor, er solle sich nicht mehr wie ein „Elefant im Porzellanladen" benehmen und das Problem ein wenig anders anpacken. Wir rieten ihm beispielsweise, er solle sich auf Wohnungssuche begeben, sein Haus zum Verkauf anbieten und die Dinge der Reihe nach angehen. Es kann durchaus ein paar Monate dauern, bis er ein passendes

Haus findet, und noch länger bis zum Umzug. Auf diese Weise gewinnt er Zeit und fängt zudem an, seinen Plan ins Rollen zu bringen. Dadurch kann er sich in aller Ruhe überlegen, ob es weitere Alternativen gibt oder ob er an seinem ursprünglichen Plan etwas ändern möchte. Und was am wichtigsten ist, er unternimmt etwas, was seine Wut und seinen Groll erheblich abmildert und ihn von zu drastischen Schritten abhält. Auf diese Weise hat er nichts zu verlieren.

Machen Sie eine Bestandsaufnahme!

Jetzt möchten wir, dass Sie sich gründlich unter die Lupe nehmen. Sie müssen alle Aspekte vom Körperlichen bis zum Emotionalen, Mentalen und Psychischen erkunden und untersuchen. Vergessen Sie nicht, dass die Bestandsaufnahme Ihre guten und Ihre weniger guten Seiten umfassen muss. Schreiben Sie also das Plus und Minus auf. Geben Sie sich keinen Illusionen hin, aber hauen Sie sich auch nicht in die Pfanne.

Beginnen wir also mit der gründlichen Bestandsaufnahme. Dabei werden Sie die Dinge an sich in Betracht ziehen müssen, die Sie möglicherweise ändern wollen. Ja, es ist in Ordnung, in körperlicher und gesundheitlicher Hinsicht etwas verändern zu wollen, aber denken Sie auch an Ihr inneres Ich. Vielleicht wollen Sie beispielsweise daran arbeiten, Ihr Durchsetzungsvermögen zu ändern oder die Art, wie Sie mit Wut umgehen, oder Sie möchten sich neue Fertigkeiten zur Bereicherung Ihres persönlichen oder beruflichen Lebens aneignen. Möglicherweise möchten Sie sich auf Ihr spirituelles Leben konzentrieren. Aber kneifen Sie nicht. Wenn diese Liste von einer lauten Stimme angehalten wird, die sagt: „Was soll das Ganze?", dann fragen Sie sich unverzüglich, ob Sie weiterhin Stimmen lauschen wollen, die Sie zurückhalten, oder ob Sie sich erlauben, vorwärts zu streben? Übernehmen Sie von nun an die Verantwortung für Ihr Leben. Sie sollten einerseits realistisch in Bezug auf die angestrebten Veränderungen sein, aber sich andererseits auch nicht unterfordern. Erlauben Sie sich in diesem Augenblick, sich auf die Suche nach Ihrem wahren Potenzial zu begeben. Sie müssen sich in Kontrolle und über den Dingen stehend fühlen, aber Sie müssen kein Kontrollfanatiker sein, um dies zu erreichen! Fangen Sie an, sich für Ihre ungenutzten Begabungen zu interessieren. Sie zu entdecken, könnte Ihnen mehr bringen, als Sie es sich überhaupt vorstellen können.

Nehmen Sie sich ein leeres Blatt Papier. Notieren Sie folgende Überschriften:

* Körperliche Gesundheit
* Abhängigkeiten
* Nahrungs- und Gewichtsfragen
* Seelische Gesundheit
* Depressive Stimmungen
* Sorgen und persönliche Schwierigkeiten
* Ihr spirituelles Leben
* Fertigkeiten

Lesen Sie den folgenden Abschnitt, der hilfreiche Fragen und Hinweise für die Formulierung Ihrer Bestandsaufnahme enthält. Dann fügen Sie Ihre Beobachtungen, Gedanken und Ziele ein.

Körperliche Gesundheit

Wann waren Sie das letzte Mal beim Gesundheitscheck? Wann das letzte Mal beim Zahnarzt? Falls Sie derzeit an irgendwelchen Beschwerden leiden, halten Sie die verordnete Behandlung ein? Wenn Sie Übergewicht haben, zu viel trinken, zu viel arbeiten oder ernstliche gesundheitliche Probleme haben, müssen Sie unbedingt sich selbst gegenüber ehrlich sein und etwas unternehmen. Wenn Sie sich selbst blockieren, indem Sie sich sagen: „Dafür ist es sowieso zu spät" oder sich die schlimmstmögliche Diagnose ausmalen, müssen Sie sich dem stellen. Wenn Sie das Schlimmste befürchten, haben Sie auch nichts zu verlieren, wenn Sie die Wahrheit herausfinden! Wenn Sie glauben, Sie könnten Ihren körperlichen oder seelischen Zustand nicht verbessern, haben Sie ebenfalls nichts zu verlieren. Wir wissen durchaus, dass womöglich einige von Ihnen, liebe Leserinnen und Leser, durchaus an ernsthaften gesundheitlichen Problemen leiden, vielleicht sogar an unheilbaren Krankheiten. Wir hoffen, dass Sie sich entschließen,

Ihre Gesundheit und Ihr Wohlbefinden so gut und so lange wie möglich zu erhalten.

Als Nächstes gilt es, Ihr Ziel schrittweise anzugehen. Sie können sich nur wohler fühlen, wenn Sie diesbezüglich etwas unternehmen. Bloßes Grübeln bringt Sie keinen Zentimeter weiter. Wenn Sie beispielsweise übergewichtig sind, was wollen Sie dann dagegen tun? Es nützt nichts, wenn Sie nur deshalb etwas tun, weil Ihnen jemand dies angeordnet hat. Dadurch bekommen Sie nur schlechte Laune, und Sie hören bald damit auf. Halt. Legen Sie das Buch beiseite und gestehen Sie sich ehrlich das Problem ein. Schreiben Sie es auf und denken Sie über die Konsequenzen nach – diejenigen, die Sie jetzt schon erleben, und die, die Ihres Erachtens später eintreten können. Wenn Sie etwa 15 Kilo zu viel auf die Waage bringen, aber nicht die nächsten zwei oder drei Monate Diät halten wollen, fragen Sie sich, wozu Sie bereit sind? Fangen Sie irgendwo an. Zum Beispiel:

- Wenn Sie zu Fuß zur Arbeit gehen können (oder zumindest einen Teil davon), dann tun Sie es.
- Naschen Sie nicht mehr zwischendurch.
- Meiden Sie kalorienreiches Essen, wie Pommes und Schokolade.

Wozu Sie sich auch entschließen – Sie brauchen einen detaillierten Plan. Beispielsweise: „Ich gehe einen Monat lang dreimal die Woche zu Fuß zur Arbeit." Wenn die Pfunde zu purzeln beginnen, sind Sie dadurch vielleicht motivierter, noch einen Gang zuzulegen. Und so geht es mit vielen Problemen. Peilen Sie also nicht gleich den höchsten Berg an. Zerlegen Sie lieber die Herausforderung in kleinere Schritte. Was ist besser – dass Sie so dick bleiben oder langsam zwei Pfund abnehmen?

Viele Leute nehmen ihre Gesundheit als selbstverständlich hin und ignorieren möglicherweise oft Warnsignale. Fit zu sein hat beträchtliche Vorteile. Wir reden jetzt nicht über Waschbrettbäuche und quellende Bizeps. Nur übers Fitsein. Einer der Vorteile besteht darin, dass sich Ihre Fähigkeit, mit Stress fertig zu werden, sofort verbessert. Sport erhöht auch Ihre Konzentrationsfähigkeit. Sie müssen keine Gewichte stemmen – Sie könnten einfach regelmäßig flott den Hund ausführen. Und auch hier gilt: Legen Sie sich keine Steine in den Weg, indem Sie sich absichtlich ein zu hohes Ziel setzen. Tun Sie das, was Ihnen möglich ist – wenig ist besser als gar nichts. Das heißt übrigens nicht, dass Sie nicht allmählich Ihre Erwartungen höher schrauben könnten. Peilen Sie einfach erst einmal ein Ziel an, und halten Sie es eine Zeit lang aufrecht, ehe Sie sich ein größeres setzen. Und was am wichtigsten ist: Erzeugen Sie ein ansprechendes „Bild" oder einen Dialog oder ein Gefühl, damit Sie sich angespornt und ermuntert fühlen oder zumindest einigermaßen positiv gestimmt fühlen.

Süchte

Vielleicht umfasst Ihre Bestandsaufnahme auch den Blick auf Ihren Alkohol- und Drogenkonsum. Wir werden oft gefragt, was denn ein Alkohol- oder Drogenproblem ausmache. Die Antwort liegt auf der Hand. Seien Sie wirklich ehrlich mit sich selbst – wenn Ihr Alkohol- oder Drogenkonsum Ihnen oder Ihren Mitmenschen Schwierigkeiten verursacht, dann haben Sie damit ein Problem. Wenn Sie zudem irgendeine Art von Entzugserscheinung erleben wie Zittern, Schwitzen oder Panikgefühle am Morgen danach, ist das Problem noch gravierender. Dann sind Sie wahrscheinlich körperlich abhängig. Das heißt, Sie müssen diese Droge nehmen, um keine Entzugserscheinungen zu bekommen. Ein höchst gefährlicher Kreislauf.

Leuten mit Alkohol- oder Drogenproblemen wird richtigerweise geraten, entweder den Konsum drastisch einzuschränken oder völlig damit aufzuhören, je nachdem ob sie süchtig sind oder nicht. Diejenigen, denen gesagt wird, sie müssten völlig damit aufhören, tun dies selten sofort. Warum? Weil erwachsene Menschen das Gefühl haben müssen, sie könnten sich selbst entscheiden, wenn dies nicht der Fall ist, besteht ihre erste Reaktion oft in der Rebellion. Aber gegen wen rebellieren Sie denn, und wem schaden Sie damit eigentlich? Wenn Sie sich wegen Ihres Alkohol- oder Drogenkonsums Sorgen machen, brauchen Sie fachmännische Hilfe. Als Erstes dürfen Sie sich nichts mehr vormachen, sondern müssen sich entscheiden, welche Schritte Sie zu unternehmen bereit sind. Verstehen Sie dies nicht als Fluchtangebot. Das ist es nicht. Wir sagen Ihnen vielmehr, dass Sie erst die Beinarbeit erledigen müssen und dann Hilfe suchen. Wenn Sie es unbedingt im Alleingang machen wollen, müssen Sie in Bezug auf die Ziele, die Sie sich setzen, ehrlich sein. Wenn Sie sagen: „Ich werde weniger trinken", müssen Sie dies exakt festlegen. Wenn Sie dieses Ziel dann nicht erreichen, brauchen Sie Hilfe. Sie müssen zudem aufpassen, wenn Sie mit dem Drogenkonsum (einschließlich Alkohol) schlagartig aufhören. Wenn Sie dies vorhaben, sollten Sie Ihren Hausarzt aufsuchen und ihm ehrlich Ihren Drogenkonsum schildern.

Ess- und Gewichtsprobleme

Wir haben das Gewicht als Gesundheitsproblem bereits erwähnt. Es ist auch wichtig, es als Teil einer Essstörung zu betrachten. (Beides ist sehr verschieden, und Personen mit Essstörungen sollten eine Diät nicht als Lösung betrachten – diese könnte im Gegenteil Teil des Problems werden.) Wenn Sie sich regelmäßig vollfressen, hungern, erbrechen, Abführmittel nehmen, den ganzen Tag essen, nur mehr an Ihr Gewicht denken oder wie besessen Sport treiben, brauchen Sie Hilfe. Akzeptieren Sie nicht das Nichthinnehmbare. Glauben Sie nicht, Sie könnten da nicht raus. Sie können etwas verändern – Tausenden von Menschen gelingt das jedes Jahr. Essstörungen darf man keineswegs auf die leichte Schulter nehmen, und im Grunde Ihres Herzens wissen Sie, wann Sie Probleme haben, selbst wenn Sie es niemandem sonst gestehen. Das Eingeständnis, dass Sie ein Problem haben, und die Bereitschaft, etwas dagegen zu unternehmen, sind der erste Schritt zu seiner Bekämpfung.

Ehe Sie weiterlesen, machen Sie bitte eine Bestandsaufnahme, wie sehr Ihr Drogen-, Alkohol- oder Nahrungsmittelkonsum – eines davon oder eine Kombination aus mehreren – Sie daran hindert, ein glücklicheres und gesünderes Leben zu führen. Diese Fragen helfen Ihnen dabei, recht detailliert nachzudenken:

1. Wie oft geht es Ihnen nach ausgiebigem Alkohol- oder Drogenkonsum sehr elend? Zugegeben, manche Menschen schlagen vielleicht hin und wieder über die Stränge, aber passen Sie auf. Zittern Sie, schwitzen Sie, fühlen Sie sich zu

krank, um zur Arbeit zu gehen, oder zu elend, um effektiv zu arbeiten? Dann handelt es sich nicht mehr nur um einen Kater. Wie geht es Ihnen nach einem Fressanfall am nächsten Tag – sind Sie ausgelaugt und erschöpft, und müssen Sie sich Ausreden einfallen lassen, um nicht zur Arbeit gehen zu müssen?

2. Denken Sie sehr viel an Drogen, Alkohol oder Essen, und schleichen Sie herum, um heimlich zu trinken, essen oder Drogen zu nehmen?

3. Wenn Sie auf „kalten Entzug" gehen wollen und Ihre Droge eine Weile nicht nehmen, wie geht es Ihnen? Fühlen Sie sich aufgewühlt und verzweifelt?

4. Wirkt sich Ihr Konsum von Alkohol, Drogen und Essen in solcher Weise auf Ihre Beziehungen aus, dass Ihr Verhalten den Ihnen am nächsten Stehenden Sorge bereitet?

Wenn Ihnen diese Punkte Probleme bereiten, schlagen Sie bitte im Anhang die aufgelisteten Telefonnummern bestimmter Organisationen nach, die Ihnen weiterhelfen können.

Seelische Gesundheit

Der Begriff „seelische Gesundheit" verursacht den meisten Leuten normalerweise Unbehagen, aber Ihre seelische Gesundheit ist genauso wichtig wie Ihre körperliche. Wenn Ihre seelische Gesundheit gefährdet ist, müssen Sie etwas dagegen unternehmen. Halten Sie kurz inne und überlegen Sie, ob Sie irgendwelche Probleme haben. Sie können dies abstufen von „geringfügige Probleme" bis „ernst Probleme". Vermerken Sie dies auf einer Skala von 1 bis 10, wobei 1 das geringfügigste ist. Folgende Bereiche gilt es zu berücksichtigen:

Depressive Stimmungen

Wir bitten Sie nicht um eine Selbstdiagnose, aber Sie sollten sich fragen, wie sehr Ihre Stimmungen Sie schwächen. Jeder hat mal ein Tief und erlebt Angstgefühle in Phasen seines Lebens, aber wenn Sie buchstäblich morgens nicht mehr aus dem Bett kommen, die Zukunft fürchten, sich vor Furcht krank fühlen und womöglich an Panikattacken leiden, gehen Sie sofort zum Arzt. Leben Sie nicht mit etwas, das man nicht hinnehmen kann. Ihr Arzt kann Ihren Zustand beurteilen und entscheiden, ob Sie medikamentös behandelt werden müssen oder nicht. Aber fragen Sie ihn auch nach den Möglichkeiten einer Beratung oder Therapie. Wenn Ihre depressiven Verstimmungen nicht ganz so schlimm sind und Sie wissen, was zu ihnen beiträgt, müssen Sie eine Liste erstellen – andernfalls kann sich auch nichts ändern. Ignorieren Sie nicht Dinge, die sich nachteilig auf Sie auswirken, selbst wenn Sie sich nicht sicher sind, wie Sie die Sache lösen könnten. Zu uns kommen oft Menschen, um beispielsweise über Beziehungsprobleme, Trauer, das Zusammenleben mit einem süchtigen Partner, Schwierigkeiten am Arbeitsplatz etc. zu sprechen.

Was auch immer das Problem ist, wenn Sie es ignorieren oder sich darüber ärgern, bringt das überhaupt nichts. Wenn Sie etwas unternehmen, können Sie nur profitieren – auf diesen Punkt kommen wir später noch zurück.

Sorgen und private Schwierigkeiten

Die Bandbreite von Dingen, über die man sich Sorgen machen kann, ist riesig. Wenn Sie sich ernstlich über etwas Sorgen machen, fragen Sie sich: „Was kann ich tun?" Wenn Sie etwas tun können, müssen Sie eine Handlungsstrategie entwerfen. Bei Problemen, die den Einsatz eines Fachmanns erfordern, wie etwa bei Schulden, machen Sie einen Termin aus und packen Sie die Sache unverzüglich an! Sie wären überrascht, wie viele Leute sich sagen, dass sie ihre Probleme selbst lösen können sollten, obwohl ihnen schlichtweg die Fähigkeiten oder das Fachwissen hierzu fehlen.

Es gibt auch Sorgen, die sich nie werden beheben lassen. Vielleicht befinden Sie sich in einer Situation, in der Sie überhaupt nichts tun können. Wir brauchen Ihnen nicht zu sagen, wie schrecklich das ist – Sie erfahren es am eigenen Leib. Um sich Ihren Verstand und Ihr seelisches Wohlbefinden zu bewahren, müssen Sie anfangen, sich auf andere Dinge zu konzentrieren, vor allem auf solche, die Sie ändern können. Es tut nichts zur Sache, wie geringfügig diese auch sind – Sie müssen merken, dass es etwas in Ihrem Leben gibt, das Sie beeinflussen können. Wir schlagen nicht vor, dass Sie nicht weiterhin Lösungen für gravierende Probleme suchen sollten, aber es bringt nichts, wenn Sie nur darüber grübeln. Das wird fast zu einer Art Folter.

Besonders viele Probleme ergeben sich oft in Beziehungen. Wir haben bereits viel über Beziehungen gesprochen, aber jetzt ist es an der Zeit, auf eine andere Art eine Bestandsaufnahme zu machen. Wenn es Probleme gibt, ist es jetzt für Sie an der Zeit, sich festzulegen, etwas zu tun, außer Sie wollen weiter mit dem Problem leben. Wenn das Problem Sie zu stark beeinträchtigt, können Sie natürlich nicht weiter damit leben, egal, worum es sich handelt. Damit Sie es anpacken können und Sie sich wohler fühlen, dürfen Sie auf keinen Fall in Schwarz-Weiß-Denken verfallen. Wenn Beziehungen nicht gut laufen (aus welchem Grund auch immer), gibt es mehr als zwei Lösungen – bleiben oder gehen. Gehen ist nicht wirklich eine Lösung – es ist eine Feststellung, dass nichts mehr getan werden kann. Mehr dazu finden Sie in Kapitel 4.

Ihr spirituelles Leben

Viele Menschen verwechseln unserer Erfahrung nach Spiritualität mit Religion. Spiritualität und Religion liegen jedoch Welten auseinander. Spiritualität ist ein Gefühl; ein Gefühl von Qualität und Wohlgefühl, das wir alle in uns tragen, aber mit dem wir leider oft nicht mehr in Kontakt sind. Es kann aus allen möglichen Quellen gespeist werden. Sie können von der Schönheit der Natur ergriffen sein, einem Musikstück, einem geliebten Menschen, aber das Gefühl ist unmissverständlich und erzeugt eine Ahnung, ein Gespür von „Genau darum geht es in meinem Leben wirklich", „Deswegen bin ich hier und kann mich meines Lebens erfreuen."

Denken Sie über Ihr spirituelles Leben nach. Wir kommen später noch darauf zurück.

Fertigkeiten

Vielleicht wollen Sie bei Ihrer Bestandsaufnahme über Ihre Fertigkeiten nachdenken. In diesem Fall müssen Sie sie in verschiedene Kategorien gliedern. Vielleicht denken Sie an Ihre beruflichen, Ihre persönlichen Fertigkeiten oder solche, die mit Freizeit oder einem Hobby zu tun haben. Denken Sie wirklich gründlich über das Plus und Minus nach und darüber, was Sie ändern wollen.

Gehen Sie nicht in die Falle, indem Sie meinen, Sie „müssten" etwas wissen oder über eine bestimmte Fähigkeit verfügen. In diesem Stadium ist es mit am wichtigsten, dass Sie sich sagen können: „Ich weiß es nicht" oder „Ich kann das nicht selbst." Erteilen Sie sich die Erlaubnis, sowohl zu lernen als auch professionelle Hilfe und Beratung zu suchen.

Andere Bereiche

Auf einer grundlegenden Ebene müssen Sie auch über die vertraute Liste der Dinge nachdenken, die Sie tun würden, wenn Sie nur die Zeit dazu hätten. Etwa zum Zahnarzt gehen. Zu Hause die Dokumente und Papiere ordnen und abheften. Bekannte anrufen. Machen Sie diesen Schritt und schreiben Sie all die Dinge auf, die, wie Sie wissen, erledigt werden müssten, und nehmen Sie sie sofort in Angriff. Manche Punkte auf der Liste dauern vielleicht nur ein paar Minuten. Wenn Sie diese Liste zurechtstutzen, fühlen Sie sich gleich kompetenter auf Ihrem Weg nach vorn. Die Länge der Liste spielt keine Rolle – es geht Ihnen psychisch besser, wenn Sie einfach mal anfangen. Und zwar jetzt.

Werten Sie Pluspunkte nicht ab, weil sie Ihnen Ihrer Meinung nach nichts gebracht haben. Wir erinnern uns sehr betrübt an einen früheren Kollegen, der einmal sagte: „Ich sehe keinen Sinn darin, nett zu sein. Es bringt mir nichts." Wenn Sie dieses Buch effektiv nutzen, entdecken Sie bestimmt, dass es tatsächlich große Veränderungen nach sich zieht, wenn man ein paar Dinge anders macht – Sie müssen vielleicht nur ein wenig investieren, um reich belohnt zu werden.

Dieses Kapitel handelte davon, dass Sie sich dessen, was sich ändern muss, nicht nur bewusst sein sollten, sondern die Veränderungen auch wirklich anpacken sollten. Sie müssen zum Handlungsstadium gelangen, selbst wenn Sie nicht genau wissen, wohin es Sie führen wird. Rat zu suchen birgt beispielsweise keine anderen Risiken als die Überprüfung der Realität, und Sie müssen sich gestatten, Informationen einzuholen, die durchaus die zusätzliche Motivation bewirken könnten, die Sie brauchen. Wenn Sie erst einmal begonnen haben, sich den Dingen, die Sie ändern wollen, zu stellen, müssen Sie dies von nun an auch in Ihrem Verhalten und Ihrer Einstellung deutlich machen. Gleichgültig, wie „falsch" dies scheinen mag, Sie müssen so tun, als ob es diesmal wirklich funktionieren wird. Vielleicht enthält die Formel zum Erfolg einige konkrete Hinweise, aber es liegt auch an Ihnen, Ihre eigene persönliche Formel zu entwickeln. Dies gewährleistet eine größere Erfolgswahrscheinlichkeit. Sie müssen Prioritäten setzen.

Zusammenfassung

- Versuchen Sie nicht, gleich Berge zu versetzen. Gliedern Sie die Herausforderung in kleinere Etappen auf. Wenn Sie sich einen anfänglichen Zeitrahmen setzen, legen Sie sich auf einen kurzen Zeitabschnitt fest; wenn Sie das angestrebte Ziel in dieser Zeit erreicht haben, peilen Sie einfach das nächste an.
- Blockieren Sie sich nicht durch die Jagd nach der perfekten Lösung. Sie haben sie bisher nicht gefunden, also lernen Sie, Ihren eigenen Weg zu entdecken, und gehen Sie Schritt für Schritt vor.
- Sie haben ein Recht auf Veränderung. Werden Sie wütend angesichts dessen, was Sie sich selbst versagen.
- Nennen Sie Probleme nicht Probleme, sondern Herausforderungen.
- Starren Sie nicht auf die Lösungen anderer Menschen, und versuchen Sie nicht, sie für sich zurechtzubasteln. Gestatten Sie sich Ihre Individualität. Sie fühlen sich engagierter, wenn Ihnen wohl dabei ist und Sie von der Lösung überzeugt sind.

Kapitel 8

Entdecken Sie Ihre Antriebskraft!

Wer ist wirklich verantwortlich? Wenn Sie nicht das Gefühl haben, dass Sie es sind, dann ist es an der Zeit zu lernen, Verantwortung zu übernehmen und manches anders zu machen. Eine wirksame Art, dies zu erreichen, besteht darin, herauszufinden, was Sie antreibt, und wirklich ehrlich sich selbst gegenüber zu sein. Ihre Triebfedern sind machtvolle Kräfte, die es zu verstehen und zu zügeln gilt, um sie effektiv und produktiv für sich arbeiten zu lassen. Andernfalls können sie Sie behindern oder zurückschleudern. Also müssen Sie die Verantwortung für sie übernehmen. Aber nehmen Sie nicht auf dem Fahrersitz Platz, ohne den Bestimmungsort und die Route, die Sie fahren müssen, zu kennen. Seien Sie klar, spezifisch und lassen Sie sich nicht durch geringes Selbstwertgefühl, Zweifel oder eine negative Einstellung vom Kurs abbringen. Wer sagt, dass Sie nicht Erfolg haben können? Welchen Beweis haben Sie dafür? Was ist verkehrt daran, dass Sie lernen müssen, etwas anders zu tun? Erlangen Sie die Kontrolle. Sie sind letztlich die Person, die den Kurs Ihres Lebens bestimmt. Das dürfen Sie keinem anderen überlassen. Dem müssen Sie Ihre Zeit und Kraft widmen.

Das Schlüsselthema dieses Buches handelt davon, dass Sie Ihre Antriebskräfte erkennen müssen. Antriebskräfte können Sie motivieren oder vom Kurs abbringen, weil sie mächtige innere Kräfte sind, die verstanden und gezügelt werden müssen, um Sie voranzutreiben, wobei es diejenigen zu vermeiden gilt, die Sie womöglich wieder zum Nullpunkt zurückbefördern. Es gibt viele Arten von Antriebskräften; Sie werden merken, dass Sie die positiven von den negativen trennen müssen. Wir können nicht alle aufzählen, aber Ihnen einige aufzeigen.

Uns gefällt aufgrund von Beechys eigenem Kampf gegen Abhängigkeit, der zum Glück vor 17 Jahren endete, der Begriff „Antriebskräfte". Damals lebte er sehr selbstzerstörerisch. Es war offensichtlich, dass er nur in eine Richtung getrieben wurde, und zwar in die destruktive und negative. Er sabotierte immer alles Gute, was ihm jemand angedeihen lassen wollte. Er drehte alles ins Negative. Folglich bekam er auch nur Negatives. Jetzt könnten Sie einwenden, dass der Grund für sein Verhalten in seinem Alkohol- und Drogenkonsum zu dieser Zeit lag. Aber in Wirklichkeit hatte sein Verhalten mehr mit ihm als mit den Drogen zu tun. Mit oder ohne diese Rauschmittel existierte diese Tendenz oder Antriebskraft. Also muss er auch heute noch sehr aufpassen. Nur weil er keinen Alkohol trinkt oder keine Drogen nimmt, heißt das nicht, dass er sich nicht negativer oder destruktiver Verhaltensmuster bedient. Er muss immer Verantwortung übernehmen dafür, wie er sich verhält und wie er sich steuert.

Sie müssen unbedingt lernen, Verantwortung zu übernehmen, wenn Sie Ihr Leben qualitativ verbessern wollen. Wenn Sie Probleme haben, wenn Sie sich fortwährend auf eine negative oder zerstörerische Weise steuern, dann müssen Sie dagegen vorgehen, und zwar unverzüglich. Gleichgültig, was in der Vergangenheit geschah – der einzige Mensch, der das Heute positiv gestalten oder verderben kann, sind Sie. Also fahren Sie nicht fort, für das schlechte Verhalten oder die Fehler anderer bezahlen zu müssen. Lassen Sie sich nicht negativ von Ihrer Vergangenheit treiben. Drehen Sie den Spieß um und lassen Sie sich von ihr nach vorn treiben, und mit der Zeit wird sie Sie freilassen. Überlegen Sie einmal: Wenn Sie das Heute mit allem möglichen Positiven anfüllen – angefangen mit den Leuten in Ihrem Leben über die Erfahrungen, die Sie vielleicht machen –, verkleinern Sie Ihren verfügbaren Raum, um an der Vergangenheit festzuhalten. Wenn Sie mit dem Heute beschäftigt sind und viel darüber nachdenken müssen, können Sie im Geiste nicht wieder zurückwandern, sofern Sie es nicht wollen.

Wir möchten, dass Sie jetzt Verantwortung übernehmen und einen unverfälschten Blick darauf werfen, was Sie antreibt. Darunter verstehen wir keinen halbherzigen Blick. Sie müssen schonungslos ehrlich sein. Andernfalls werden Sie keine Veränderungen bewirken und auch nicht langfristig glücklich sein und Ihr Leben verändern können, weil bestimmte Antriebskräfte Sie einfach wieder an Ihren Ausgangspunkt zurückstoßen. Das umfasst Antriebskräfte, die Ihnen nicht erlauben, Risiken einzugehen, und im Grunde bewirken, dass Sie im Vertrauten verhaftet bleiben. Aus diesem Grund sind sie vielleicht als „Sicherheits"-Antriebskräfte oder „Schadensbegrenzungs"-Antriebskräfte getarnt. Versuchen Sie, diesen Spruch im Gedächtnis zu behalten: „Machen Sie weiterhin das, was Sie derzeit machen, und Sie werden weiterhin das bekommen, was Sie bereits bekommen haben." Wenn das, was Sie haben, in Ordnung ist, dann legen Sie das Buch weg und geben Sie es jemandem, der es nötiger braucht als Sie! Wenn das, was Sie im Augenblick bekommen, nicht gut genug für Sie ist, dann lassen Sie uns mal ernsthaft zur Sache gehen.

Drücken Sie sich nicht vor den Antriebskräften, indem Sie nicht gern zugeben, was Sie motiviert. Wenn „Finanzielles" Ihre Antriebskraft ist, dann geben Sie es unumwunden zu. Wenn Sie herausfinden, dass Ihre Antriebskraft mehr mit menschlichen Bedürfnissen zu tun hat, seien Sie ebenfalls aufrichtig, selbst wenn es Sie veranlasst, über die Angemessenheit Ihres Tuns nachzudenken. Dieses Buch handelt davon, sich dieser Herausforderung zu stellen, statt vor ihr davonzulaufen. Halten Sie also nicht unter allen Umständen an etwas fest. Ihr Glück und Ihr seelisches sowie spirituelles Wohlbefinden sind mehr wert.

Können Sie irgendwelche Ihrer Antriebskräfte darunter erkennen?

- Positive Antriebskraft
- Negative Antriebskraft
- Ängstliche Antriebskraft
- Wütende Antriebskraft
- Einsame Antriebskraft
- Liebende Antriebskraft
- Vertrauende Antriebskraft
- Aufregende Antriebskraft
- Spirituelle Antriebskraft
- Status-Antriebskraft
- Selbstwertgefühl-Antriebskraft

- Finanzielle Antriebskraft
- Macht-Antriebskraft
- Autoritative Antriebskraft
- Konkurrierende Antriebskraft
- Verteidigungs-Antriebskraft
- Beziehungs-Antriebskraft
- Sex-Antriebskraft

Vielleicht ist die Arbeit eine Ihrer größten Antriebskräfte? Viele Menschen beziehen so viel Status und Selbstwertgefühl aus ihrer Arbeit, dass sie zur Falle wird. Sie brauchen die Arbeit, um sich in ihrer Haut wohl zu fühlen, und so entgeht ihnen die Chance, dies auch aus anderen Quellen zu schöpfen. Anders gesagt, Sie hören womöglich aufgrund der Macht einer Antriebskraft auf, auf gesunde Weise in andere Lebensbereiche zu investieren, und was passiert dann, wenn in diesem Bereich Probleme auftauchen?

Getarnte Antriebskräfte

Sie müssen auch nach getarnten Antriebskräften Ausschau halten. Diese können Ihre Fortschritte gefährden, indem sie Sie in die völlig falsche Richtung drängen. Womöglich fällt es Ihnen nicht ein, sich zu wehren, weil Antriebskräfte so machtvoll sind.

Nehmen wir zum Beispiel die Angst. Wie bereits in der Einleitung erwähnt, ist Angst nicht das, als was sie erscheint. Angenommen, Sie sind wegen eines beruflichen Projekts besorgt. Die Angst liegt in Ihrem Wunsch nach Gelingen des Projekts begründet. Sie haben deshalb Angst, dass etwas nicht positiv ausfällt. Angst neigt allerdings dazu, Sie an das schreckliche Gefühl, das sie hervorruft, festzuhaken. Sie kennen es, das flaue Gefühl im Magen, die schweißnassen Hände und die damit einhergehenden negativen Botschaften. Etwa: „Ich weiß, dass das nicht gut geht" – „Da war doch bestimmt noch etwas, das ich hätte tun können" – „Ich glaube einfach nicht, dass ich mein Bestes gegeben habe, und das fliegt hundertprozentig auf." Wenn Angst wirklich als das, was sie ist, erkannt wird, ist es möglich, sie umzudrehen, sodass sie Sie vorantreibt. Bekanntlich besteht ein himmelweiter Unterschied zwischen dem Abspielen jener vertrauten Angstbänder in Ihrem

Kopf und dem Eingeständnis: „Ich möchte unbedingt, dass das klappt." Sagen Sie sich das ein paar Mal vor, und spüren Sie, wie sich das anfühlt. Ja, es fühlt sich recht unterschiedlich an zu jenem Gefühl, das von der negativen Antriebskraft ausgelöst wird.

Überdies bezeichnen zur Angst neigende Menschen auch gern alle möglichen unterschiedlichen Erfahrungen als Angst. Sie wird zu einem alles umspannenden Begriff. Denken Sie beispielsweise an Aufgeregtheit. Aufgeregtheit fühlt sich tatsächlich ziemlich ähnlich wie Angst an. Ja, Sie haben ein flaues Gefühl im Magen, das Herz schlägt schneller, vielleicht schwitzen Sie ein wenig. Verwechseln Sie also Angst nicht mit Aufgeregtheit. Das wäre ein Riesenfehler. Aufgeregtheit ist eine sehr positive Antriebskraft. Angst in ihrer Rohform hingegen nicht. Halten Sie sich dies bitte immer vor Augen.

Nutzen Sie Ihre Antriebskräfte!

Wenn Sie erst einmal anfangen, Ihren Geist dahingehend zu trainieren, die von Ihnen erfahrenen Antriebskräfte aufzuspüren, können Sie sehr leicht in Kontakt zu Ihren Gefühlen kommen und erkennen, ob Sie sich auf positive oder negative Weise verhalten. Die Identifizierung Ihrer Antriebskräfte bringt Sie also zum Nachdenken darüber, was Sie gegenwärtig motiviert, und kann somit als Maßstab bei der Einschätzung dienen, ob Ihr Verhalten angemessen ist. Wenn Sie dies schaffen, werden Sie sich von da an völlig anders verhalten. Denken Sie an eine heftige Auseinandersetzung mit jemandem. Halten Sie eine Sekunde inne, ehe Sie reagieren, und überlegen Sie, weshalb es nötig ist, getrieben zu sein und etwas beweisen zu wollen, wenn der andere ohnehin nicht zuhört. Ist Ihnen schon aufgefallen, was bei einem Streit passiert? Alle reden gleichzeitig, und keiner hört zu. Das führt zwangsläufig zu einem völlig redundanten Verhalten, das damit endet, dass sich zwei Leute lautstark anbrüllen und zu keinem Ergebnis gelangen. Vergessen Sie nicht, wenn Sie wütend werden, verbraucht dies ziemlich viel Energie. Warum investieren Sie diese Energie nicht in ein Verhalten, das Ihnen nützt, anstatt sie für negative Verhaltensweisen zu vergeuden? Fühlen Sie sich nicht zum Gewinnen angetrieben, wenn Sie dabei gar nichts erlangen können. Das endet nur mit einem Pyrrhussieg.

Das Ausfindigmachen Ihrer Antriebskräfte ist zum Teil eine Sache der Intuition. Vielleicht hilft es, wenn Sie sich bildhaft vorstellen, was Sie gerade denken. Stellen wir uns etwa eine zu erledigende Aufgabe – im Beruf oder zu Hause – vor. Wie oft stellen Sie sich vor, dass Sie es nicht schaffen können oder werden? Vielleicht erfinden Sie sogar Ausreden, weshalb Sie das nicht können. Aller Wahrscheinlichkeit nach können Sie diese Aufgabe schaffen, sonst hätte man Sie nicht darum gebeten oder Sie hätten sie sich von vornherein nicht zugetraut. Wie oft fangen Sie etwas an und reden es sich dann selbst aus? Wenn Sie sich erfolgreich einreden, dass Sie dazu nicht fähig sind, fühlen Sie sich letztendlich unzulänglich. Nicht nur das, Sie werden auch reichlich wütend, weil Sie tief drinnen wissen, dass Sie es können. In den meisten Fällen stellen Sie Aufgaben wegen einer Angst nicht fertig, die Sie befällt und Ihnen sagt, dass Sie es nicht schaffen oder dass es nicht gut ausfallen wird oder dass Sie damit baden gehen werden. Denken Sie aber daran, dass gute Gefühle von der Erledigung einer Aufgabe herrühren. Wiederum gilt also: Wenn Sie die Aufgabe in kleinere Schritte aufteilen, bieten sich Ihnen unterwegs Gelegenheiten, sich zu bestätigen und zu sagen: „Ja, ich habe Schritt eins ausgeführt" oder was auch immer. Wenn Sie der Angst nachgeben, wird sie Sie allmählich beherrschen. Wenn Sie glauben, Sie müssen etwas tun, werden Sie sehr wahrscheinlich erleben, dass es auch geht. Denken Sie auch daran, wie leicht es ist, etwas nicht zu tun, wenn Sie keine spürbare Verpflichtung eingehen. Wenn Sie eine Aufgabe hingegen anpacken, erlauben Sie einigen machtvollen Antriebskräften, wie Verpflichtung und Pflicht ihren Teil beizutragen.

Rekapitulieren wir den Prozess, wie Sie Ihre Antriebskräfte effektiv einsetzen können:

1. Stellen Sie sich der Aufgabe.
2. Wenn Sie daran denken, was schief gehen könnte – fragen Sie sich, welche negativen Antriebskräfte im Spiel sind.
3. Stellen Sie das negative Denken infrage und nehmen Sie Kontakt mit Ihren positiven Antriebskräften auf, wie Aufgeregtheit, Arbeit, Herausforderung, Leistung ...
4. Engagieren Sie sich – dies weckt mehrere mögliche Antriebskräfte wie Verpflichtung, Wettbewerb, Angst vor einem Fehl-

schlag (eine Antriebskraft, die eindeutig positiv eingesetzt werden kann).

5. Gliedern Sie die Aufgabe in Einzelschritte auf, damit Sie sich immer dann vorantreiben können, wenn Sie einen Schritt vollbracht haben. Dadurch können Sie leichter Zugang bekommen zu Ihren Antriebskräften Selbstvertrauen, Selbstwertgefühl und Zufriedenheit.

Setzen Sie sich mit Ihren negativen Antriebskräften auseinander!

Sie müssen sich jetzt auf der Stelle entschließen, sich von Negativem nicht mehr länger antreiben zu lassen. Legen Sie das Buch aus der Hand und denken Sie an all die Vorfälle, als Sie sich selbst etwas ausgeredet haben. Rufen Sie sich ins Gedächtnis, dass allein Sie dafür verantwortlich sind. Leider haben Sie selbst sich davon abgehalten, etwas zu tun, von dem Sie tief im Innersten wissen, dass Sie es schaffen. Erstellen Sie also eine Liste solcher Situationen, die sich kürzlich ereigneten, und gehen Sie möglichst so weit zurück, wie Sie sich erinnern können. Auf diese Weise können Sie die Geschichte Ihrer negativen Selbstgespräche betrachten. Warum ärgern Sie sich nicht über diesen Dieb – dieses Hirngespinst, das Sie Ihrer Möglichkeiten beraubt?

Dies sollte Ihnen helfen, schnell ein Bild dessen zu erstellen, was geschah. Indem Sie die negativen Auswirkungen dessen erkennen und sich mit diesen Antriebskräften auseinander setzen, stehen Sie sich selbst nicht länger im Weg. Lassen Sie sich auch nicht von dem Gedanken verführen, es sei in Ordnung, eine Art „schützende" Antriebskraft zu haben – Vorsicht ist gut und schön, aber sie sollte Ihnen beim Leben nicht in die Quere kommen. Wenn Sie so weitermachen, sind Sie sich Ihr ärgster Feind. Sie halten sich völlig unnötigerweise selbst davon ab, das zu tun, was Sie tun wollen. Riskieren Sie etwas. Fangen Sie an, einige große Wagnisse einzugehen. Betrachten Sie die Angst aus der richtigen Perspektive. Angst ist nur ein falscher Augenschein.

Wir sprachen in der Einleitung über diesen falschen Augenschein, und jetzt möchten wir, dass Sie eingehender darüber nachdenken. Stellen Sie sich also ein Szenario vor, als Sie etwas

tun mussten, vor dem Sie Angst hatten, aber Sie machten es, und
zwar gut. Zweifellos werden Sie sich ängstlich und voll Furcht
gefühlt haben (auf die negative Art!). Sie werden sich das
Schlimmste, was passieren könnte, ausgemalt haben – „angenommen, das geht schief …" Beim Ausmalen dieser Bilder haben Sie
sich selbst mit falschem Augenschein vollgestopft. Es handelte
sich um falschen Augenschein, weil diese Dinge nicht eintraten.
Sie projizierten etwas in die Zukunft. Nun, Sie können über
vergangene Erfahrungen eines Fehlschlags nachdenken, aber
nichts weist darauf hin, dass sich die Vergangenheit wiederholen
muss. Sie können sich dazu entschließen, sich etwas Positives
vorzustellen – das wäre ebenso real, wie wenn Sie sich etwas
Negatives vorstellen. Sie können nicht hellsehen, also können Sie
auch nichts vorhersagen, aber Sie können sich dazu entscheiden,
sich mit Positivem anzufüllen. Sie können dabei nichts verlieren.
Wie bereits erwähnt, bitten wir Sie nicht, leichtsinnig zu werden,
wir schlagen Ihnen lediglich vor, manches anders zu machen und
zu sehen, wie es Ihnen angesichts des Ergebnisses geht. Wenn
Ihnen das, was passiert, nicht gefällt, können Sie immer noch zu
Ihren alten Methoden zurückkehren!

Wir behaupten auch nicht, dass Angst oder Nervosität etwas
völlig Negatives seien. Eine Redensart besagt: „Wenn man nicht
nervös ist, klappt es nicht." Sie brauchen sich nicht allzu wohl zu
fühlen. Seien Sie ruhig immer ein wenig nervös, dadurch bleiben
Sie wachsam und gespannt. Das hilft Ihnen.

Kehren wir also zurück zu unserem Szenario und betrachten wir
den Schluss, wenn die Aufgabe erfolgreich erledigt wurde. Dachten Sie hinterher denn nicht: „Und warum habe ich mir nun die
ganzen Sorgen gemacht?" – „Was sollte denn die ganze Angst?"
Sie wissen, dass Sie sich mit falschem Augenschein vollstopfen
können und dass Sie sich so behindern. Angst ist solch eine
negative Antriebskraft. Sie sollten sich dessen unbedingt bewusst
sein, weil dies so überaus wichtig ist. Sie haben bisher Negativität
projiziert, was eine weitere starke Antriebskraft ist, die Fortschritte
absolut behindert und Ihre Motivationsressourcen erschöpft.

Leben Sie für den Augenblick!

Eine der größten Schwierigkeiten menschlicher Wesen ist es, im Augenblick zu bleiben und zu leben. Im Hier und Jetzt zu leben. Wir sagen so oft unseren Klienten, dass sie sich nur auf die nächsten 24 Stunden zu konzentrieren brauchen. Belassen Sie die Dinge im Augenblick. Quälen Sie sich nicht mit dem Morgen. (Nun gut, wir wissen, dass es praktische Pläne gibt, die gemacht werden müssen, und es ist gut und schön, Ziele und Träume zu haben, aber abgesehen davon versuchen Sie, sich auf das Hier und Jetzt zu konzentrieren – schauen Sie weder zurück noch nach vorn, sofern Sie nicht an etwas wirklich Angenehmes denken.) Der einzige Bezug, den Sie haben, ist das Gestern. Sie wissen überhaupt nicht, was morgen sein wird. Aber wenn Sie erst einmal ins negative Projizieren verfallen sind, kann alles in der Zukunft finster erscheinen. Lassen Sie sich das einen Moment lang durch den Kopf gehen. Denken Sie darüber nach, was Sie tun. Sagen Sie sich selbst, „dies und jenes wird fürchterlich werden", obwohl Sie nicht einmal wissen, was passieren wird? Das klingt doch wirklich albern, nicht wahr? Tatsächlich klingt es anmaßend zu glauben, dass Sie etwas wissen, wenn es in Wirklichkeit überhaupt nicht stimmt. Dies ist ein nutzloses Verhalten, das Ihnen nur mehr Negativität einbringt. Projizierte Negativität ist eine Antriebskraft, die Fortschritt behindert und Ihre Motivationsressourcen erschöpft.

Kämpfen Sie gegen geringes Selbstwertgefühl an!

Denken Sie nun bitte nicht, wir glaubten, Sie machten etwas falsch. Es gibt kein Richtig oder Falsch. Sie können sich leider die Schuld zuschieben, auch wenn es nicht Ihre Schuld war – Sie sind sich vielleicht gar nicht bewusst, was Sie da machen. Lassen Sie sich einen Moment lang vom Haken. Dieses Kapitel handelt davon, wie Sie einige große Veränderungen in Ihrem Leben vornehmen können. Projizieren Sie bloß nichts Negatives – dass Sie etwas nicht können, dessen nicht wert sind oder nicht intelligent genug dafür sind. Anders ausgedrückt, hüten Sie sich vor der Antriebskraft des geringen Selbstwertgefühls: „Ich verdiene das gar nicht", „Man wird mich nie fragen, weil ich es nicht wert bin." Doch, Sie sind es wert. Es gibt niemanden, der es nicht wert wäre. Kürzlich sagte jemand zu uns: „Gott erschafft keine Niemande, jeder Mensch ist ein Jemand." Jeder Mensch hat eine Identität, eine Persönlichkeit. Jeder Mensch verfügt über Fähigkeiten und Begabungen. Das Problem besteht darin, dass viele Leute sie nicht erkennen und nutzen. Viele Leute suchen nicht nach den ihnen eigenen guten Seiten und Eigenschaften. Hauptsächlich deshalb, weil sie in geringem Selbstwertgefühl verfangen sind. Vielen hat man auch in der Kindheit beigebracht, nicht anzugeben, was sich oft nachteilig auswirkt und eine sehr negative Antriebskraft erzeugt – es besteht ein Unterschied zwischen Bescheidenheit und dem Gefühl, nichts wert zu sein.

Das Gefühl der eigenen Wertlosigkeit ist eine äußerst negative und zerstörerische Antriebskraft. Sie verursacht alle möglichen Probleme. Sie kann Leute glauben machen, dass für sie Veränderungen einfach nicht möglich und – schlimmer noch – unverdient sind, weil sie eine solch schlechte Meinung von sich haben. Sie fühlen sich isoliert und entfremdet, und es wird so dunkel und einsam um sie, dass sie mit niemandem mehr reden und niemandem sagen können, wie es ihnen geht. Sie werden depressiv und sehen einfach keinen Ausweg mehr.

Sue, eine 30-jährige Werbefachfrau, berichtet von ihren beängstigenden Symptomen:

„Als ich im September meinen Tiefpunkt erreichte, zeigten sich die Symptome meiner Depression in unendlichem Schlafbedürfnis (in der Hoffnung, dass alles am nächsten Tag besser sein möge), Weinen, innerer Unruhe, Übelkeit, Appetitmangel und als Schlimmstes und Fürchterlichstes von allem, ANGST. Angst davor, auf der Straße überfallen zu werden, Angst vor scheußlichen oder schmerzvollen Dingen, die jemand sagt, Angst, zu viel zu essen, Angst vor dem Telefon, vor der Arbeit, vor der Meinung anderer, Angst, meinen Arbeitsplatz zu verlieren und – am beherrschendsten – Angst vor mir selbst."

Es gibt Abertausende von Menschen, denen es so geht und die nicht wissen, warum. Vielleicht gehören Sie auch dazu. Können Sie sich damit identifizieren? Spüren Sie die Notwendigkeit, das zu verändern? Um derartigen Gefühlen zu entkommen, müssen Sie die Dinge umdrehen und die Antriebskräfte ändern können. Lassen

Sie diese „Leute" nicht mehr in Ihr „Auto" einsteigen. Lassen Sie, mit anderen Worten, nicht mehr zu, dass diese negativen Gedanken Sie gefangen nehmen.

Sue berichtet weiter von ihrer Antriebskraft des geringen Selbstwertgefühls und ihrem Sturz in die Depression:

„Im Arbeitsleben vermittelte mir mein Chef das Gefühl, dass mein Bestes nie gut genug war. Ich schuftete, machte Überstunden und dachte endlos darüber nach, wie ich besser werden könnte. Als ich die Unterstützung meines Chefs brauchte, trug er meiner Loyalität und Plackerei überhaupt nicht Rechnung. Obwohl ich mich schrecklich hängen gelassen und betreten fühlte angesichts dessen, was passiert war, musste ich meine Position überdenken. Ich musste erkennen, dass meine ganze Schufterei nur dazu geführt hatte, dass die Firma mehr Erfolg hatte und ich völlig ausgepowert war. "

Sue kündigte, und nach einigen Monaten, in denen sie aufgrund ihrer Depression zu krank war, um arbeiten zu können, nahm sie ihren Beruf wieder auf, fand aber seither eine neue Einstellung zur Arbeit."

„Ich musste ein Gleichgewicht zwischen der Arbeit und mir finden. Im Grunde genommen ist die Arbeit nur ein Mittel zum Leben, nicht das Leben selbst. "

Anders gesagt, Sue trachtet nicht mehr danach, ihr ganzes Selbstwertgefühl aus der Arbeit zu beziehen, und sie passt auf ihre Arbeits- und Selbstwert-Antriebskräfte auf. Sie hat schließlich erkannt, dass sie ein Gleichgewicht finden muss. Wenn ihr das nicht gelingt, wird sie einen zu hohen Preis bezahlen müssen.

John ist ein 35-jähriger Lehrer:

„In den Monaten vor Ausbruch meiner Depression dachte ich, mit meinem Leben sei alles in Ordnung. Ich arbeitete viel im Beruf und verbrachte auch viel Zeit mit Weiterbildung. Dann saß ich in einer Lehrerkonferenz und bekam Panik – so etwas hatte ich vorher noch nie erlebt. Ich fühlte mich körperlich krank, mir brach der Schweiß aus, ich hatte Atemnot und fühlte mich ohne jede Hoffnung. Das war das Schlimmste. Ich konnte mir plötzlich nicht mehr vorstellen, was ich in dem Beruf verloren hatte. Ich war in eine Sackgasse geraten, und alle Lichter waren erloschen.

Ich war sechs Wochen krank geschrieben und suchte eine Beratungsstelle auf. Ich erkannte eine äußerst bedeutsame Tatsache: In meinem

Leben gab es wirklich nichts als Arbeit. Ja, ich habe seit langem eine feste Freundin, aber sie war niemals an erster Stelle gestanden – das klingt entsetzlich, aber ich habe der Beziehung nie viel Zeit oder Energie gewidmet."

Wie Sue hat auch John erkannt, dass Arbeit allein nicht ausreicht. Er braucht ein Gleichgewicht in seinem Leben. Andere Bedürfnisse müssen erfüllt werden, wie zum Beispiel seine Beziehung. Seine Arbeits-Triebfeder muss um ein oder zwei Stufen heruntergefahren werden.

Versuchen Sie sich bildhaft sich und Ihre Gefühle als ein Auto vorzustellen. Dann fragen Sie sich, wie viele Leute Ihr Auto steuern. Wie viele Leute fahren in Ihrem Auto mit? Wie viele Leute wollen Sie in Ihrem Auto haben? Inwieweit sind Sie am Steuer? Fahren Sie in die Richtung, in die Sie wollen, oder kommen Sie nur wieder zu der alten „Anderen-gefällig-sein-Triebfeder" zurück – „Ach, das macht mir nichts aus" – „Das ist schon in Ordnung" – „Wie du meinst" – „Ja, das ist mir schon recht" – „Mach dir um mich keine Gedanken" – „Das ist gut so" – „Ich bin mit allem, was du sagst, einverstanden." Hören Sie sich das an – wie wütend sind Sie, wenn Sie Ihre Bedürfnisse ignorieren? Sie verleugnen im Grunde Ihre eigenen Ansichten, nur um gemocht zu werden! Merken Sie nicht, dass die anderen ein solches Verhalten nicht respektieren? Sie nutzen es lediglich aus. Vergessen Sie eines nicht – wenn Sie den anderen beibringen, dass sie Sie auf eine bestimmte Weise behandeln können, dann tun sie das auch. Sie werden es immer und immer wieder tun, bis Sie es schließlich so satt haben und so wütend sind, dass Ihnen der Kragen platzt, und die anderen wundern sich dann, warum Sie so aufgebracht sind. (Es hat Ihnen bisher nichts ausgemacht, und Sie waren immer damit einverstanden.) Ja, das stimmt wahrscheinlich. Sie waren immer mit allem einverstanden, weil Sie verzweifelt versuchten, den anderen zu gefallen, und schauen Sie sich an, was Sie dafür bekommen haben – so gut wie nichts. Na ja, vielleicht nicht gerade nichts. Sie haben viel Kummer, Wut und äußerst negative Gefühle bekommen. Deshalb ist es an der Zeit, dass Sie damit aufhören, anderen gefallen zu wollen, aufhören mit der Negativität und den negativen Selbstgesprächen. Es ist an der Zeit, aus dem geringen Selbstwertgefühl herauszukommen.

Bewegen Sie sich vom Negativen zum Positiven!

Es gibt so viele negative Triebfedern, und Sie können sie so schwer erkennen, weil sie ein Teil Ihrer Natur geworden sind. Sie prägen Ihren Tageslauf, und Sie bemerken sie schon gar nicht mehr. Vielleicht sagen Sie: „So bin ich nun mal, so verhalte ich mich nun mal, und daran wird sich auch nichts ändern." Nun, Tatsache ist, es kann sich ändern, und Sie werden wohl mit uns übereinstimmen, dass es sich auch ändern muss. Planen wir also, einige dieser negativen Triebfedern wegzuschaffen und sie durch positive Antriebskräfte zu ersetzen.

Sie müssen erregt sein bei dem Gedanken an Veränderung, daran, Ihr wahres Selbst zu werden, die Person, die Sie sein könnten, wie Sie im tiefsten Inneren wissen. Freuen Sie sich gleich von jetzt an auf die Zukunft. Hegen Sie in Bezug auf das Heute die optimistische Überzeugung, dass Sie zum ersten Mal seit langem oder überhaupt einige positive Veränderungen vornehmen werden.

Dies wird der Anfang einer Selbstverpflichtung sein. Irgendwann werden Sie nach und nach einige äußerst positive Veränderungen in Ihrem Leben vornehmen, und vielleicht werden Sie sich anstrengen, sich selbst zu sagen, wie sehr Sie diese verdienen. Ihre Mitmenschen werden solche Freude an Ihnen haben, Menschen, die vielleicht wegen Ihrer negativen Triebfedern gelitten haben – Ihr Ehepartner, Ihre Kinder, Freunde, Kollegen, Menschen, denen Sie am Herzen liegen, die Sie beobachtet und sich gefragt haben, weshalb Sie dieses Verhalten an den Tag legen. Sie haben sich gefragt, warum Sie nicht all Ihre guten Eigenschaften erkennen, aber so ist es immer – andere Menschen sehen Dinge an einem, die man selbst nicht wahrnimmt.

Dieses Buch handelt davon, die Dinge zu entdecken, die Sie bisher nicht an sich sehen konnten. Die Begabungen, das ungenutzte Potenzial, das nur darauf wartete, angezapft zu werden. Sitzen Sie nicht kopfschüttelnd da, während Sie dies lesen, und verfallen Sie nicht wieder in die alten Antriebskräfte, indem Sie denken: „Das trifft auf mich gar nicht zu." O doch, das tut es!

Machen Sie einen Anfang, indem Sie sich nochmal die fünf in diesem Kapitel auf S. 130 f. aufgeführten Schritte anschauen. Dann befolgen Sie diese Schritte:

1. Identifizieren Sie alle Ihre negativen Triebfedern – listen Sie
    sie auf.
2. Denken Sie über die Konsequenzen nach, die es hätte, wenn
    Sie das nicht täten.
3. Ersetzen Sie sie von nun an durch positive – immer wenn Sie
    das negative Gefühl aufkommen spüren, ersticken Sie es im
    Keim. Sofort. Denken Sie daran, hierbei handelt es sich um ein
    erlerntes Verhalten. Sie können lernen, es neu zu rahmen und
    zu verändern. Sie werden das nicht von heute auf morgen
    lernen, also ärgern Sie sich nicht über sich. Fallen Sie nicht in
    die Triebfeder des geringen Selbstwertgefühls zurück und
    sagen Sie sich nicht: „Das kann ich nicht" – „Ich bin nicht
    intelligent genug" – „So bin ich schon von Geburt an." Diese
    Einwände sind ohne Belang; der Erfolg kommt mit der Übung.
    Vergessen Sie nicht, dass Stetigkeit Erfolg nach sich zieht.
    Wenn Sie fortfahren, etwas zu tun, werden Sie darin Fortschrit-
    te erzielen. Bereiten Sie sich also auf einige positive Verände-
    rungen in Ihrem Leben vor. Sie haben es in der Hand. Sie sind
    am Steuer. Es ist Ihre Antriebskraft. Ihr Auto. Ihre Zukunft und
    Ihr Leben. Wir bieten Ihnen lediglich die Herausforderung zur
    Veränderung an. Packen wir es also an. Das Morgen kann in
    der Tat ganz anders sein.

Zusammenfassung

-   Triebfedern können positiv, negativ oder stark getarnt sein.
    Lernen Sie Ihr Repertoire kennen und passen Sie auf diejenigen
    Antriebskräfte auf, die andere überschwemmt haben. Sie müs-
    sen Acht geben, dass Sie das Bedürfnis nach Leistung und Ihr
    Bedürfnis nach Beziehungen ins Gleichgewicht bringen.
-   Sie müssen die Verantwortung für sich übernehmen und dürfen
    keine Ausreden vorbringen.
-   Lernen Sie, negative Triebfedern umzudrehen. Angst kann zum
    Beispiel umgewandelt werden in den Wunsch, etwas zu tun.
-   Herauszufinden, was Sie antreibt, ist ein nützlicher Maßstab, um
    Motive und Angemessenheit gegeneinander abzuwägen.
-   Setzen Sie sich kleine Aufgaben oder zerlegen Sie größere,
    damit Sie von Anfang an etwas fertig bringen und erreichen.

- Gehen Sie kleine Risiken ein.
- Seien Sie gespannt und aufgeregt!
- Denken Sie daran, dass Sie enge Beziehungen und Freunde brauchen – lassen Sie nicht zu, dass andere Antriebskräfte dies in den Hintergrund drängen.

Kapitel 9

Die Veränderungslandkarte

Damit Sie sich weiterhin voll Zuversicht vorwärts bewegen und Veränderungen vornehmen, müssen Sie fähig sein, eine Landkarte zu erstellen. Eine, mit deren Hilfe Sie genau erkennen können, woher Sie kommen, wo Sie sich derzeit befinden und wohin Sie gehen. Das schließt mit ein, dass Sie sich anschauen, welche Verhaltensweisen für Sie in puncto Strategien und Ziele förderlich waren und welche nicht. Dies schafft ein solides Fundament, auf dem Sie gefahrlos weiterforschen und sich ein größeres Verständnis jenes Prozesses aneignen können, den Sie natürlicherweise durchlaufen werden. Veränderung ist keine geradlinige Reise – sondern eine mit vielen Umwegen. Sie können wählen, ob diese Umwege Sie positiv beeinflussen werden, indem Sie dadurch Ihr Wissen und Ihre Erfahrung vergrößern, oder negativ, indem Sie sich einreden, dass Sie das nicht können. Im Wissen, dass Sie den Blick immer auf das endgültige Ziel gerichtet haben und dass Sie sich nicht irgendwann verirren. Auf diese Weise können Sie sich Ihre Optionen offen halten, sich auf der „Veränderungslandkarte" bewegen und gefährden sich selbst nicht.

Im Geschäftsleben gibt es den Ausdruck: „Kein Plan ist ein Plan zum Scheitern" – und im Leben läuft es ähnlich! Wie können Sie gespannt und aufgeregt genug zum Handeln werden, wenn Sie sich noch nicht einmal entschieden haben, wohin Sie gehen, oder sich nicht einmal sicher sind, wie Sie dahin gelangen werden? Wie können Sie sich selbst darüber hinaus Leistungen zuschreiben, wenn das Ziel nie klar definiert wurde? Fürchten Sie nicht, dass Sie vielleicht Ihre Ziele ändern wollen – sie müssen nicht in Stein gemeißelt sein. In der Tat werden sich Ihre Ziele im Lauf Ihres Lebens verändern, weil das, was Sie antreibt, sich zwangsläufig wandelt. Wenn Sie sich dessen bewusst bleiben und entsprechend darauf reagieren, werden Sie eine Flexibilität erfahren, die Ihr Leben bereichert. Wenn nicht, werden Sie schließlich unangenehme Symptome zu spüren bekommen, angefangen vom Motivationsverlust bis hin zu ernsthaften Erkrankungen wie Panikattacken, Magengeschwüren und Depression.

Während Sie also Ihre Strategien erkunden, sollte Verschiedenes geschehen. Zuerst sollte sich ein Bild dessen, was für Sie gut ist, herausbilden. Sie sollten auch klarer sehen können, wie Sie stecken bleiben oder sich immer wieder selbst im Weg stehen. Diese Landkarte wird Ihnen somit helfen, neue Disziplinen positiven Verhaltens zu entwickeln, und Ihnen ein sehr klares Bild darüber vermitteln, woher Sie kommen. Die Identifizierung der Blockaden und Umwege wird Ihnen helfen, sich vor emotionalen und motivationalen Zusammenbrüchen zu bewahren. Wenn Sie erst einmal das Bild haben, gibt es keine Ausrede dafür, so zu bleiben, wie Sie sind, sofern Sie es nicht wollen. Vergessen Sie auf keinen Fall, Ihrer Reise Aufmerksamkeit zu schenken. Sie müssen sich des endgültigen Bestimmungsorts bewusst sein, aber Sie müssen sich auch gestatten, Ihre Reise zu genießen. Hetzen Sie also nicht und seien Sie nicht ungeduldig – genießen Sie jeden Abschnitt Ihrer Reise, während er sich vor Ihnen entfaltet.

Ein Rahmen für Ihre Landkarte

Ein Rahmen soll Ihnen bei Ihrer Arbeit an Ihrer Veränderungslandkarte helfen. Halten Sie sich dies vor Augen, während Sie sich durch dieses Kapitel arbeiten und auch während der restlichen Lektüre dieses Buches. Sie müssen die Antworten nicht schon jetzt wissen. Gehen Sie an diese Fragen und Tipps flexibel heran. Sie müssen nicht jeden Teil jeder Sequenz in Angriff nehmen. Nutzen Sie das Kapitel stattdessen als Leitfaden, der Sie auch an „Orte" führen wird, zu denen Sie vielleicht gar nicht wollten oder die Sie bisher nicht als nützlichen Teil dieser Reise erkannten.

Identifizieren Sie Ihre Problemsituationen und Ihre Ziele!

Um sich vorwärts zu bewegen, müssen Sie:

1. Sehr spezifisch und klar sein. Verallgemeinerungen und Verschwommenheit helfen Ihnen nicht weiter. Nur so können Sie geeignete Strategien und Lösungen finden.
2. Flexibel und offen sein. Denken Sie daran, dass Sie unbedingt eine Perspektive haben müssen, aber nicht unbedingt nur eine einzige. Eine einzige wird Sie wahrscheinlich geradewegs in Selbstverteidigungsmuster des Denkens und Verhaltens führen, wenn Sie keinen Weg vor sich sehen. Gespräche mit vertrauenswürdigen Freunden, Kollegen oder professionellen Helfern werden Ihnen helfen, die Dinge aus einer anderen Perspektive zu betrachten.
3. Setzen Sie Prioritäten und seien Sie realistisch. Liefern Sie sich keinem Fehlschlag aus, indem Sie alles sofort in Angriff zu nehmen versuchen. Und peilen Sie keine unmöglichen Ziele an. Das ist Sabotage. Zerlegen Sie alles in handhabbare Brocken und gehen Sie Schritt für Schritt vor.

Was genau wollen Sie?

1. Was sind Ihre Ziele? Was streben Sie an? Zu diesem Zweck müssen Sie Ihre Problemsituationen und Möglichkeiten gut verstehen können. Diese Frage kann sowohl aufregend als auch furchteinflößend sein. Ändern Sie wegen der Herausforderung, die die Beantwortung dieser Frage darstellt, nicht die Route. Dies ist eine Realitätsüberprüfung, und Sie müssen unbedingt ehrlich sein. Bringen Sie sich nicht aus dem Gleis, indem Sie sich sagen: „Ich kann das nicht beantworten."
2. Sie müssen fähig sein, zielorientiert zu handeln.
3. Versetzen Sie sich in angespannte Aufgeregtheit und widmen Sie sich dann Ihrem Ziel intensiv genug, um tatsächlich etwas zu unternehmen. Fangen Sie an, über die Belohnungen und Vorteile nachzudenken, die Sie bei der Verfolgung Ihres Ziels erleben werden. Welchen Preis wollen Sie für das, was Sie

anstreben, bezahlen? Anreize können eine Verbesserung des Selbstwertgefühls, des Selbstvertrauens sowie die Überzeugung sein, dass auf das Problem positiv eingewirkt werden wird. Der Preis kann etwa das Eingehen von Risiken oder der Aufwand von Zeit und Energie sein. Seien Sie wiederum umsichtig. Sie würden kein Auto kaufen, ohne vorher nach dem Preis zu fragen. Lassen Sie sich also nicht auf etwas so Wichtiges ein, ohne dasselbe zu tun.

Wie werden Sie dorthin gelangen?

Folgendes müssen Sie tun, um dorthin zu gelangen:

1. Einen Plan erstellen.
2. Informationen und Rat einholen, falls nötig.
3. Brainstorming über Ihre Optionen machen und sich Zeit nehmen, die beste auszuwählen. (Vielleicht werden Sie auch mit der Zeit noch weiter darüber nachdenken und auf mehr Strategien kommen.) Wofür Sie sich auch entscheiden, Sie müssen sich imstande fühlen, jedwede Ihnen angenehme Strategie anzuwenden. Kopieren Sie nicht die Strategien anderer, sofern sie nicht wirklich passend für Sie sind.

Das Planungsstadium

Dies beinhaltet das Formulieren eines schrittweisen Verfahrens zum Erreichen eines jeden Ziels oder zum Umgang mit einem Problemszenario.

1. Sie können eher handeln, wenn Sie wissen, was Sie als Erstes und anschließend tun werden.
2. Setzen Sie Zeitlimits.
3. Bestätigen Sie sich selbst, wenn Sie auf Kurs bleiben.
4. Vergessen Sie nicht, Verantwortung zu übernehmen.

Handeln Sie – strengen Sie sich an!

1. Reden Sie positiv mit sich – versetzen Sie sich in gespannte Aufgeregtheit, stimmen Sie sich zuversichtlich, engagieren Sie sich, und handeln Sie dann.

2. Erledigen Sie die Dinge Schritt für Schritt und bleiben Sie am Ball.

3. Denken Sie daran, dass die Schritte nicht in einer bestimmten Reihenfolge erfolgen müssen. Seien Sie also flexibel und beweglich.

4. Sie können sich Ziele setzen und Strategien entwickeln oder entdecken, dass währenddessen neue Probleme auftauchen. Wenn dies der Fall ist, erkunden Sie die Lage noch eingehender.

Der Schlüssel besteht darin, sich mithilfe Ihrer Veränderungslandkarte auf das endgültige Ziel zu konzentrieren, aber haben Sie keine Angst oder lassen Sie sich nicht ablenken, wenn es länger dauert oder Sie einen unerwarteten Umweg fahren. Die Landkarte wird Sie immer an Ihren Bestimmungsort erinnern.

Ihre bisherige Geschichte

Zu Beginn müssen Sie Ihre bisherige Reise zurückverfolgen. Das muss nicht auf einmal passieren (erinnern Sie sich an die goldene Regel, alles etappenweise anzugehen), und wir sind überzeugt, dass das Endergebnis alle Mühen wert sein wird. Zu viele Leute wollen sich einfach nur auf die Veränderungen konzentrieren, statt zu erfahren, was vorher abgelaufen ist. Damit können Sie sich nämlich wieder ein Bein stellen, denn Sie können nicht bei null anfangen. Sie können sich nicht von der Vergangenheit abspalten. Und es besteht hierfür auch gar kein Grund. Aus Fehlern und Problemen können Sie nützliche Informationen gewinnen – vergeuden Sie sie nicht. Anstatt Wörter wie „Fehler" und „Problem" zu verwenden, sollten Sie von nun an lieber von *Erfahrungen* sprechen. Erfahrungen, die sehr wertvolle Informationen beinhalten, wenn Sie sich selbst gestatten, sie anzuschauen, darüber nachzudenken und sie zu verarbeiten, statt negativ zu reagieren und entweder einem anderen die Schuld zuzuschieben oder auf sich selbst wütend zu sein, wenn etwas nicht geklappt hat. Vergessen Sie nicht, Schuldzuweisungen halten Sie davon ab, die Verantwortung für Ihr Leben zu übernehmen. Lassen Sie sich das durch den Kopf gehen. Wenn Sie dauernd anderen die Schuld zuweisen, arbeiten Sie nicht an sich selbst. Sie versäumen dann eine sehr wichtige Botschaft an sich selbst, nämlich dass Sie „am Ruder" sind. Sie müssen die Verantwortung für das Heute übernehmen. Glauben Sie uns, das wird Ihnen gut bekommen.

Als Erstes sollten Sie zeitlich so weit zurückgehen, wie Sie sich erinnern können. Sie müssen fähig sein, sich deutlich zu erinnern, was zu jener Zeit in Ihrem Leben passierte (Sie können dies visuell tun oder buchstäblich hören oder fühlen, was geschah). Wenn sich dies sehr schwierig anhört, arbeiten Sie sich etappenweise in die Vergangenheit zurück. Oft beharren uns gegenüber Leute darauf, dass sie sich nur an Schlechtes erinnern oder gar nicht an ihre Kindheit erinnern können, und dann verblüffen sie sich selbst mit Einzelheiten, die ihnen auf einmal wieder einfallen. Ja, Sie müssen auch erkennen, dass Ihre Erinnerungen zwangsläufig von dem beeinflusst werden, was andere Menschen über Ihre Vergangenheit sagten, aber das muss kein Problem darstellen. Dies lässt sich nicht vermeiden, und Sie werden nie das eine vom andern trennen können. Sie sollten Ihre Erinnerungen schriftlich festhalten und in eine chronologische Reihenfolge bringen, damit Sie darauf zurückkommen können. Wenn Sie erst einmal an dieser Übung gearbeitet haben, werden Sie feststellen, dass Sie sich an immer mehr erinnern. Gehen Sie also zurück in die Vergangenheit und füllen Sie die Lücken. Sie dürfen beliebig viel notieren. Wenn Sie sich lediglich Daten und kurze Notizen aufschreiben wollen, ist das in Ordnung, wenn Sie mehr notieren möchten, tun Sie es.

Versuchen Sie, an folgende Schlüsselthemen zu denken.

Träume und Ziele

Können Sie sich an Ihre Träume und Ziele Ihrer frühen Kindheit erinnern? An all das, was Sie einmal sein wollten? Einiges war vielleicht wirklichkeitsnäher als anderes. Genieren Sie sich nicht – schreiben Sie es auf. Können Sie sich erinnern, wie Sie waren, als

Sie diese ersten Träume und Wünsche hatten? Können Sie sich erinnern, dass Sie wirklich glaubten, diese Träume könnten für Sie in Erfüllung gehen?

Wie lange träumten Sie noch? Vielleicht träumen Sie noch heute oder vielleicht haben Sie irgendwann damit aufgehört. Was trifft für Sie zu? Sind Sie noch immer ein Träumer, oder haben Sie sich bewusst zum Aufhören entschlossen? Wenn ja, aus welchem Grund? Was geschah bzw. was geschah nicht?

Wie viele Ihrer Ziele und Wünsche haben Sie erreicht? Gab es bestimmte Wegmarken in Ihrem Leben, an denen Sie Ihre Überzeugung verloren, oder passierte das Gegenteil? Wenn es Wegmarken gab, müssen Sie sich anschauen, ob Sie vielleicht Ereignisse miteinander in Beziehung setzten, die tatsächlich gar nichts miteinander zu tun hatten. Einer unserer Klienten sagte beispielsweise einmal: „Bis zum Tod meines Vaters war alles in Ordnung …" Wir bestreiten nicht, dass dies ein schrecklicher Einschnitt Ereignis im Leben des Klienten war; aber derartige Botschaften richten großen Schaden an. Nur weil etwas sehr Schlimmes passierte, heißt das nicht, dass sich nun ein Trend etabliert hätte.

Schulzeit

Was war in Ihrer Schulzeit besonders wichtig? Sind Sie gern in die Schule gegangen, waren Sie gut in der Schule oder gab es Probleme? Wie haben Sie auf die von der Schule vorgegebenen Ziele reagiert? Welche Art von Botschaften bekamen Sie bezüglich Ihrer Fähigkeit, Ziele zu erreichen? Was sagten Sie sich damals selbst? (In diesem Stadium werden Sie vielleicht blockiert, indem Sie sich an die Ziele erinnern, die andere Menschen für Sie hatten – das ist in Ordnung –, schreiben Sie sie auch auf und wie es Ihnen dabei ging und ob Sie die Ziele erreichten.)

Ihre eigenen Erwartungen und die anderer – wessen Triebfeder ist es überhaupt?

Über diesen wichtigen Bereich sollten Sie unbedingt nachdenken. Viele von Ihnen haben womöglich das Gefühl, dass Ihr Leben von einem anderen entworfen wurde oder dass Sie die Wünsche und

Ziele eines anderen erfüllen mussten. Das kommt oft vor. Vielleicht stammen Sie aus einer Familie von Lehrern, Ärzten, Juristen etc. Vielleicht brillierte ein älterer Bruder oder eine ältere Schwester in einem bestimmten Fach, und man erwartete von Ihnen, dass Sie nachzögen – oder buchstäblich in ihre Fußstapfen treten würden. Oder das Gegenteil: Sie kommen aus einer Familie von Nichtakademikern, und als Sie gewisse Ansätze zeigten, wurde Ihnen eine Ladung von Erwartungen aufgebürdet. Das ist schön und gut, wenn es sich um den Weg handelt, dem Sie selbst folgen wollen, aber nicht, wenn es der Weg oder die Landkarte eines anderen ist. Oder haben Sie gar absichtlich die „Familienlandkarte" umgangen?

Vielleicht haben Sie sich aber auch nicht sehr intensiv mit Ihrer Zukunft erfasst. Vielleicht hat niemand Sie dazu ermuntert. Sie sind einfach auf dem Fließband gelaufen, und als es plötzlich anhielt, mussten Sie sich schnell entscheiden, wohin Sie als Nächstes gehen. Womöglich haben Sie nie wirklich eingehend über das Erstellen einer Landkarte für die Zukunft nachgedacht, sondern eher das genommen, was Ihnen angeboten wurde.

Mark zum Beispiel ist heute Ende Dreißig und meint von sich, dass „ich nicht so gut wie meine Altersgenossen abschneide." Er arbeitet mit Obdachlosen und verdient „erheblich weniger als all die Leute, mit denen ich aufs College ging." Er ist mit Rechtsanwälten und Bankern befreundet und fürchtet, dass er vielleicht sein Karrierepotenzial nicht ausgeschöpft hat, obwohl ihm sein Beruf Freude bereitet. Er war als Kind sehr begabt. Er war vor allem in Englisch gut und las stundenlang. Er verfügte über eine unglaubliche Vorstellungsgabe und träumte davon, auf der Bühne zu stehen oder in Filmen mitzuspielen. Seine Eltern drängten ihn immer zu einem Beruf, der ihm eine sichere Zukunft bieten würde, aber gaben ihm keine genauen Vorgaben. Sie sagten ihm, er solle das wählen, was er wolle, und sie wollten nur, „dass er glücklich sei." Das war ihr primäres Ziel. Eine Zeit lang war er Klassenbester. Weil er im Vergleich mit seinen Klassenkameraden ein Frühentwickler war, litt er später, weil seine Klassenkameraden allmählich aufholten und er mit der Konkurrenzsituation nicht gut umgehen konnte. Er erinnert sich, dass er überhaupt nicht mit Wetteifer reagierte und einfach aufhörte, an sich zu glauben. Mit jedem Jahr wurde er schlechter, obwohl er immer noch zu den obersten 15 Prozent gehörte. Er ängstigte sich auch sehr vor Prüfungen und war oft überrascht, wie gut oder schlecht er abschnitt. Er konnte seine Ergebnisse nur sehr selten gut vorhersagen. Deshalb fühlte er sich oft außer Kontrolle.

Als es an die Wahl des Studienfachs ging, hatte er noch keine Idee, was er nach der Schule machen wollte, aber er wollte nicht über Alternativen nachdenken, die einen Universitätsabschluss voraussetzten (obwohl er dazu fähig gewesen wäre). Er begann eine durchaus vielen Leuten bekannte Strategie namens *Vermeidung* zu entwickeln. Auf diese Weise ging er mit seinem Mangel an Selbstvertrauen um. In gewisser Weise funktionierte dies für ihn, weil er sofort seine negativen Gefühle und die der Angst vermindern konnte, aber dies blieb bis heute eine sehr mächtige Strategie. Als Ergebnis dessen spürte er keine Verbesserung seines Selbstvertrauens und erreichte seines Erachtens nicht das, was er hätte erreichen sollen – er zahlte also einen hohen Preis. Mit seinem Selbstwertgefühl ging es deshalb steil nach unten.

Wir baten ihn, die bedeutsamen Ereignisse seines Lebens in chronologischer Reihenfolge aufzuschreiben. Auf das Vermeiden von Universitätsstudium und Karrieremöglichkeiten, zu denen er das Zeug gehabt hätte, folgte sehr oft weiteres Vermeidungsverhalten, und zwar in ganz unterschiedlichen Bereichen: Er verabredete sich mehrmals nicht mit Mädchen, weil er es nicht ertrug, abgewiesen zu werden, er durchforstete nicht gezielt Stellenanzeigen und ersuchte nicht um Beförderung, er schloss sich nicht dem Squashteam an und mied Freunde, von denen er meinte, dass sie besser dastünden als er.

Mark fürchtete sich davor, viel Anstrengung in eine Sache zu investieren und einen Fehlschlag zu riskieren. Wenn er wirklich etwas wollte, engagierte er sich nur halbherzig dafür. Wenn er keinen Erfolg hatte, konnte er sich dann sagen, dass er es gar nicht versucht hatte! Er war sich dessen bewusst, was er tat, und verfuhr so lange Zeit, aber es kostete ihn einiges, sich das einzugestehen. Als er es endlich wagte, half ihm das dabei, sich seine vorsichtige, ängstliche Seite anzuschauen oder, genauer, jene Seite, die interveniert und ihm sagt, dass etwas ohnehin nicht eintreffen oder fürchterlich schief gehen wird. Welch eine Lebensphilosophie!

Mark musste auch in puncto seiner Antriebskräfte ehrlich gegenüber sich selbst werden. Geld war für ihn nie eine wichtige Triebfeder – er wird davon angetrieben (seines Erachtens hat dies etwas mit seinem Sternzeichen zu tun), benachteiligten Menschen zu helfen, und zieht daraus große Befriedigung. Er muss nach eigenem Bekunden anfangen, dies zu erkennen, und aufhören, sich zu seinem Nachteil mit Gleichaltrigen zu vergleichen – er muss aufhören, zu denken, dass er die Antriebskräfte eines anderen kopieren sollte oder dass diese besser als seine eigenen seien.

Schlüsselbereiche in Ihrem Leben

Wenn Sie sich also die Schlüsselbereiche in Ihrem Leben anschauen, müssen Sie Ihre Einstellung in Bezug auf Lernen und Ausbildung, Prüfungen, Wünsche, Ehrgeiz, Karrieremöglichkeiten, Lebensentscheidungen, Partnerschaften, Beziehungen unter die Lupe nehmen – wir standen alle mehr oder weniger vor diesem Schritt. Was waren Ihre Botschaften in puncto Wünsche und Ehrgeiz? Drängten Ihre Eltern Sie diktatorisch in eine bestimmte Richtung? Wurden Sie genötigt, in die Fußstapfen einer anderen Person zu treten? Kommen Sie aus einer Familie, in der viele Familienmitglieder einem bestimmten Karriereweg folgen? Oder stammen Sie aus einem völlig anderen Typus von Familie, wo Sie eine bessere Ausbildung als Ihre Eltern und Verwandten genossen und somit nicht über Rollenmodelle verfügen? Sie müssen auch ergründen, ob Sie sich jemals gefragt haben, wohin Sie gehen, und dann tatsächlich planten, Ihre Ziele zu erreichen? Beim Planen spüren Sie Ihr Engagement, das für Veränderungen unabdingbar ist, aber es erzeugt natürlich auch Druck.

Verschiedene Strategien

Es gibt viele verschiedene Strategien, wie Sie Ihre Veränderungslandkarte formulieren können, und es gibt einige Strategien, wie etwa Vermeidungsverhalten, die mit Sicherheit nicht funktionieren. Die Kenntnis nützlicher Strategien wird Ihnen helfen, sich darüber klar zu werden, was bei Ihnen funktioniert, und zu einem Teil des notwendigen Planes oder der Veränderungslandkarte werden. Vorher müssen Sie aber bestimmte, wenig hilfreiche Strategien aufgeben und lernen, einige umzuwandeln.

Die „Wäre-das-nicht-super"-Strategie

Schauen wir uns eine Strategie an, die nahezu das völlige Gegenteil derjenigen darstellt, die wir gerade behandelt haben. Sie heißt die „Wäre-das-nicht-super"-Strategie. Vielen von Ihnen dürfte sie bekannt sein.

Wie viele von Ihnen haben Ihr Leben bisher so gelebt, indem Sie vor sich ein Bild von etwas sahen, das, wie Sie hofften, eines Tages Wirklichkeit sein werde? Es besteht ein himmelweiter Unterschied dazwischen, optimistisch zu sein und nicht in der Realität zu leben. Gesunder Optimismus ähnelt ein wenig der sprichwörtlichen rosaroten Brille, aber er hilft Ihnen dabei, die Dinge mehr oder weniger so zu sehen, wie sie sind. Wenn Sie das tun, sind Sie besser gerüstet, mit Problemen umzugehen und Ihr Leben zu organisieren. Es wird Ihnen wahrscheinlich auch besser gelingen, Dinge geschehen zu lassen, weil Sie realistisch sind. Wenn Sie zu intensiv Tagträumen nachhängen, können Sie Ihr Gehirn so verwirren, dass es vergisst, dass etwas in Wirklichkeit gar nicht passiert ist. Es wird deshalb nicht weiter an Träumen und Zielen arbeiten und nicht mit nützlichen Strategien und Ideen aufwarten!

Die Strategie der leeren Leinwand

Es gibt auch die Strategie der leeren Leinwand, die absolut negativ und destruktiv ist. Visuell veranlagte Menschen werden sagen, sie „sähen" keine Zukunft. Sie können dies umdrehen, indem Sie akzeptieren, dass Sie sich diese hübsche leere Leinwand zunutze machen. Aber sie weiterhin leer zu lassen bringt überhaupt nichts. Wie können Sie sich vorwärts bewegen, wenn Sie sich auf nichts zu bewegen? Das wäre wie Autofahren ohne Scheinwerfer. Sie müssen vor Ihrem geistigen Auge „sehen", wohin Sie fahren. So finden Sie die nötige Motivation. In der Tat erweist sich dies vielleicht als leichter, als Sie annehmen.

Die Hellseher-Strategie

Es gibt auch die Strategie, andauernd in die Zukunft zu sehen. Wir nennen sie die Hellseher-Strategie. Einer ihrer großen Nachteile besteht darin, dass Sie beim unentwegten Blick in die Zukunft das Heute verpassen. Sie handeln vielleicht im blinden Glauben, dass es schon irgendwie klappen werde. Na ja, vielleicht tut es das auch, aber warum übernehmen Sie nicht die Verantwortung und fangen an, Ihre Wünsche zur Realität zu machen? Leute, die die Hellseher-Strategie verfolgen, verwenden Wendungen wie: „Das wird toll, wenn ich erst da angelangt bin." Aber wissen sie, wo „da" ist, und werden sie merken, wenn sie an diesen Punkt kommen?

Um größere Einblicke in die von Ihnen angewendeten Strategien zu bekommen, gehen Sie bitte zu einer Übung am Anfang des Buches zurück. Sie handelte davon, wie Sie jemandem beibringen, Sie zu sein! (Siehe Seite 37f.) Setzen Sie sich hin und denken Sie gründlich darüber nach, was jemand wissen müsste, all die kleinen Einzelheiten, die Sie ihm erzählen müssten, damit der andere Sie exakt nachahmen könnte. Setzen Sie den anderen in Kenntnis, damit er die von Ihnen eingesetzten Strategien versteht. Strategien sind komplex, und Sie müssen immer wieder sich selbst überprüfen, was als Nächstes geschieht und was vorher passieren würde.

Eine unserer Klientinnen verfügte über eine genau festgelegte Strategie für den Umgang mit Problemen. Sie erhielt beispielsweise ein Schreiben vom Finanzamt, dass man ihre Steuererklärung nachprüfen werde. Statt abzuwarten, was man errechnete, ängstigte sie sich zu Tode und malte sich das Schlimmste aus. Das war fast wie ein Aberglaube. Sie sagte sich – wenn ich das Schlimmste befürchte, tritt es entweder nicht ein, oder wenn doch, bin ich zumindest darauf vorbereitet. Was für eine Art, sich selbst zu foltern!

Mithilfe dieser Übung erkannte sie, dass diese Strategie in der Familie lag. Dann beschloss sie, von nun an alle Sorgen aufzuschreiben und eine Landkarte zu erstellen, wie sie mit ihnen umgehen würde – sie wird das Problem klar benennen und die ihr möglichen Schritte skizzieren. Bestandteil der Landkarte ist es auch, das zu erkennen, was getan werden kann, und einen Strich zu ziehen. Sie erkannte auch, dass sie wenig für die Zukunft plante, und beschloss, dass es ihr nützen würde, wenn sie sich bewusst stärker am Ruder fühlen würde.

Denken Sie über die Dinge nach, die Sie beeinflusst haben. Existiert zum Beispiel in Ihrer Familie ein Rollenmodell, gibt es für Sie viele Botschaften, was Sie tun oder lassen sollten? Verfügen Sie über eine eigene Landkarte, oder folgen Sie in Wirklichkeit der einer anderen Person, oder lassen Sie sich durch andere vom Kurs abbringen? Was sticht bei der Betrachtung Ihrer bisherigen Reise noch hervor? Gab es Bereiche, in denen Sie besonders gut waren? Haben Sie sich ganz anders entpuppt, als man annahm? Es gibt so viele Beispiele erfolgreicher Menschen, die berichten, wie ihre Lehrer sie abschrieben! Oder erlebten Sie das Gegenteil – dass man von Ihnen eine Menge erwartete, aber Sie haben diesen Gipfel bisher noch nicht erreicht? Werden Sie sich Ihres ungenutzten Potenzials bewusst. Passen Sie zudem auf, ob sich irgendwelche Muster herauskristallisieren.

Legen Sie das Buch beiseite und skizzieren Sie Ihre persönliche Geschichte – beschreiben Sie Ihre bisherige Reise in chronologischer Reihenfolge und achten Sie darauf:

1. dass Sie Muster erkennen;
2. dass Sie auf Richtungsänderungen achten und wodurch sie ermöglicht wurden;
3. dass Sie auf Strategien schauen (da Sie jetzt mehr darüber wissen). Welche haben Sie bisher angewendet? Sie waren sich dessen wahrscheinlich gar nicht bewusst. Was trug zudem zur Entwicklung dieser Strategien bei, und was motivierte Sie dazu, sie anzuwenden? Haben Sie jemals die Strategie gewechselt?

Nachdem Sie zurückgeblickt und Informationen über sich zusammengetragen haben, möchten wir, dass Sie noch ein Spiel machen. Stellen Sie sich die Feier anlässlich Ihres 80. Geburtstags vor. Sie werden von Ihrer Familie hoch geschätzt. Eins Ihrer Enkelkinder bittet Sie, von Ihrer Reise zu erzählen. *Was würden Sie gern berichten?* Was sollte Ihres Erachtens Ihre Lebensgeschichte beinhalten, wenn Sie sie schreiben könnten? Vielleicht können Sie zahlreiche Details angeben, oder vielleicht haben Sie bestimmte anscheinend nicht zusammenhängende Vorstellungen, aber was würden Sie berichten wollen?

Sich wandelnde Ziele und Bedürfnisse

Dies führt zu einem anderen Bestandteil der Veränderungslandkarte, der Erkenntnis, dass sich Ihre Ziele und Bedürfnisse zwangsläufig ändern und dass Sie dies zugunsten Ihres seelischen und körperlichen Wohlergehens respektieren müssen. Denken Sie noch einmal darüber nach, was Sie brauchen – nicht immer nur an das, was Sie wollen. Was sticht nach all Ihrer Seelenerforschung hinsichtlich dessen, was Sie brauchen, heraus?

Wir arbeiteten vor kurzem mit einem sehr erfolgreichen, 50 Jahre alten Rechtsanwalt, der unter Panikattacken litt. Als er das körperliche Problem nicht mehr in den Vordergrund stellte, konnte er zugeben, „dass ich den Druck nicht mehr möchte" – „Ich spüre, dass ich einen Gang herunterschalten muss" – „Ich mochte den Druck bisher und genoss die Herausforderung – jetzt macht sie mich einfach krank." Dieser Mann war so mutig, sich seinen Bedürfnissen zu stellen und sich seine Veränderungslandkarte zu entwerfen. Er konnte erkennen, dass er sich der Tatsache stellen musste, dass sich seine „Triebfedern" gewandelt hatten. Er befand sich noch auf der Überholspur der Autobahn, als er in Wirklichkeit eine andere Geschwindigkeit brauchte.

Weitere Tipps zum Erstellen der Landkarte

Zum Erstellen Ihrer Landkarte oder Ihres Plans müssen Sie wissen, woher Sie kommen, und die Einflüsse kennen, denen Sie ausgesetzt waren. Indem Sie diese Einflüsse und Erfahrungen etwas besser verstehen, erkennen Sie, dass Sie nicht ihr Opfer sein müssen, wenn diese Ihnen nicht nützen. Bleiben Sie sich Ihrer Strategien bewusst, seien diese nun negativ wie Vermeidungsverhalten oder positiv wie das Aufbauen von Spannung und Aufgeregtheit, indem man sich den Verlauf einer Situation ausmalt (fast so, als drehe man einen Film).

Das Erstellen einer Landkarte hat mit dem Zusammentragen vieler Schlüsselelemente Ihres Lebens zu tun und damit, sie auf eine Weise niederzuschreiben, die Sie befähigt, die Route zu bestimmen, die Sie gern fahren möchten. Sie können auch die Umwege planen, die Sie gefahrlos nehmen könnten, und die Routen erkennen, die Sie nirgendwohin führen. Dazu müssen Sie über alle Informationen und Einsichten, die Sie bislang gesammelt haben, nachdenken und anfangen, sie für Ihre Ziele einzusetzen. Sie müssen ebenfalls darüber nachdenken, wohin Sie gehen wollen. Wenn Ihnen das Schwierigkeiten bereitet, kommen Sie vielleicht zu einer Antwort, wenn Sie sich fragen, wohin Sie nicht wollen! Um sich dabei weiterzuhelfen, müssen Sie Ihre Triebfedern überdenken – wenn Sie Ihre positiven Antriebskräfte nicht nutzen, fehlt es Ihnen entscheidend an Treibstoff für Ihre bevorstehende Reise.

Manchmal können die Antriebskräfte in Konflikt miteinander geraten. Kürzlich erzählte uns eine Klientin von ihren zwei Hauptantriebskräften. Die eine war ihre Arbeit, die andere das Schuldgefühl, dass sie nicht genug Zeit für ihren Mann und ihre Kinder aufbrachte. Dies endete in Depressionen und Angstzuständen, sodass sie die Landkarte überprüfen musste. Sie entdeckte, dass sie bereit sein musste, einiges nach und nach zu ändern, und dies half ihr, die beiden miteinander konkurrierenden Antriebskräfte ins Gleichgewicht zu bringen. Sie erkannte auch allmählich, dass diese Triebfedern so beherrschend gewesen waren und es sie so lange gegeben hatte, dass sie den Kontakt mit ihren anderen Antriebskräften verloren hatte. In der Tat war sie sich ihrer kaum mehr bewusst. Überdies fand sie heraus, dass sie ihre Zeit nicht geschickt investierte – ihr ganzes Selbstwertgefühl bezog sie aus der Arbeit, und dies wurde dann umgehend von dem Gefühl, eine schlechte Mutter und Ehefrau zu sein, entwertet. Sie brachte diese zwei Bereiche ins Gleichgewicht und begann, in andere zu investieren. Sie widmete nicht nur ihrer Familie mehr Zeit und Energie, sondern knüpfte auch wieder verstärkt Kontakte zu Freunden. Folgendes Beispiel einer Veränderungslandkarte soll Ihnen beim Erstellen Ihrer eigenen eine Hilfe sein.

Susans Landkarte

Jetzt	27, ledig, Sekretärin, lebt in Mietwohnung
Kurzfristige Ziele	Den Mann fürs Lebens kennen lernen
Langfristige Ziele	Kinder Auf dem Land leben Einen Hund haben!
Frühere Träume und Ziele	Studieren, was ich nie tat – und sehr bedauere Ehe, Kinder, glückliches Zuhause Lehrerin sein, absolvierte stattdessen eine Ausbildung zur Sekretärin

Als wir Susan über ihren Traum, zu studieren und zu unterrichten, befragten, stellte sich heraus, dass sie es sehr bedauerte, ihn nicht verwirklicht zu haben. Sie war immer wegen ihrer Dummheit gehänselt worden. Sie stammt aus einer Akademikerfamilie und hatte sich selbst mehr oder weniger die Bewerbung an der Universität ausgeredet. Ähnlich war sie schon verfahren, als sie neun Jahre alt war und zu den Pfadfindern wollte, aber sich ihnen dann doch nicht anschloss. Sie erfand Ausreden dagegen. Nachdem wir das besprochen hatten, formulierte sie einen Plan für ihre kurzfristigen Ziele: „Herausfinden, wie ich mich zur Lehrerin ausbilden kann. Ich habe nichts zu verlieren!"

Zusammenfassung

- Um sich zuversichtlich vorwärts zu bewegen, müssen Sie Ihre persönliche, auf Sie bezogene Veränderungslandkarte erstellen.
- Zeigen Sie klar auf, woher Sie kommen, und listen Sie Folgendes auf:
  - Was hat Sie bezüglich dessen beeinflusst, wie Sie Ziele, Erwartungen und Wünsche erlebt haben?
  - Wo stehen Sie jetzt?
  - Wohin gehen Sie?
- Sie brauchen einen Plan. Ebendies beinhaltet die Landkarte, aber Sie müssen sich nicht strikt und unbeugsam daran halten. Nehmen Sie sich dafür Zeit und überprüfen Sie Ihre Bereitschaft und Ihr Engagement in jeder Phase.
- Finden Sie heraus, welche Strategien Sie einsetzen müssen. Sind sie wirksam oder müssen Sie sich neue suchen? Natürlich können Sie dies nur, wenn es Ihnen gut geht. (Jo erzählte von einer Strategie, die sie für Prüfungen einsetzte, was so aussah, dass sie sich nur so wenig wie möglich anstrengte, damit sie sich nicht vor einem Fehlschlag fürchtete. Seither hat sie neue Strategien entwickelt, die besser funktionieren. Sie hat sich die Erlaubnis erteilt, etwas anzupacken, und hat gelernt, methodischer vorzugehen und ihre Erwartungen zu verändern.)
- Erkennen Sie, was sich Ihnen in den Weg stellt und Ihre Einstellung zu Veränderungen negativ färbt.
- Hüten Sie sich vor negativen Strategien.
- Erkennen Sie, dass Ihre Triebfedern sich wandeln und dass neue Erfahrungen Sie in andere Richtungen treiben werden.
- Sie sollten sich gestatten, flexibel zu sein und Herausforderungen und Richtungsänderungen so positiv wie möglich zu begegnen.
- Die Landkarte wird Sie an die Richtung erinnern, in die Sie gehen, sodass Sie sich nicht verirren können.
- Übernehmen Sie die Verantwortung für sich selbst und erlauben Sie sich, Rat und Hilfe zu suchen.

Kapitel 10

Es kommt auf das Innenleben an

Wir haben viel darüber geschrieben, warum Sie Ihre Antriebskräfte erkennen und lernen müssen, zwischen Ihren positiven und negativen Antriebskräften genau zu unterscheiden. Auf diese Weise können Sie allmählich alle Ihre Antriebskräfte für sich nutzen. Wir haben Sie auch gebeten, von nun an Ziele zu entwickeln – lang- und kurzfristige – und sich der Strategien oder Gedankenprozesse bewusst zu werden, die Sie aus dem Gleis werfen können, wie zum Beispiel Vermeidungsverhalten und Schuldzuweisungen. Verbinden Sie dies mit dem Wissen, dass Sie die Verantwortung für sich übernehmen müssen, und Sie sind gut gerüstet für die nächste Phase, in der es darum geht, Ihre Bedürfnisse besser verstehen zu lernen. Dies muss eine Ihrer mächtigsten und grundlegendsten Antriebskräfte sein und zielt auf Ihr eigentliches Wesen.

Es gibt viele verschiedene Bedürfnisse. Angefangen bei den einfachsten bis hin zu den komplexeren sind im Folgenden die wichtigsten Bedürfnisse aufgelistet:

- Nahrung
- Trinken
- Flucht vor Schmerz
- Sex
- Obdach
- Sicherheit
- Zuneigung und Liebe
- Wertschätzung
- Selbstverwirklichung (Erfüllung des eigenen Potenzials)

Bei der Betrachtung der Bedürfnisse gibt es zwei grundlegende Aspekte:

1. Um Ihre Bedürfnisse zu befriedigen, müssen Sie sie erst einmal kennen.
2. Es gibt oft ein ‚Tauziehen‘ zwischen Ihren beiden mächtigsten Bedürfnissen, Beziehungen und Leistung. Wenn Ihnen das nicht klar ist, denken Sie über die folgenden Arten von Fragen nach:

Wählten Sie in Ihrer Schulzeit Fächer, weil Sie sich wirklich dafür interessierten, oder Ihren Eltern zuliebe?

Mussten Sie jemals eine angestrebte Beförderung ablehnen, weil dies bedeutet hätte, dass Sie weniger zu Hause wären, und Ihr Partner Einwände dagegen erhob?

Sie müssen sich auch der Folgen bewusst sein, wenn Sie Ihre Entscheidungen davon abhängig machen, was Sie Ihres Erachtens *tun sollten*, statt davon, *was für Sie das Richtige ist*. Gleichgültig, wie erfolgreich Sie vielleicht sind, werden Sie sonst noch immer unzufrieden und unglücklich sein, weil Sie eine wesentliche Triebfeder ignoriert haben. Beachten Sie: Wenn wir sagen „was für Sie das Richtige ist", sprechen wir vom absolut Grundlegenden.

Wir haben bereits viele Aspekte des Prozesses der Veränderung angesprochen. Unter anderem, dass ein Teil der Veränderung darin besteht, den Mut zu haben, sich der Antriebskräfte zu entledigen, die Sie dazu bringen oder Sie dazu verführen, Entscheidungen auf Kosten Ihrer Bedürfnisse zu fällen. Wenn Sie Ihre Bedürfnisse wirklich kennen und akzeptieren und sie immer im Kopf behalten, werden Sie zwangsläufig eine große Veränderung in Ihrem Leben erfahren. Diese Veränderung wird innerlicher Natur und wunderbar sein. Wie oft begegnen Sie Menschen, die anscheinend wirklich glücklich und zufrieden mit sich sind? Davon gibt es nicht viele, aber wenn Sie das Glück haben, ihnen zu begegnen, werden Sie ihre positive Ausstrahlung spüren. Sie strahlen etwas aus, was Geld, Status, Besitztümer, Bildung etc. niemals leisten können. Bei dieser Veränderung geht es um ein Gefühl des inneren Friedens und darum, sich in seiner Haut wohl zu fühlen. Bei dieser Veränderung geht es darum, dass Sie stärker in Kontakt mit Ihren Bedürfnissen und als Folge dessen stärker in Übereinstimmung mit einer Ihrer Hauptantriebskräfte sind.

Im Gegensatz dazu fallen Ihnen mit Sicherheit Leute aus Ihrem Bekanntenkreis ein, die im „Tauziehen" verheddert sind. (Vielleicht gehören auch Sie dazu.) Im Leben dieser Leute gibt es vielleicht viel Positives, dennoch sind sie rastlos und unzufrieden. Sie empfinden keine Dankbarkeit für die guten Dinge in ihrem Leben und streben dauernd das an, was sie nicht haben. Diese Menschen sind emotional verarmt. Denken Sie an den Spruch: „Ist das Glas halb voll oder halb leer?" Es besteht ein himmelweiter Unterschied zwischen jenen, die ihre Bedürfnisse wirklich befriedigen und deshalb das, was sie haben, tatsächlich wertschätzen, und jenen armen gequälten Seelen, die zu der Halb-leer-Brigade gehören. Der wichtigste Grund, weshalb ein Mensch wahrscheinlich glücklicher als ein anderer ist, besteht darin, dass solche Menschen sich gut genug kennen und deshalb ihre Bedürfnisse erkannt haben und dass sie sich gestatten, in Kontakt mit dieser Triebfeder zu sein. Damit wollen wir Sie keineswegs dazu ermutigen, die Bedürfnisse anderer zu missachten; das ist ein anderer Teil der Gleichung – die Bedürfnisse Ihrer Mitmenschen zu respektieren und auf einen Kompromiss hin zu arbeiten.

Also muss diese Veränderung bei Ihnen beginnen, in Ihrem Inneren. Es ist wichtig, dass Sie in sich hineinschauen, tief in Ihr Herz und Ihre Seele. Hören Sie wirklich auf Ihr Selbst, das bedeutet, dass Sie andere Stimmen aussperren müssen – vielleicht die Stimmen Ihrer Familie oder Stimmen aus der Vergangenheit. Fragen Sie sich, was genau Sie brauchen. Anders ausgedrückt, hüten Sie sich vor der *Ich-sollte*-Stimme. Sie müssen darüber hinaus zwischen Bedürfnissen und Wünschen unterscheiden. Schlagen Sie die erste Seite dieses Kapitels auf und schauen Sie sich noch einmal die verschiedenen Ebenen von Bedürfnissen an. Wünsche operieren auf einer völlig anderen Ebene, und Sie sollten immer Ihre Bedürfnisse an oberste Stelle setzen, aber tun Sie Wünsche nicht als völlig unwichtig oder irrelevant ab. Dann haben Sie immer ein solides Fundament, auf dem Sie auch Ihre Wünsche zu Wort kommen lassen können. Vielleicht wünschen Sie sich einen Beruf mit hohem Ansehen, damit Sie sich ein großes Haus und ein tolles Auto leisten können – aber passt das zu Ihren

Bedürfnissen? Halten Sie beispielsweise die viele Arbeit, den Stress, die Anspannung aus? Sie gestehen sich keinen Fehlschlag ein, wenn Sie sagen, dass Sie den Stress nicht wollen – es hat vielmehr damit zu tun, dass Sie auf sich hören und den Mut haben, sich Ihre Bedürfnisse einzugestehen. Übrigens stimmt auch das Gegenteil – wenn Sie Status und Geld brauchen, scheuen Sie sich nicht, es zuzugeben, aber gestehen Sie sich zu, dass dies Sie vielleicht nicht lange erfüllen wird. Vielleicht müssen Sie lernen, in Ihrem Leben ein besseres Gleichgewicht herzustellen. Wenn Sie eine Bilanz zwischen Ihren Bedürfnissen und Wünschen erstellen müssten, würden Sie herausfinden, dass das Maß inneren Friedens sich sofort proportional verringert, wenn das Gleichgewicht durch Wünsche gekippt wird, und umgekehrt.

Was ist das Richtige für Sie?

Beschäftigen wir uns noch einmal mit der Frage, was für Sie das Richtige ist. Es folgt das Beispiel von zwei Männern, die es in unterschiedliche Richtungen treibt. Weil sie ihre Bedürfnisse erkannten, konnten sie einige unglaublich positive Veränderungen vornehmen.

James ist 38 Jahre alt und Werbefachmann von Beruf:

„Mir kam es immer sehr darauf an, Teil einer Gruppe zu sein. Ich habe tolle Freunde und ein harmonisches Familienleben. Ich brauche es wohl, dass man mich schätzt und gut über mich denkt."

James schildert dann, wie er die Karriereleiter erklomm:

„Ich arbeitete für eine kleine Werbeagentur, und mir gefiel es dort ausgezeichnet. Wir arbeiteten prima zusammen, und jeder kannte den anderen gut. Ich behaupte nicht, dass wir keine Meinungsverschiedenheiten hatten, aber im Rückblick ging es durchaus freundschaftlich zu.

Dann beschloss ich, dass ich beruflich weiterkommen wollte, und wechselte zu einer riesigen Werbeagentur. Eine Zeit lang gefiel mir die Herausforderung. Es gab viel Konkurrenz zwischen den Agenturen, und unsere Kunden stellten hohe Anforderungen, aber allmählich fühlte ich mich echt unglücklich und bedrückt, und ich wusste gar nicht, weshalb. Wenn ich heute zurückblicke, lief alles von dem Augenblick an schief, als ich zu dieser Agentur wechselte. Ich hatte eine ziemlich hohe Position inne und fühlte mich sehr isoliert. Ich versuchte, mit Kollegen in die Kneipe zu gehen, aber ich erkannte, dass ich mich aufgrund meiner Position mit den anderen nicht wirklich anfreunden konnte. Und aufgrund der Firmengröße und der sehr viel hierarchischeren Struktur konnte man sich dort auch nicht von Angesicht zu Angesicht mit den anderen aussprechen. Deshalb wurde ziemlich viel hinter dem Rücken der anderen getuschelt, was ich nicht ausstehen kann. Und was am schlimmsten war – das klingt jetzt vielleicht recht naiv –, ich merkte, dass die anderen mich nicht mochten, wenn ich meine Autorität ausübte, und mir meinen Erfolg zudem auf wirklich aggressive Weise neideten. Eines Tages dämmerte es mir, dass es das einfach nicht wert war – ich wollte ohne Angst und Grauen in die Arbeit gehen können."

Simon hat völlig andere Bedürfnisse. Er ist 36 Jahre alt und Steuerberater:

„Ich blühe bei persönlichem Erfolg geradezu auf – er bedeutet mir sehr viel, führt aber zu Eheproblemen, weil ich mich so sehr auf meine Karriere konzentriere. Ich wurde kürzlich in meiner Steuerberaterfirma befördert und arbeite oft bis neun oder zehn Uhr abends und nehme am Wochenende Arbeit mit nach Hause. Meine Frau meint, dass mir die Arbeit wichtiger als unser Familienleben ist, und wird allmählich wirklich sauer. Ich werde dann einfach wütend und habe ein schlechtes Gewissen und fing deshalb ein Verhältnis an. Das ist jetzt vorbei und ich merke, dass mir meine Ehe wirklich wichtig ist, aber ich muss auch dieses Gefühl persönlicher Leistung spüren. Als ich das erkannte, habe ich zum ersten Mal so ehrlich wie nur möglich mit meiner Frau gesprochen. Sie fühlt sich nicht länger ausgeschlossen, sondern weiß jetzt, dass ich diese sehr mächtige Triebfeder habe. Ich musste einige Kompromisse eingehen, aber weil wir beide wissen, dass ich einen Kompromiss eingehe, fühlt sie sich viel mehr geschätzt (und dies zu Recht), und ich fühle mich frei, ohne Schuldgefühle meine Karriere zu verfolgen, wenn ich abends lange arbeite. Eines der Zugeständnisse ist mein echtes Bemühen, früher nach Hause zu kommen, anstatt gewohnheitsmäßig Überstunden zu machen, die – wenn ich ehrlich bin – nicht immer notwendig waren. Sie befriedigten mein Erfolgsbedürfnis auf Kosten meiner Ehe und dabei liebe ich meine Frau wirklich."

Simon und James haben also sehr unterschiedliche Bedürfnisse. Dadurch wird keiner von ihnen besser als der andere, und beide litten sehr, weil sie nicht in Kontakt mit ihren Antriebskräften waren und sie nicht zum Funktionieren brachten. Sie ähneln sich insofern, als sie sofort handelten, sowie sie ihre Bedürfnisse erkannten und sie sich ehrlich eingestanden. Keiner von beiden hatte leicht zu bewerkstelligende Lösungen parat, aber beide bewiesen viel Mut bei der erfolgreichen Suche nach einem Ausweg und bei der Erkenntnis, dass sie in manchen Bereichen Kompromisse schließen müssten.

Das Streben nach Geld und wie man den Lebensunterhalt verdient, spielt eine große Rolle im Leben eines jeden Menschen. Manche investieren zu viel Zeit und Energie in ihre Arbeit und fühlen sich schließlich ausgelaugt, weil sie der Arbeit einfach zu viel gewidmet und andere Lebensbereiche oder andere Quellen des Selbstwertgefühls nicht entwickelt haben. Jemand sagte uns einmal, er sorge sich um einen Freund, weil „er den falschen Gott anbetet." Dieser Satz trifft den Nagel auf den Kopf. Sie müssen Vorsicht walten lassen, welchen Stellenwert und welchen Einfluss Geld in Ihrem Leben hat. Es besteht ein großer Unterschied zwischen jemandem, der für Geld alles macht, und jemandem, der das richtige Gleichgewicht gefunden hat.

Gestern Abend beeindruckte uns ein Fernsehinterview, in dem ein sehr berühmter Rockmusiker befragt wurde, weshalb er seine Band verlassen habe. Der Interviewer wollte wissen, wie er damit habe umgehen können, seinen Ruhm und seinen Status als berühmte Persönlichkeit aufzugeben. Der Musiker antwortete, das sei kein Problem gewesen, und fuhr fort, seinem Gefühl nach habe die Band ihren Erfolg deshalb so genossen und sei so lange zusammengeblieben, weil sie alle wirklich liebend gern Musik gemacht hatten – am Anfang war Geld nicht die Triebfeder. Sie hätten großes Glück gehabt, weil sie etwas machten, was sie wirklich begeisterte, und auch noch sehr gut dafür bezahlt wurden. Was für eine Kombination! Wenn nicht Geld ins Spiel gekommen wäre, gäbe es noch immer ein Gefühl von Leistung und Glück, aber wenn das Gegenteil der Fall gewesen wäre, wäre das Gefühl von Leistung vielleicht ein sehr hohles und nur von kurzer Dauer gewesen.

Wir alle brauchen ein Gefühl von Sinn, und damit dieser Sinn so positiv wie möglich ist, muss es etwas sein, was aus Ihrem

Innersten kommt. Wenn Sie auf dieser Ebene operieren, wächst das Gefühl von Sinn und treibt Sie auf unglaublich starke Weise vorwärts. Es wird eine innere Kraftquelle, die Sie anzapfen können. Wenn Sie sie nie leer werden lassen, sind Sie nie ausgelaugt. Dieses Gefühl von Sinn wird aufgetankt, indem Sie Ihre Bedürfnisse anzapfen und indem Sie sich Ihre Reserven ungenutzten Potenzials erschließen.

Führen Sie über Ihre Bedürfnisse Tagebuch!

Um besser auf sich selbst zu hören und mehr über Ihre Bedürfnisse zu erfahren, sollten Sie wirklich ehrlich sich selbst gegenüber sein und von nun an ein Tagebuch über Ihre Gefühle führen. Gehen Sie nochmals zur Liste der Gefühle in Kapitel 6 (S. 101f.) zurück und schauen Sie sich einige der Gefühlswörter an. Durch ein tieferes Verständnis Ihrer Gefühle werden Sie Ihre Bedürfnisse viel besser verstehen können. Wenn Sie auf Ihre Gefühle hören und sie bei Ihren Entscheidungsprozessen berücksichtigen, werden Sie jenes schwer fassbare Gefühl von Sinn und inneren Frieden finden.

Schreiben Sie Ihr privates Tagebuch einige Wochen lang. Verwenden Sie darauf so viel oder wenig Zeit, wie Sie wollen, aber widmen Sie ihm einige Zeit. Seien Sie großzügig mit sich. Sie müssen die geistige Einstellung erlangen, dass Sie es wert sind, sich selbst Zeit zu gönnen. Denken Sie einen Moment darüber nach. Wie bereits zu Beginn des Buches erwähnt, steht heutzutage jeder unter Zeitdruck, aber ist es nicht geradezu eine Tragödie, dass Sie der letzte Mensch sind, dem Sie Ihre Zeit gönnen? Wir ermuntern Sie bekanntlich nicht, die Bedürfnisse anderer zu ignorieren, aber es muss eine vernünftige Balance geben. Wenn Sie die Waage nicht ein wenig zu Ihren Gunsten kippen, gehen Sie das Risiko ein, viel Groll in sich aufzustauen.

Im vorigen Kapitel baten wir Sie, über eine ziemlich ungewöhnliche Reise nachzudenken – sich Ihren 80. Geburtstag vorzustellen. Kehren Sie noch einmal zu dieser Übung zurück, aber diesmal sollen Sie sie etwas anders ausführen:

Entspannen Sie sich. Legen Sie das Buch beiseite. Schließen Sie die Augen und überlegen Sie, wen Sie zu Ihrem Fest einladen würden. Führen Sie so viele Einzelheiten an, wie Ihnen angenehm ist – gehen Sie nicht darüber hinaus. Stellen Sie sich allerdings einen Augenblick lang vor, dass Ihre anwesenden Verwandten Ihnen Fragen stellen. Und zwar sehr spezifische. Sie befragen Sie über Ihre Reise, über die Höhepunkte Ihres Lebens. Die Dinge, die Sie wirklich glücklich machten. Die Dinge, die Sie um alles in der Welt nicht hätten missen wollen. Was würden Sie sagen wollen? Was würde Sie erfreuen? Welche Erinnerungen hätten Sie gern an die Menschen in Ihrem Leben, seien es nun Freunde, Partner oder Familienangehörige? Wenn Sie Ihren Weg wählen könnten, welche Dinge müssten dann in Ihrem Leben geschehen sein – große wie kleine?

Vielleicht möchten Sie gar diese Fantasiesituation mit einer realen vergleichen. Wahrscheinlich gab es in Ihrem Leben bereits mehrere Meilensteine, wie etwa Ihren 18. und 21. Geburtstag, Ihre Hochzeit, die Geburt Ihres ersten/zweiten Kindes usw. Was sagten Sie bei diesen Meilensteinen über Ihre Zukunft? Welche Vorhersagen oder Versprechen machten Sie, und wie passen sie zu Ihrem in der Fantasie erlebten 80. Geburtstag?

Gehen Sie ein wenig zurück und schauen Sie sich Ihre Veränderungslandkarte in Kapitel 9 an. Manchmal verfügen wir über Potenzial, und wir verlieren es aus den Augen, weil es nicht gefördert wird oder nicht in einen größeren Rahmen passt. Wenn wir es aufgeben, stirbt ein Teil von uns, weil wir alle von Geburt an über Fähigkeiten und Begabungen verfügen, und sie zu verleugnen heißt, unser wahres Selbst zu verleugnen. Diese Begabungen und Fähigkeiten sind vielleicht nicht immer etwas, worauf man eine Karriere aufbauen kann, aber dadurch verlieren sie überhaupt nicht an Bedeutung. Leider wird heute zu viel Betonung darauf gelegt, wie wir unseren Lebensunterhalt verdienen, anstatt dass wir uns die Zeit nehmen, uns als die vielschichtigen und faszinierenden Wesen zu sehen, die wir sind. Wenn Sie beispielsweise künstlerisch begabt sind, aber sich für einen völlig anderen Berufsweg entschieden haben, malen oder bildhauern Sie dann überhaupt noch? Wenn

Sie eine gute Stimme haben, singen Sie oft genug? Wenn Sie gut schneidern können, nähen Sie sich manchmal etwas? Diese Liste könnte endlos so weitergehen – und oft sagen die Leute, dass sie nicht die Zeit dazu haben.

Nichts kann wertvoller sein, als etwas zu tun und wirklich Freude dabei zu empfinden. Im privaten Rahmen gibt es viele Hobbys und Interessengebiete, denen man nachgehen kann, obwohl man vielleicht nicht erstklassig darin ist. Das ist nicht das Wichtigste. Viel entscheidender ist, dass Sie etwas tun und Vergnügen daraus ziehen. Beides muss nicht Hand in Hand gehen. Vielleicht schreiben Sie auch in Ihr Tagebuch, wie oft in der Woche Sie einfach etwas machen, weil es Ihnen Freude bereitet. Viele Leute wollen nur die Möglichkeit haben, etwas ganz anderes zu tun als das, womit sie den Großteil ihrer Zeit verbringen. Menschen, die im Beruf viel sitzen, zieht es vielleicht zu Sport oder Gartenarbeit etc. Menschen mit körperlich anstrengenderen Berufen fühlen sich vielleicht zu etwas weniger Schweißtreibendem hingezogen. Vielleicht mögen wir unsere Routinetätigkeiten und Gewohnheiten als menschliche Wesen, aber uns tut auch ein wenig Abwechslung sehr gut – auch dies hilft, unser ungenutztes Potenzial und den üppigen Wandteppich, der unser Leben sein sollte, zu erkunden. Vielleicht verfügen Sie auch über eine Begabung, die durchaus als Sprungbrett für Ihre Karriere dienen könnte, aber Sie brachten bisher nicht die Energie und den Mut auf, es zu versuchen.

Zusammenfassung

- Lernen Sie, Ihre Bedürfnisse zu erkennen. Sie gehören zu den mächtigsten Triebfedern.
- Das „Tauziehen" ist ein ungemein wichtiges Thema. Sie müssen darauf gefasst sein, mit den Schlüsselpersonen in Ihrem Leben zu sprechen, und auf einen Kompromiss hinarbeiten. Schließen Sie nicht Menschen, die Ihnen aufrichtig am Herzen liegen, aus Ihrem Leben aus – dafür müssten Sie einen hohen Preis bezahlen. *Opfern Sie nicht Beziehungen.* Erkennen Sie, dass Sie diese Meinungsverschiedenheiten lösen können, gleichgültig, wie groß sie erscheinen mögen. Sie müssen nicht das eine

wählen und das andere aufgeben – Sie müssen einen Weg finden, damit beides nebeneinander existieren kann.

• Hüten Sie sich davor, Entscheidungen danach zu treffen, ob Sie etwas Ihres Erachtens *tun sollten*, statt danach, *was für sie das Richtige ist*. Ganz egal, wie erfolgreich Sie auch sein mögen, laufen Sie sonst Gefahr, unzufrieden und unglücklich zu sein.

• Wir ermuntern Sie nicht, selbstsüchtiges Verhalten hinter dem Deckmantel „seine Bedürfnisse zu befriedigen" zu verstecken. Ihre Bedürfnisse sind für Sie von fundamentaler Bedeutung, Ihre Wünsche hingegen nicht! Ihre Bedürfnisse sind niemals selbstsüchtig – Bedürfnisse sind so grundlegender Natur, wie Ihre Lungen Luft brauchen.

Teil III

Die Veränderung konsolidieren

Kapitel 11

Tauge ich genug, „dass es mir so gut gehen darf"?

Mit diesem Kapitel beginnt der Schlussteil des Buches, der davon handelt, wie Sie sich selbst fähiger machen. Sie müssen lernen, sich Ihre Kraft auf vernünftige und geeignete Weise zu nehmen, und dafür sorgen, dass Sie sie nicht buchstäblich weggeben oder es zulassen, dass sie sich erschöpft. Deshalb zeigen wir Ihnen einige Verhaltensweisen und Verfahren, die Ihnen dabei helfen, auf dieses Ziel hinzuarbeiten, und Sie darüber hinaus vor den Gefühlen bewahren, die Ihnen unversehens in die Quere kommen können.

Sie müssen von nun an auch Ihre Selbstachtung oder Ihr Selbstwertgefühl aufbauen. Wenn Sie weiter wachsen und Veränderungen in Ihrem Leben vornehmen wollen, müssen Sie sicher gehen, dass Sie in Ihren Erfolg hineinpassen, und darüber hinaus die Versuche anderer abwehren, Sie vom Kurs abzubringen. Manche Menschen können äußerst negativ reagieren, wenn ihre Freunde oder Familienmitglieder ihr Leben verändern. Vielleicht, weil sie neidisch sind, sich bedroht fühlen, Angst haben, sie zu verlieren, oder das Gefühl haben, man lasse sie einfach zurück. Also müssen Sie auf die Pläne anderer Menschen aufpassen und sich nicht von dem Pfad, den Sie eingeschlagen haben, ablenken oder sich nicht davon abbringen lassen.

Bedenken Sie auch Folgendes: Wenngleich Sie sich heute gegen Veränderung wehren, so haben Sie natürlich im Laufe Ihres Lebens bereits viele Veränderungen vorgenommen. Sie besitzen deshalb von Geburt an einen „Bauplan" oder die Fähigkeit, sich dem Wandel anzupassen, wenn Sie dies nur zulassen. Sie können und sollten nicht stillstehen – es warten Herausforderungen und Erfahrungen auf Sie, die Sie anregen und Ihnen Energie verleihen. Sie müssen sich nur ins Gedächtnis rufen, dass Sie dazu fähig sind und vor allem dieses Glück und diesen Erfolg verdienen. Sie sind es wert, also handeln Sie von jetzt an auch entsprechend.

Wir haben bereits darüber gesprochen, dass Sie die Verantwortung für Ihr Leben übernehmen müssen. Wir wollen Ihnen damit nicht eine unerträgliche Last aufbürden, und Sie sollen auch nicht meinen, dass wir Sie auffordern, sich auf eine einsame Reise zu begeben. Wir reden vielmehr vom völligen Gegenteil – von einer Reise, die Ihnen besondere Belohnungen bringen wird, wenn Sie den Mut haben, bis zum Ende durchzuhalten.

Die Schuldzuweisungsfalle

Lassen Sie sich auf keinen Fall in die Schuldzuweisungsfalle locken! Wenn Sie dahinein geraten, vergeuden Sie nur Zeit und Energie damit, anderen die Schuld zuzuschieben, anstatt sich zu fragen, was Sie selbst anders machen müssen. Wenn Sie Ihre Zeit und Energie nicht damit verschwenden, anderen den schwarzen Peter zuzuschieben, und anderen auch nicht erlauben, unfairerweise die Schuld Ihnen zuzuweisen, müssen Sie zwangsläufig Verantwortung für sich übernehmen und andere Menschen in Ihrem Leben dazu bringen, dasselbe zu tun. (Das bedeutet nicht, dass Sie nicht die Auswirkungen Ihres Verhaltens auf andere berücksichtigen sollten, aber lassen Sie sich nicht von den Beschuldigungen anderer niederschmettern oder aus der Bahn werfen.) Indem Sie Verantwortung übernehmen, werden Sie zunehmend Herr Ihres Schicksals und sind nicht mehr länger Passagier an jener „Bushaltestelle", an der alle Busse, ohne anzuhalten, vorbeifahren. Sie werden die Verantwortung tragen, voller Kraft und Macht und bereit sein, zu handeln. Wenn Sie andauernd die Schuld auf andere schieben, sind Sie nie am Ruder. Wie sollte das auch gehen? Wenn Sie die Einstellung vertreten, dass alle anderen Ihre Probleme verursachen, gilt das Gleiche für Ihr potenzielles Glück!

Manche von Ihnen reagieren vielleicht heftig auf das eben Gesagte über das Vermeiden der Schuldzuweisungsfalle. Vielleicht ist etwas geschehen, das bei Ihnen das Gefühl hinterließ, Sie hätten absolut das Recht, anderen die Schuld zuzuweisen, sehr wütend und verbittert über das verletzende, grausame oder unehrliche Verhalten eines anderen zu sein. Höchstwahrscheinlich sagen Sie sich „Ich habe nichts falsch gemacht" – „Das habe ich nicht verdient." Sie sollen nicht meinen, dass wir Ihre Gefühle nicht achten. Wir schlagen Ihnen vielmehr vor, folgende Frage zu beantworten: „Wie oft bezahlen Sie denn noch für die Fehler und Vergehen anderer? Haben Sie denn nicht schon genug gelitten, um zu wissen, dass Sie etwas unternehmen müssen, um sich zu befreien?" Lesen Sie noch einmal die Einleitung, in der wir über Vergebung schrieben. Vergebung befreit in der Tat das Opfer. Denken Sie darüber nach – wenn Sie anfangen, das Schlechte aus der Vergangenheit loszulassen, gestatten Sie damit einer unglaublich negativen Kraft nicht länger, mietfrei in Ihrem Kopf zu wohnen.

Wir behaupten damit keineswegs, dass dies leicht sei, aber der Versuch kostet Sie nichts. Wenn es im Moment wirklich schlimm für Sie ist, kann es nicht schlimmer werden, aber vielleicht bessert es sich allmählich, wenn Sie den Sprung wagen. Es gibt einige hilfreiche Übungen in diesem Kapitel, aber wenn Sie aufrichtig das Gefühl haben, dass Sie damit allein nicht zurechtkommen, holen Sie sich Hilfe. Das ist in Ordnung. Viele Menschen brauchen Unterstützung bei der Bewältigung von Vergangenem, und manche Probleme sind einfach zu gravierend, als dass man sie ohne professionelle Hilfe anpacken sollte. Verdammen Sie sich nicht zu einem Leben voll unnötigem Leiden. Wir haben mit Klienten gearbeitet, die die entsetzlichsten Tragödien und Verletzungen erlitten hatten, und sie fanden die Kraft und den Mut, mit der Unterstützung und Führung, die sie in der Therapie fanden, vorwärts zu gehen. Manche Orte sind einfach zu dunkel, als dass man sie allein aufsuchen sollte.

Manchmal können Menschen der Vergangenheit einfach Einhalt gebieten. Das ist etwas völlig anderes, als sie zu ignorieren oder eine Schicht von emotionalem Beton darüber zu gießen. Sie können die Vergangenheit nicht ignorieren oder vorgeben, sie sei nicht geschehen, aber Sie können sich davon befreien. Wenn jemand Ihnen etwas Schlimmes angetan hat, müssen Sie ihm die Verantwortung für sein schlechtes Verhalten zurückgeben. Ja, was immer auch passierte, hinterließ womöglich ein Gefühl der Schuld, Scham, Verletzung, Entwertung oder des Missbrauchs in Ihnen, aber das Entscheidende ist, dass diese Gefühle nicht wirklich Ihnen gehören! Jemand hat etwas getan, was in Ihnen diese Gefühle hervorrief, aber diese Negativität ist die seine, nicht die Ihre. Die Tatsache, dass jemand Ihnen etwas sehr Schlimmes angetan hat, macht Sie nicht zu einem schlechten Menschen. (Lesen Sie noch einmal die Einleitung, in der wir darüber sprachen, dass wir alle das Bedürfnis haben, zu verstehen, warum Dinge passieren. Menschen können nicht glauben, dass etwas aus heiterem Himmel geschieht, deshalb hat das Sich-selbst-die-Schuld-zuweisen-Syndrom zum Teil damit zu tun, dass Sie, wenngleich völlig ungerechtfertigt, fühlen müssen, Sie hätten Anteil an dem Geschehen und seien somit nicht ohne Kontrolle. Sie verdienen es, sich zu befreien und von jetzt an das Leben als ein Mensch zu führen, der wertvoll ist und Gutes verdient. Der Schlüssel zu Ihrem Fortschritt liegt darin, dass Sie sich diese Macht symbolisch wieder nehmen. Möglicherweise müssen Sie nie in Kontakt mit demjenigen treten, der Sie verletzte. Das ist womöglich zu gefährlich und schmerzhaft und es ist auch nicht wirklich nötig, weil der Prozess der Machtübernahme über sich selbst in der Sekunde beginnt, in der Sie die Entscheidung treffen, dass Sie sich nicht länger heimsuchen und quälen lassen. Mit der Zeit können Sie den Raum verringern, den Sie diesen Gedanken lassen, und ihn mit dem Positiven füllen, das heute geschieht.

Wie man schrittweise machtvoller wird

Es gibt viele Bereiche, an denen Sie arbeiten müssen, um dieses wichtige Gefühl des Machtvollseins zu erlangen. Wir behandeln zunächst die Gefühle Scham und Schuld, zwei Gefühle, die Sie ablenken und vom Weg abbringen und in Ihnen womöglich den Gedanken aufsteigen lassen, Sie seien unfähig und ungeeignet, die bevorstehende Aufgabe zu bewältigen. Bedenken Sie: Schuldgefühle kommen von dem Gefühl, dass Sie etwas falsch gemacht haben, wohingegen Scham ein Ergebnis der Taten anderer ist und Ihnen das Gefühl vermittelt, „Etwas stimmt mit mir nicht."

Wiedergutmachung

Wenn Sie jemanden verletzt oder etwas falsch gemacht haben, könnten Sie eine Wiedergutmachung erwägen. Als Erstes müssen Sie allerdings die Konsequenzen bedenken. Nur weil Sie sich bei jemandem entschuldigen wollen, heißt das nicht, dass Sie mit offenen Armen empfangen werden! Überlegen Sie, ob Sie vielleicht damit sich oder anderen schaden. Bei einem rechtlichen oder beruflichen Problem müssen Sie ebenfalls sorgsam die Folgen bedenken. Einige von ihnen mögen vielleicht dieses spezielle Spiel – es heißt Sabotage, weil Sie sich schließlich erfolgreich einreden, dass immer zwangsläufig etwas Schlimmes passiert, wenn Sie versuchen, etwas anders zu machen. Nun gut, übernehmen Sie die Verantwortung, damit es geschehen kann – aber Sie müssen erst planen und nachdenken!

Wenn Sie eine Situation wieder ins Reine bringen können, dann nur zu! Wenn nicht, müssen Sie erwägen, loszulassen. Loslassen beginnt mit der Entscheidung, nicht länger an dem, was geschah, festzuhalten. Geben Sie ihm nicht länger Raum in Ihrem Kopf. Denken Sie nicht mehr darüber nach und geißeln Sie sich nicht länger dafür. Wenn Sie etwas unternehmen wollen, um loszulassen, schreiben Sie einen Brief, in dem Sie das letzte Wort zu dieser Angelegenheit sagen, dann suchen Sie einen störungsfreien, sicheren Ort und verbrennen Sie ihn zum Abschied: „Es ist vorbei – ich muss jetzt weitergehen." Denken Sie daran, dass Selbstgeißelung nichts ändert. Sie müssen sich bewusst dafür entscheiden, sich weiterzubewegen oder zu bleiben, wo Sie sind. Die Entscheidung liegt bei Ihnen. Vergessen Sie nicht, dass Sie die Wahl haben. Schuld ist ein Kontrollmechanismus, den es deshalb gibt, um Menschen davon abzuhalten, wiederholt schlimme oder rücksichtslose Dinge zu tun – wenn es Ihnen jedoch wirklich Leid tut und Sie aus Ihrem Fehler oder Ihrer Missetat gelernt haben, dann müssen Sie sich gestatten, weiterzuziehen.

Passen Sie auf, dass man Ihnen nicht Schuld auflädt!

Hüten Sie sich vor Leuten in Ihrem Leben, die das Bedürfnis verspüren, Ihre Schwachstellen auszunutzen und Ihnen Schuld aufzuladen, weil sie etwas von Ihnen wollen. Lassen Sie sich nicht in dieses Spiel hineinziehen – es ist eine Art von Erpressung, und Sie können es sich nicht leisten, das Lösegeld weiterhin zu bezahlen. Und überdies geben Sie schlicht und einfach Ihre Macht weg, wenn Sie darauf eingehen.

Schreiben Sie einen therapeutischen Brief!

Eine gute Übung hinsichtlich Scham und Schuld ist das Verfassen eines therapeutischen Briefes. Wenn Sie nicht persönlich um Verzeihung bitten können, weil dies zu viele Probleme nach sich zöge, schreiben Sie demjenigen einen Brief. *Bitte beachten Sie: Dieser Brief dient nur Ihnen – schicken Sie ihn nicht an den Betreffenden ab!* Formulieren Sie ihn so, als ob Sie ihn der betreffenden Person aushändigen würden. Sie werden verblüfft sein, wie gut Sie sich danach fühlen. Sie können gleichermaßen auch jemandem schreiben, der Sie verletzt oder ein Gefühl der Beschämung in Ihnen ausgelöst hat. Sagen Sie dieser Person, was Sie von ihr halten und dass sie nicht länger Raum in Ihren Gedanken beanspruchen wird. Das Einzige, was Sie aktiv gegenüber jemandem tun können, der Sie verletzt hat, ist es, ihm nicht länger Macht über Sie zu geben, indem Sie nicht mehr die ganze Zeit an ihn denken. Der Betreffende weiß das vielleicht nicht, aber Sie, und es wird Ihnen erheblich besser gehen, wenn Sie wissen, dass Sie zu dieser Veränderung fähig waren.

Dieser therapeutische Brief kann auch sehr hilfreich sein, wenn Sie sich über jemanden ärgern. Schreiben Sie den Brief vorbehaltlos, und spüren Sie, wie gut es Ihnen danach geht. Vergessen Sie wiederum nicht, dass es dem anderen nur viel Macht über Sie verleiht, wenn Sie weiterhin wütend auf ihn sind. Es ist zu Ihrem Vorteil, wenn Sie loslassen.

Sprechen Sie zu einer höheren Macht oder „beten" Sie!

Manchmal hilft beten, in welcher Form es Ihnen auch behagt, sehr. Wenn Sie ein religiöser Mensch sind, ist dies von besonders großer Bedeutung.

Hören Sie mit dem Vermeidungsverhalten auf!

In Situationen, die Sie ängstigen – wie Bewerbungsgespräche, Partys, Prüfungen oder Reden in der Öffentlichkeit –, müssen Sie die Sache in die Hand nehmen. Wie bereits erwähnt, verschafft das Vermeiden bestimmter Situationen Ihrer Angst vielleicht vorübergehende Erleichterung, aber die Strafe ist unglaublich hoch. Schließlich verlieren Sie Ihr Selbstvertrauen und opfern all Ihre Macht Situationen, die Sie wahrscheinlich bewältigen könnten. Wenn Sie Situationen anpacken, die Ihnen Unbehagen bereiten oder Sie ängstigen, denken Sie daran, Ihre Erwartungen nicht zu hoch anzusetzen. Seien Sie realistisch – peilen Sie ein Ziel an, das Sie wahrscheinlich erreichen, und dann können Sie wirklich in einer guten Portion Ruhm baden. Fangen Sie also mit Situationen an, die Sie weit unten auf der Angstskala ansiedeln würden, und bewegen Sie sich vorwärts, indem Sie eine weitere Aufgabe anpacken und meistern.

Süchte

Wenn Sie von etwas abhängig sind – seien es nun Drogen (Medikamente oder illegale Drogen), Alkohol, Essen, Spielen, Sex, Kaufsucht oder was auch immer –, fehlt Ihnen im Grunde jede Wahlmöglichkeit oder Macht in Ihrem Leben. Sucht ist dadurch gekennzeichnet, dass sie Sie beherrscht – nicht umgekehrt. Am Anfang wissen Sie nicht, wann Sie aufhören werden, und wenn Sie Ihre Sucht gerade nicht befriedigen, denken Sie viel darüber nach, wann Sie es wieder tun werden. Gleichgültig ob Sie Ihre Sucht also gerade befriedigen oder nicht, sie dominiert Ihr Leben, indem sie viel Raum in Ihrem Denken einnimmt und keinen Platz mehr für etwas oder jemand anderen lässt. Warum erwägen Sie nicht, etwas dagegen zu unternehmen, bevor die Sucht Sie ruiniert? Holen Sie sich Hilfe. Schlagen Sie den Anhang (S. 223) auf, um eine erste Anlaufstelle zu erfahren.

Nehmen Sie die Dinge schrittweise in Angriff!

Lassen Sie sich davon überzeugen, dass ein kleiner Schritt einen großen Unterschied ausmachen kann. Wenn Sie nicht die gesamte Strategie in Richtung Veränderung oder Erfolg sehen können, warten Sie nicht untätig. Bewegen Sie sich, nehmen Sie einige Veränderungen vor und planen Sie dann den nächsten Schritt. Wie bereits unzählige Male erwähnt, werden Sie angesichts des Dominoeffekts selbst kleiner Veränderungen verblüfft sein.

Sie brauchen nicht auf eine Lösung zu warten!

Bleiben Sie nicht in dem alten Trott des Nichtstuns stecken, weil Sie nicht sofort eine Lösung erkennen können. Vielleicht kommt es gar nicht auf das Entdecken einer Lösung an!

Projizieren Sie nicht wild in die Zukunft!

Ist Ihnen je aufgefallen, dass es fast immer negativ ist, wenn Sie in die Zukunft projizieren (über ein zukünftiges Ereignis nachdenken)? Hören Sie damit auf, denn es fördert nur die negativen Antriebskräfte. Wenn Sie sich ernstlich Sorgen über etwas machen, wird das Projizieren zu einer Art Folter. Schluss damit also, konzentrieren Sie sich auf das Heute und die Dinge, die Sie verändern können. Widmen Sie Ihre Energie nicht einer Sache, die Sie nicht beeinflussen können.

Bringen Sie etwas Ordnung in Ihr Leben!

Sie sollen jetzt kein Kontrollfanatiker werden, aber wie können Sie sich vorwärts bewegen, wenn Sie dauernd in einem Durcheinander leben, nie etwas finden, Verabredungen und Termine nicht einhalten können? Kümmern Sie sich auch unbedingt um Ihr äußeres Erscheinungsbild und Ihre Körperpflege. Mit anderen Worten: Fangen Sie an, sich so zu verhalten, als könnten Sie es, und schauen Sie von nun an auch entsprechend aus!

Seien Sie realistisch!

Geben Sie sich Auftrieb, indem Sie auf realistische Ziele hin arbeiten, sowohl lang- als auch kurzfristige. Leben Sie nicht in einer chaotischen Welt ständig gebrochener Versprechungen, nicht eingehaltener Termine und unerledigter Aufgaben. Sonst fühlen Sie sich nur mies und müssen sich ständig anderen Leuten gegenüber entschuldigen, die das wahrscheinlich schon gar nicht mehr hören wollen.

Eignen Sie sich neue Fähigkeiten an!

Wenn es Ihnen an bestimmten Fähigkeiten mangelt, halten Sie sich nicht zurück – schauen Sie zu, dass Sie sie erlernen. Das kann sich auf alle möglichen Bereiche erstrecken, von Bildung und Hobbys bis hin zu persönlichen Fertigkeiten.

Treten Sie selbstsicher auf!

Verwechseln Sie Selbstsicherheit nicht mit Aggressivität oder Selbstsüchtigkeit – das ist etwas ganz anderes. Selbstsicher zu sein hat damit zu tun, dass Sie das, was Sie brauchen, bekommen. Sie müssen nicht fordernd oder unhöflich auftreten. Sie können Wege finden, Ihre Mitmenschen wissen zu lassen, was für Sie in Ordnung ist und was nicht.

So legen Sie Selbstsicherheit an den Tag:

1. Versuchen Sie ruhig zu bleiben, wenn Sie reden. Wenn Sie zu wütend sind, warten Sie ein wenig.
2. Gehen Sie sicher, dass das Gespräch unter vier Augen stattfindet und die andere Person wahrscheinlich aufnahmefähig ist. Es hat keinen Sinn, ein Gespräch zu versuchen, wenn jemand in Eile oder abgelenkt ist.
3. Machen Sie Ihre Gefühle klar, ohne anklagend zu wirken, und schlagen Sie eine Handlungsweise oder mögliche Lösung vor: „Wenn Sie (füllen Sie die Handlungsweise ein), fühle ich (ergänzen Sie das Gefühl), und ich hätte gern, dass Sie (ergänzen Sie die Lösung)." Wenn ein Freund von Ihnen immer zu spät kommt, könnten Sie sagen: „Wenn du zu spät

kommst, bin ich gereizt, und ich würde es vorziehen, wenn du mich in einem solchen Fall anrufst, weil ich dann während des Wartens etwas anderes machen könnte."

Wenn Sie von jetzt an auf einmal selbstsicher auftreten, reagieren die anderen vielleicht befremdet. Sie müssen jedoch auf Ihrem neuen Weg bleiben und sich nicht davon abbringen lassen oder die Anerkennung anderer suchen. Darauf gehen wir in Kapitel 12 noch näher ein.

Konsultieren Sie noch einmal Ihren Grundrechte-Katalog

Siehe Seite 56f.

Vermeiden Sie negative Selbstgespräche!

Sie wissen alle, was das ist, und wir haben weiter oben bereits über die Notwendigkeit gesprochen, damit aufzuhören. Der einzige Weg, dies zu tun, besteht darin, die Selbstgespräche immer zu hinterfragen, indem man das Positive, laut oder leise, für sich sagt. Das ähnelt dem Spielen eines neuen Musikstücks. Um es fehlerfrei spielen zu können, müssen Sie es immer wieder üben, bis Sie nicht mehr darüber nachdenken müssen.

Also üben Sie weiter. Schreiben Sie die positiven Seiten auf und üben Sie es, die negativen dadurch zu ersetzen. (Tun Sie dies auch in entspannterem Zustand, sodass Sie im Ernstfall gut vorbereitet sind.) Etwa: „Ich habe keine Angst davor, vor vielen Menschen zu sprechen. Ich kann das." Versuchen Sie, solche Feststellungen auf Kärtchen zu schreiben – befestigen Sie sie an der Pinnwand oder tragen Sie sie bei sich.

Entdecken Sie Ihr Selbstwertgefühl!

Wenn man Wagnisse eingeht und sich allmählich positive Dinge einstellen, meint man, dass man sich automatisch besser fühlen müsste. Viele Leute erleben allerdings das Gegenteil. Manche Menschen haben fast eine Schuldreaktion – „Verdiene ich das?"

Wir zeigen Ihnen eine Liste mit Punkten zu den Aspekten Selbstwert und Selbstachtung. Prüfen Sie einmal, wie viele davon für Sie zutreffen:

1. Behandle ich mich gut in körperlicher, geistiger und spiritueller Hinsicht?
2. Kann ich mein Aussehen akzeptieren?
3. Bin ich stolz auf meine äußere Erscheinung?
4. Esse ich vernünftig?
5. Ruhe ich mich genug aus?
6. War ich in letzter Zeit bei einer medizinischen Routineuntersuchung oder beim Zahnarzt?
7. Achte ich mich selbst genug, um mich nicht von anderen verletzen oder missbrauchen zu lassen?
8. Mag ich mich?
9. Betrachte ich mich als sympathisch?
10. Glaube ich, dass ich liebenswert bin und eine liebende Beziehung verdiene?
11. Bin ich noch immer überzeugt, dass ich liebenswert bin, wenn ich von anderen abgewiesen wurde?
12. Pflege ich Umgang mit emotional gesunden Menschen?
13. Akzeptiere ich die Tatsache, dass ich in schwierigen Situationen Hilfe verdiene und darum bitten sollte?
14. Genieße ich meine eigene Gesellschaft?
15. Behandle ich mich selbst so gut wie meine Freunde?
16. Weiß ich, dass ich mich nicht zu meinem Nachteil mit anderen zu vergleichen brauche?
17. Kann ich meine Begrenzungen akzeptieren?
18. Kann ich es tatsächlich genießen, mich weiterzuentwickeln, statt mich selbst fertig zu machen?
19. Kann ich ruhig dasitzen, wenn mich jemand anschreit, und akzeptieren (wenn es zutrifft), dass die Wut und Anschuldigungen des anderen tatsächlich nichts mit mir zu tun haben?
20. Lasse ich mir Zeit, nachzudenken und meinen Bedürfnissen gemäß zu handeln?
21. Nehme ich mir Zeit, meine Spiritualität zu erleben?
22. Weiß ich, dass ich das Recht habe, mich zu irren, und dass ich deshalb Fehler machen werde?

Sie sehen, die Liste umfasst sehr viel. Sofern Sie nicht alles angekreuzt haben (was unwahrscheinlich ist), müssen Sie sich an die Arbeit machen, damit Sie mehr Fragen ankreuzen können. Auf der Liste stehen grundlegende Dinge, die Sie als Erstes in Angriff nehmen können.

Wie man mit Erfolg umgeht

Viele Kinder werden von klein auf dazu erzogen, nicht anzugeben oder zu prahlen, was ja verständlich ist. Aber was passiert Ihnen, wenn Sie erfolgreich sein wollen oder es werden? Viele erfolgreiche Leute berichten, dass sie sich isoliert fühlen und Angst haben, andere von ihrem Erfolg wissen zu lassen. Und diejenigen, die erfolgreich sein wollen, fürchten sich manchmal davor, zuzugeben, dass dies ihr Ziel ist. Es ist überhaupt nichts verkehrt daran Erfolg anzustreben und, wichtiger noch, zu glauben, dass Sie ihn verdienen.

Erfolg kann aus einem weiteren Grund zermürbend sein. Er kann bedeuten, dass Sie ganz anders als Ihre Familie werden. Dies kann Sie einsam machen. Wenn Sie als sehr erfolgreich betrachtet werden, nehmen die Leute vielleicht an, Ihr Leben sei perfekt und Sie hätten keine Probleme. Deshalb wird Ihnen wahrscheinlich kein Mitgefühl oder keine Unterstützung zuteil.

Ein weiteres Problem kann darin bestehen, dass sich viele Menschen ihren Erfolg nicht eingestehen. Einige reden sich selbst ein, sie seien eine Art Betrüger, und warten nur darauf, enttarnt zu werden. Dies ist vielleicht ein weiterer Grund, weshalb Leute die Dinge nicht durchhalten – sie fürchten, dass der Erfolg ihnen nur weggenommen wird oder dass irgendeine Demütigung auf sie wartet. Oder dass sie es einfach nicht verdienen, dass es ihnen derart gut geht. Lassen Sie sich das durch den Kopf gehen, und schreiben Sie eventuell einige Ihrer Gedanken und Anliegen auf.

Seien Sie sich der negativen Antriebskräfte bewusst!

Weiter oben sprachen wir davon, dass Sie lernen sollten, sich Bilder dessen, was Sie wünschen und brauchen, zu erschaffen.

Einige von Ihnen werden dies natürlich sehr gut können, wohingegen weniger visuell veranlagte Menschen ihre Wünsche eher spüren oder „hören". Möglicherweise sind Sie jedoch völlig blockiert durch die negativen Antriebskräfte, die Sie vor Fehlschlägen, öffentlicher Schande und davor, dass Sie zu groß für Ihre Fußstapfen werden, warnen. Während Sie sich auf das hintreiben, was auch immer zu tun Sie sich wünschen oder brauchen, halten Sie Ausschau danach, welche Antriebskräfte ins Spiel kommen und Sie buchstäblich zurückdrängen. Diese sind kein Sicherheitsnetz, wie Sie sich vielleicht selbst eingeredet haben, sondern destruktive und negative Blockaden und Hürden auf dem Weg zur Veränderung.

Dies ist solch ein entscheidender Punkt – Sie haben Antriebskräfte, die Sie angeblich schützen sollen, damit Sie möglicherweise gefahrvolle Dinge vermeiden, wie etwa das Risiko eines Fehlschlags oder ein finanzielles Wagnis. Diese Antriebskräfte kommen dann ins Spiel und überzeugen Sie, dass Sie bestimmte Sachen nicht tun sollten, dass es zu riskant sei. Wenn jedoch immer auf Nummer sicher gehen und kein einziges Risiko eingehen, dann werden Sie sich auch nicht verändern.

Wenn Sie das nächste Mal Gefahr laufen, von negativen Triebfedern bestimmt zu werden, stellen Sie sich nur eine Frage: „Welchen Beweis gibt es denn dafür, dass ich auf ein Desaster zusteuere?" Wenn es einen Beweis gibt, fragen Sie sich: „Ist es *Angst*?" Dann fragen Sie sich, ob eine Möglichkeit besteht, dass diesmal die Dinge nicht doch anders sein können?

Erinnern Sie sich vor allen Dingen daran, dass Sie Erfolg verdienen, gleichgültig, ob groß oder klein und in welcher Form auch immer – erlauben Sie sich das und erkennen Sie, dass Erfolg immer als Teil eines ganzes Pakets kommt. Mit einigem davon werden Sie nur schwer umgehen können, aber lassen Sie sich von Schwierigkeiten nicht einreden, dass Sie nicht das Richtige getan hätten.

Zusammenfassung

- Geben Sie nicht Ihre Kraft weg. Sie können dies auf alle möglichen Arten tun, und es ist jetzt an der Zeit, dass Sie damit aufhören.
- Machen Sie einige Dinge anders, um sich fähiger zu machen, also lesen Sie den Anfang dieses Kapitels noch einmal.
- Wenn irgendetwas Ihnen den Weg verstellt, das Sie allein nicht bewältigen können, holen Sie sich Hilfe.
- Suchen Sie nicht nach Ausreden, und vermeiden Sie unbedingt die Schuldzuweisungsfalle.
- Arbeiten Sie an der Selbstwertgefühl-Liste. Ganz egal, wie unwohl Sie sich bei dieser Arbeit fühlen – packen Sie es an.
- Fordern Sie weiterhin das Negative heraus.

Kapitel

Die alten Muster durchbrechen

In diesem Kapitel erfahren Sie, wie man mit nicht hilfreichen Mustern bricht oder sie verändert, um die eigenen Fähigkeiten mehr und mehr ans Licht zu bringen. Sie haben bereits viel Zeit damit verbracht, Ihre Muster zu erkennen und zu verstehen; jetzt ist es an der Zeit, sich so zu verhalten, als könnten Sie wirklich die notwendigen Veränderungen vornehmen. Also dürfen Sie nicht länger ein Sklave von nutzlosen oder potenziell destruktiven Verhaltensmustern sein. Die Lösung ist ziemlich einfach, erfordert aber Überzeugung, harte Arbeit und Entschlossenheit.

Sie müssen erkennen, dass Verhaltensmuster einerseits geschaffen, andererseits aber auch umstrukturiert und verändert werden können. Also muss der Prozess gewissermaßen umgekehrt werden. Sie haben womöglich seit Jahren Ihre Verhaltensmuster eingeübt und verstärkt, also wird es dauern, sie zu ändern. Aber es ist möglich. Hören Sie damit auf, sich zu einem hilflosen Opfer zu machen, und seien Sie von nun an überzeugt, dass Sie Aspekte von sich, die Sie behindern und schlichtweg nutzlos und lähmend sind, ändern können. Sie müssen sich von nun an so verhalten, als werde dies Wirklichkeit.

Entdecken Sie Ihre Verhaltensmuster!

Sie wissen, dass Sie wie alle Menschen in gewissem Maße ein Gewohnheitstier sind, und Sie müssen erkennen, wie Sie aus den Verhaltensmustern, die Sie geschaffen und befolgt haben, ein gewisses Wohlbefinden gewinnen. Ihre Verhaltensmuster erfüllen zwei sehr bedeutsame Funktionen: Sie geben Ihnen erstens jenes wichtige Gefühl von Kontrolle und zweitens die Sicherheit des Vertrauten.

Zudem müssen Sie wissen, dass jede Veränderung Stress mit sich bringt. Es tut nicht zur Sache, ob Sie die Veränderung als vorteilhaft betrachten oder nicht. Wir möchten, dass Sie verstehen, warum das so ist. Stellen Sie sich vor, Sie fahren in dichtem Schneetreiben. Wenn andere Autos vor Ihnen gefahren sind, ist eine Spur in den Schnee gewalzt. Wenn Sie in der von den anderen platt gefahrenen Furche bleiben, ist Ihr Fahrzeug leichter zu handhaben und Sie bleiben auf Ihrem Weg. Ihre Gewohnheiten und Verhaltensweisen ähneln ein wenig dieser Furche im Schnee! Manches fühlt sich fast automatisch an und wenn Sie wie gewohnt reagieren, wird es mühelos scheinen. In der Tat merken Sie vielleicht gar nicht, was Sie tun. Wenn Sie sich entschließen, aus dieser Furche herauszufahren, werden einige offensichtliche Dinge eintreten. Das Auto wird sich schwieriger steuern lassen. Die Reise wird holprig, und Ihr Herz wird ein wenig schneller schlagen, weil Sie besorgt sind. Sie werden sich viel mehr konzentrieren müssen. Lassen Sie sich also nicht durch die Tatsache abhalten, dass Veränderungen möglicherweise recht unangenehme Gefühle hervorrufen – *das ist normal!* Sehen Sie die unerwünschten Symptome nicht fälschlicherweise als Warnsignal!

Viele Leute verurteilen sich dazu, in einem Verhaltensmuster weiterzumachen, weil sie ihres Erwachtens einen Beweis brauchen, dass die Veränderung wirklich funktioniert, oder weil sie eine Formel haben möchten, die sie befolgen können. Ist das nicht lächerlich? Dies stellt ein wichtiges Verhaltensmuster in sich dar, eines, das einen Beweis verlangt, einen Bauplan, irgendeine Garantie, ehe eine neue Handlung stattfinden kann. Derartige Starrheit ist absolut unbegründet. Hören Sie auf, sich vorzusagen, „Ich fange nicht mit etwas an, bevor ich nicht weiß, dass es funktioniert." Veränderung bedeutet nicht 100 Prozent oder gar nichts. Sie können etwas nach und nach verändern und dies stellt ein Schlüsselthema dieses Buches dar. Es reicht völlig, wenn Sie beschließen, klein anzufangen, und dann schauen, wie sich das auswirkt.

Viele Leute neigen auch dazu, sich selbst mit Botschaften zu verdammen wie: „Na ja, so bin ich nun mal" – „Man kann einem alten Hund keine neuen Kunststücke mehr beibringen." Das stimmt einfach nicht. Auf Ihrem Weg durchs Leben ist es sinnvoll zu glauben, dass Sie neue Wege des Umgangs mit Situationen, die möglicherweise auftauchen, werden finden müssen und dass Ihr Repertoire sich deshalb entsprechend wird vergrößern müssen. Vielleicht werden Sie später in Ihrem Leben auch das Selbstbewusstsein gewinnen, Strategien und Verhaltensmuster loszulassen, die nicht funktionieren können oder seit langem nicht funktionieren. Sie müssen auch Acht geben, ob Sie Ihr Verhalten rationalisieren und deshalb ein Verhaltensmuster rechtfertigen, statt sich damit auseinander zu setzen und zuzugeben, dass es Ihnen einfach nicht nützt.

Sie dürfen auch nicht vergessen, dass Sie sich vieler verschiedener Verhaltensmuster bedienen. Sie werden sich einiger davon bewusst sein, anderer hingegen nicht, und viele werden in großem Maße von Ihrem inneren Dialog beeinflusst sein. Das eine kann leicht das andere verstärken, und Sie sollten unbedingt an allen Verhaltensmustern arbeiten, weil sie oft miteinander verbunden sind und im Hinblick auf die Wirkung nicht isoliert werden können.

Erkunden Sie nun Folgendes:

1. Suchen Sie sich ein negatives Verhaltensmuster, aber für den Anfang ein einfaches. Schreiben Sie das Verhaltensmuster so detailliert und präzise auf, dass wir, wenn wir an Ihrer Stelle wären, genau wüssten, wie wir Ihr Verhaltensmuster ausführen müssten. Sie kennen diese Art Übung bereits.
2. Jetzt identifizieren Sie einige positive Verhaltensmuster – erkunden Sie sie richtiggehend. Seien Sie wieder so präzise, dass wir Sie dank dieser Informationen nachahmen könnten.

Als Hilfestellung folgen einige Beispiele sowohl positiver wie auch negativer Verhaltensmuster.

Sarah, eine 25-jährige Sekretärin, hat ein Verhaltensmuster, das sie als sehr positiv beschreibt:

„Wenn ich eine Arbeit zu erledigen habe oder irgendeinen Abgabetermin, gehe ich immer auf sehr ähnliche Weise vor. Ich berechne, wie lange ich für die Aufgabe brauchen werde, und erstelle dann einen schriftlichen Plan. Ich arbeite nicht gern auf dem letzten Drücker, also fange ich so schnell wie möglich an. Dieses Verhaltensmuster setze ich sehr häufig und für jede Art Vorhaben ein, sei es privat oder beruflich. Ich war schon immer so. Ich bin von Natur aus sehr methodisch und geordnet."

Jane, eine 35 Jahre alte Bankerin, ist das genaue Gegenteil:

„Ich spüre, dass ich am besten arbeite, wenn ich Angst habe. Meiner Überzeugung nach bringt ein gewisser Druck oft gute Arbeit hervor, aber da ich beruflich die Leiter erklommen und immer mehr Arbeit habe, funktioniert dieses Verhaltensmuster nicht mehr besonders. Ich bin jetzt dauernd hinterher und unter Druck, und mir unterlaufen seit kurzem Fehler, weil ich in solche Panik gerate."

George ist 28 Jahre alt und Personalsachbearbeiter:

„Wenn ich etwas Wichtiges erledigen muss, wie etwa eine große Präsentation geben, bin ich gern sehr gut organisiert. So bestehe ich darauf, ein Gefühl völliger Ordnung um mich herum zu schaffen. Ich gehe so weit, dass ich mir die Haare schneiden lasse und den Anzug aussuche, den ich anziehen werde. Nicht dass ich eitel wäre, ich fühle mich dann einfach besser. Ich lese auch sehr viel zum Thema (obwohl ich es gut beherrsche). Kurz vor der Präsentation schwinge ich mich sogar zu solchen Dingen auf, wie einen Schrank aufzuräumen oder Korrespondenz, die sich angehäuft hat, zu erledigen. Auf diese Weise fühle ich mich sehr konzentriert und über den Dingen stehend, gut vorbereitet und kompetent. Meine Kollegen lachen oft über mich. Sie sagen, dass ich diese Art von Situationen mit militärischer Präzision angehe. Da haben sie gar nicht so Unrecht!"

James ist ein Lehrer in den Dreißigern. Er beschreibt sich als einen Menschen, der sich über alles und jedes Sorgen macht:

„Wenn ich mit einem neuen Projekt befasst bin, grüble ich immer sofort darüber nach, was schief gehen kann. Ich neige in allen meinen

Lebensbereichen dazu. Manchmal funktioniert dies, weil ich so lohnenderweise Fehler aufspüre, aber im Allgemeinen behindert es mich – mir fehlt es an Spontaneität, und ich bin nicht willens, vertretbare Risiken einzugehen."

Cathy, 27 Jahre alt, ist Hausfrau und Mutter zweier Kinder:

"Ich habe schon immer mit meinen Pfunden gekämpft und folge in puncto Zu- und Abnehmen einem sehr vertrauten Verhaltensmuster. Ich setze mir ein genaues Ziel zum Abnehmen und stelle mir einen Diätplan auf. Ich plane meist eine Diät zwischen drei und vier Monaten. Ich fühle mich von meiner Gewichtszunahme so angeekelt, dass ich mich bestrafen will. Ich verbiete mir alle Nahrungsmittel, die mir gut schmecken, und versuche ernsthaft, mich an gedünsteten Fisch, grünes Gemüse, nur ganz kleine Portionen Brot oder Kartoffeln zu halten. Ich schaffe es oft bis zum Ende der geplanten Dauer und dann drehe ich durch und futtere alles, was ich vorher vermisste. Das endet meist damit, dass ich mehr wiege als vor meiner Diät."

Tom ist 28 Jahre alt:

"Ich erkenne ein Verhaltensmuster in meinen Beziehungen. Wenn ich die Superfrau kennen lerne, überschlage ich mich richtiggehend. Ich treffe mich nicht mehr mit meinen Freunden und konzentriere mich ausschließlich auf sie. Ich fühle mich ihr sehr schnell eng verbunden und bin oft überaus besitzergreifend und eifersüchtig. Fast jedes Mal wenn es mir ernst wurde, beendete meine Superfrau die Beziehung – sie sagen alle, ich würde sie ersticken."

Verhaltensmuster können wie sehr grundlegende Gewohnheiten sein. Wie bereits dargelegt, führt man sie möglicherweise ohne den Hauch eines Gedankens aus, und Sie können anfänglich wahrscheinlich nicht erklären, warum Sie sich so verhalten. Gewohnheiten können sich auch auf Bereiche wie Phobien und Zwangshandlungen erstrecken. Vielleicht fürchten Sie sich vor Spinnen oder haben Höhenangst. Oder Sie müssen zwanghaft immer im selben Zugwaggon sitzen oder auf demselben Platz Ihr Auto parken oder an einem bestimmten Tag immer bestimmte Kleidung tragen. Manche Gewohnheiten sind vielleicht auch mit Aberglaube verbunden. Vielleicht haben Sie beispielsweise ein paar Rituale, um zu verhindern, dass etwas Schlimmes eintritt. Ein Freund erzählte uns, dass man eine Elster grüßen müsse, wenn man allein sei, beziehungsweise wenn man in Begleitung sei, müsse man die anderen auf die Elster aufmerksam machen. Auf diese Weise könne man das Unglück verhindern, das die Elster einem angeblich bringe! Seitdem halten wir uns daran! Andere Aberglauben sind ‚auf Holz klopfen' und das Kreuzen der Finger, um Unglück abzuwehren. Vielleicht hängen Sie völlig harmlosen Formen von Aberglauben nach. In diesem Fall brauchen Sie nichts zu unternehmen, aber wenn sie Ihr Leben behindern, müssen Sie etwas dagegen tun. Wenn Sie unter einer ernsthaften Phobie leiden, brauchen Sie vielleicht professionelle Hilfe, um sich davon zu befreien (siehe Anlaufstellen, Seite 223f.). Manchmal sind Gewohnheiten Familiengewohnheiten, die buchstäblich von Generation zu Generation weitergegeben wurden. Sie können sich auf Ihre Einstellung zur Arbeit abfärben, auf die Zeit, zu der Sie aufstehen, die Zeitung, die Sie lesen, ob Sie zuerst die Milch in die Tasse gießen oder den Tee usw.

Kehren wir zu den Beispielen zurück, die uns verschiedene Leute erzählten. Zuerst einmal, ist es nicht verblüffend, dass so viele Menschen Beispiele ihrer Verhaltensmuster identifizieren und aufschreiben können? Es tut nichts zur Sache, ob sie nun lediglich einen Teil davon wahrnehmen – der Anfang ist gemacht. Es ist auch sehr eindrucksvoll zu sehen, dass Menschen ihre negativen Verhaltensmuster so klar erkennen. Was sagt uns das? Es verrät uns, dass viele Menschen fröhlich mit etwas weitermachen, von dem sie wissen, dass es negativ ist! Vielleicht waren sie vorher einfach nicht so ehrlich sich selbst gegenüber. Ja, es wird viele Gründe dafür geben. Sie dürfen nicht in die Falle dessen geraten, was sich vertraut anfühlt.

Schauen Sie sich Ihr erstes Beispiel an, Ihr negatives Verhaltensmuster. Ist Ihr Verhaltensmuster so tief verwurzelt, dass es fast einer Reflexhandlung ähnelt – Sie führen es aus, bevor Sie sich dessen überhaupt bewusst sind? Was genau machen Sie denn immer sofort? Ist es beispielsweise ein innerer Dialog? Haben Sie genau aufgeschrieben, wie er abläuft? Wie Sie wissen, sind die Dinge, die Sie sich innerlich sagen, Schlüsselfaktoren im Hinblick auf Ihre Antriebskräfte. Sie müssen von nun an jeden inneren

Dialog angehen, der Sie in ein nutzloses Verhaltensmuster treibt, und ebenso jeden positiven inneren Dialog verstärken, der Sie mit Kraft erfüllt und Ihnen hilft, Ihr Ziel weiter zu verfolgen. Stärken Sie unbedingt weiterhin Ihr Bewusstsein. Denn das Bewusstsein hilft Ihnen, auf den Pfad des Wandels zu gelangen.

Folgende Arten von Fragen sollten Sie sich stellen:

1. Welchen Beweis habe ich für diese Aussage?
2. Wenn ich sage, dass dies „immer" passiert, meine ich wirklich „immer"? Seien Sie unbedingt spezifisch und ehrlich. Überdramatisieren Sie nichts!
3. Gehört dieses Verhaltensmuster wirklich zu mir, oder ist es eher eine Familientradition?
4. Wie wäre es, wenn ich ein neues Verhaltensmuster ausprobieren würde?
5. Was hält mich davon ab, etwas einmal anders anzugehen?

Arbeiten wir einige Beispiele durch, um zu veranschaulichen, was Sie tun müssen:

Carol ist 37 Jahre alt und Personalsachbearbeiterin:

„Ich hasse es, Präsentationen zu geben. Wenn ich um eine gebeten werde, fällt mir sofort ein, wie schrecklich ich mich dabei in der Vergangenheit immer gefühlt habe. Ich versetze mich tatsächlich in frühere Situationen zurück und empfinde die Gefühle, als seien sie völlig real. Ich schwitze, mir wird schlecht, ich werde zittrig und kann nicht mehr klar denken. Dann übertönt die ‚negative Stimme‘ alles: ‚Du taugst nichts bei Präsentationen. Ich finde, Kollege Gary kann das viel besser.‘

Sie baten mich, ein paar Fragen zu beantworten. Ich habe folgendermaßen geantwortet:

1. Es gibt mehrere ‚Beweise‘. Ich hatte schon immer Angst vor Präsentationen, und wenn ich eine gebe, fühle ich mich wirklich krank, so wie eben beschrieben. Na ja, das stimmt nicht ganz. Das Problem fing vor ein paar Jahren an – ich hatte vorher nicht darüber nachgedacht. Ich weiß nur, dass ich jetzt richtig Angst habe, und ich habe aufgrund meiner Nervosität schon mehr als eine Präsentation verpatzt.

2. *Ich habe wohl Nummer 2 beantwortet. Na ja, wenn ich es mir durch den Kopf gehen lasse, gab es definitiv eine Zeit, in der ich nicht so Angst hatte. In der Tat war ich sogar einigermaßen o. k., bis ich bei meinem jetzigen Unternehmen anfing. Ich habe vorher nicht darüber nachgedacht – für mich ist es, als wäre es schon immer so schlimm gewesen. Da fällt mir etwas ein. In meiner vorigen Firma musste ich Präsentationen vor viel kleineren Gruppen halten. Ich glaube, die Kombination von meiner Beförderung, als ich hier anfing, und der Tatsache, dass ich vor doppelt so vielen Leuten sprechen musste, setzte mich stark unter Druck.*

3. *Mein Vater und mein Bruder sind ausgezeichnete Redner. Komisch – die Männer in der Familie können vor Publikum sprechen und sie betonten oft, dass Frauen das nicht können. Mein Bruder gewann öfter Wettbewerbe in der Schule, und Dad war immer so stolz auf ihn. Mum konnte um alles in der Welt weder Reden noch Referate halten – sie kann es nicht ausstehen, wenn die Aufmerksamkeit auf sie gerichtet ist. Meine Mutter ließ immer meinen Vater im Rampenlicht stehen und überlässt ihm viele Aufgaben zum Erledigen – ach, wie interessant –, dasselbe mache ich ja mit Gary, meinem Arbeitskollegen.*

4. *Jetzt habe ich ein paar Dinge kapiert, ich spüre, dass ich viel mehr von dem, was da abläuft, verstehe. Ich glaube, ich sehe mich von jetzt an klarer. Also werde ich von nun an Dinge wie ‚immer‘ nicht mehr sagen und versuchen, eine positivere Einstellung mir gegenüber zu haben. Ich bin in der Tat ziemlich verblüfft über einige Dinge, die bei dieser Übung herausgekommen sind.*

5. *Ich hielt mich selbst zurück, indem ich mir allen Ernstes einredete, dass es nicht besser werden könnte. Jetzt kann ich an die Zeiten denken, als ich weniger nervös war, und das verhilft mir wirklich zur Zuversicht, dass sich die Dinge ändern können."*

Positive Verhaltensmuster nutzen

Kehren Sie zu Ihrem ersten Beispiel zurück. Betrachten wir das positive Verhaltensmuster – etwas, das Sie tun und das Ihnen gut tut. Schauen Sie es sich noch einmal genau an und stellen Sie sich folgende Fragen:

1. Was ist es, das dies zu einem positiven Muster macht? Ist dies wiederum ein innerer Dialog, oder verweilen Sie in Gedanken bei früheren Situationen, die ein positives Resultat zeitigten? Was genau tun Sie? Wenn Sie genau wissen, was es ist, können Sie von nun an die Information nutzen, damit sie Ihnen hilft, Negatives umzudrehen.
2. Wissen Sie, wie lange Sie dieses Verhaltensmuster schon einsetzen? Ich frage mich, ob Sie den Ursprung zurückverfolgen können? Auch das kann sich als sehr nützliche Information erweisen.

Schauen wir uns an, was die 20-jährige Studentin Susan macht.
„Ich muss mit meinen Arbeiten auf dem Laufenden bleiben. Mit der Zeit habe ich gelernt, nichts zu versprechen, wenn ich mir nicht wirklich sicher bin, dass ich es auch schaffen oder den Termin einhalten kann. Das kann Folgendes sein: Heute keine Schokolade essen, rechtzeitig meine Seminararbeiten fertig stellen, eine Freundin anrufen, wenn ich es versprochen habe. Ich betrachte mich als 150-prozentig. Ich versuche das für mich funktionieren zu lassen, weil ich mir andernfalls als totale Versagerin vorkomme, und dann will ich alles nur noch schlimmer machen. Meine Freunde lachen oft über mich, weil sie meinen, dass ich auf so einem Ehrlichkeitstrip bin. Wenn sie mich bitten, etwas zu tun, und ich mir nicht sicher bin, dann sage ich ihnen offen, warum ich mich nicht darauf einlassen kann – vermutlich hat die Tatsache, dass ich ihnen das sage, ebenso viel damit zu tun, dass ich mir selber sage, warum ich es nicht kann.

Das Entscheidende ist für mich die Erkenntnis, wie elend ich mich fühle, wenn ich etwas nicht einhalte – also ist das Gegenteil davon, dass ich darüber nachdenke, wie gut es mir gehen wird. Wenn ich alles erledige, fühle ich mich weniger nervös und viel selbstsicherer. Ich mag diese Gefühle, also halte ich daran fest!"

Auch Sie haben bestimmt Strategien, die für Sie hilfreich sind, und andere, die es nicht tun – jedes Mal wenn Sie ein Verhaltensmuster identifizieren, nehmen Sie sich Zeit, innezuhalten und zu untersuchen, was genau Sie da tun und ob es Ihnen wirklich nützt. Nutzen Sie Ihre Gefühle als ein gutes Barometer dafür, was hilfreich ist und was nicht. Nehmen wir Susans Beispiel – indem sie auf sich selbst hört, weiß sie, dass es sich wirklich schlecht auf sie auswirkt, wenn sie Versprechungen macht oder sich Ziele setzt, die in einem Fehlschlag enden werden. Deshalb geht sie auf unterschiedliche Weise mit ihrem Verhaltensmuster um. Sie achtet auf sich selbst und hält ihr Motivationsniveau aufrecht, und es kommt ihr zugute, dass andere sie als rücksichtsvoll und engagiert wahrnehmen. Sie vermeidet für sich unnötige Fehlschläge, weil sie weiß, dass sie sich, sollte sie versagen, selber sehr stark sabotiert und ihr Selbstwertgefühl Schaden nimmt.

Wenn in Ihrem Leben Dinge nach dem Motto passieren: „Schon wieder – immer passiert mir so etwas!", halten Sie inne. Sie müssen auch Ihren Anteil an den Schwierigkeiten unter die Lupe nehmen. Wenn Sie weiter die Schuld auf die Situation und auf jeden daran Beteiligten schieben, lernen Sie nie aus Ihren Erfahrungen. Wenn also bestimmte Situationen in Ihrem Leben immer wiederkehren, schauen Sie sie sich genau an – lernen Sie daraus. Lassen Sie Probleme sich nicht zu Verhaltensmustern auswachsen, und werden Sie nicht ein passives Opfer davon – lassen Sie sich von Ihren positiven Antriebskräften nach vorn befördern.

Stellen Sie sich bildhaft vor, wie es sein könnte, etwas anders zu machen. Stellen Sie sich Ihre Gefühle dabei vor. Ihre freudige Aufregung. Erkennen Sie, dass Sie von jetzt an mehr Wahlmöglichkeiten haben als die, mit denen Sie in Kontakt sind. Denken Sie einen Augenblick an den Tag Ihrer Geburt. Sie hatten die Möglichkeit, mehrere verschiedene „Leben" zu leben. Ignorieren Sie nicht die Tatsache, dass Sie die Wahl haben, und fürchten Sie sich nicht davor. Ja, die Wahlmöglichkeit kann eine Herausforderung darstellen und Sie beunruhigen, und das wird oft als schlechtes Zeichen interpretiert. Manche Leute sagen: „Ich habe das nicht weiter verfolgt", weil es sich so beängstigend und furchtbeladen anfühlte. Wie wir bereits mehrfach betont haben – achten Sie auf das Gefühl der Aufgeregtheit und etikettieren Sie es nicht als Angst.

Glauben Sie von nun an fest, dass Sie auch Verhaltensmuster in Ihren Beziehungen verändern können. Natascha etwa hat eine schwierige Beziehung zu ihrer Mutter. Sie sieht ihre Mutter als sehr kritisch ihr gegenüber, aber sucht dennoch ständig ihre Anerkennung. Ihre Beziehung verschlechterte sich im Lauf der Jahre zunehmend. Im Alter von 38 Jahren erkannte Natascha, dass sie anderswo Bestätigung suchen musste. Sie hört auf, sich nur auf Ihre Mutter zu beziehen. Ihre Mutter gibt ihr vielleicht noch immer nicht das, wonach sie sich sehnt, aber ihre Beziehung hat sich erheblich verbessert.

Vereinfachen Sie Verhaltensmuster auch nicht zu sehr und ignorieren Sie nicht den Einfluss anderer Menschen. Wir haben viel davon gesprochen, dass Sie Verantwortung übernehmen müssen, aber wir meinen damit nicht, dass Sie sich die Verantwortung für andere aufbürden sollten – Sie können sich angemessen verhalten, aber Sie müssen Ihre Mitmenschen die Verantwortung für sich selbst übernehmen lassen. In Bezug auf Beziehungen müssen Sie also sehr vorsichtig sein, zu welchen Schlussfolgerungen Sie bei der Betrachtung von Verhaltensmustern gelangen. Ja, es ist hilfreich, wenn Sie sich Ihrer Verhaltensmuster bewusst sind, aber Sie müssen auch bedenken, dass zumindest eine andere Person auf dieses Verhaltensmuster einwirkt. Passen Sie also auf, wie die Verhaltensmuster anderer Sie beeinflussen und sich auf Sie auswirken.

Zusammenfassung

Rekapitulieren wir, wie Sie damit beginnen können, nutzlose Verhaltensmuster zu durchbrechen.

- Wenn ein Verhaltensmuster Ihnen nicht nützt, haben Sie den Mut, das zuzugeben.
- Ziehen Sie in Erwägung, dieses Verhaltensmuster allmählich aufzugeben – schon ein kleiner Unterschied wird Ihnen die Kraft verleihen, sich weiterhin vorwärts zu bewegen.
- Seien Sie auf der Hut vor den negativen Botschaften, die beständig hochkommen werden. Denken Sie daran, dass Sie

Veränderungen vornehmen können, wenn Sie das wollen und die richtige Hilfe haben.

- Erwägen Sie, ob Sie sich professionell beraten oder therapieren lassen, wenn Sie spüren, dass Sie schwer am Kämpfen sind, aber keinen rechten Erfolg haben.

- Häufen Sie Erfahrungen und Gefühle nicht zu einem riesigen unbezwingbaren Berg an. Sie gehen Veränderungen mit größerem Enthusiasmus und mehr Energie an, wenn es keinen Berg zu erklimmen gilt. Trennen Sie die Dinge also, und halten Sie sie auseinander. Wenn Sie beispielsweise ein berufliches Problem haben, nehmen Sie es genau unter die Lupe. Reden Sie sich nicht etwas ein wie: „So was passiert mir ständig, ich komme einfach mit meinen Vorgesetzten nicht zurecht." Gehen Sie hinsichtlich jeglicher Verhaltensmuster präzise und detailliert vor. Zerlegen Sie in diesem Beispiel die Erfahrung und benennen Sie es genau: „Ich hatte vorher Probleme mit Vorgesetzten und komme auch derzeit mit einem meiner Chefs nicht zurecht." Das hört sich doch ganz anders an, wenn Sie es so darlegen, nicht wahr?

- Gehen Sie nicht zum Metzger, wenn Sie Brot kaufen wollen, das heißt, bitten Sie nicht jemanden um etwas, der Ihnen dies gar nicht geben kann. Das kann ein besonders destruktives und schmerzvolles Verhaltensmuster sein. Denken Sie an Nataschas Beispiel auf Seite 193.

- Projizieren Sie nicht – Sie sind kein Hellseher! Also sagen Sie auch nicht die Zukunft voraus. Natürlich müssen Sie Pläne für die Zukunft schmieden, aber Sie müssen sich deswegen nicht quälen.

- Setzen Sie sich mit Ihrem Aberglauben auseinander und merzen Sie die Gedanken und Überzeugungen aus, die sich Ihrem Fortschritt in den Weg stellen.

- Hören Sie damit auf, etwas als Verhaltensmuster zu bezeichnen, das gar keines ist. „Ach, das ist ein Verhaltensmuster von mir – alles geht schief." Stimmt diese Art Feststellung denn wirklich?

- Vergessen Sie nicht, dass Sie erst damit begonnen haben müssen, ein neues Verhaltensmuster zu kreieren, ehe Sie ein altes ausmerzen können. Denken Sie an die Mutter mit dem Diätproblem. Mit ein Grund für ihr Versagen war die Tatsache, dass sie ein vorübergehendes Verhaltensmuster schuf, das unangenehm und tatsächlich als Strafe gedacht war. Es wäre viel besser, wenn sie einen Essensplan aufstellen würde, den sie langfristig einhalten und der Teil eines neuen Verhaltensmusters werden könnte. Wenn neue Verhaltensmuster nicht richtig installiert werden, ist die Wahrscheinlichkeit groß, dass Sie einfach wieder in die alten zurückfallen.

Ihr Seelenüberlebender

Sie haben bereits ausgiebig Selbsterforschung betrieben und sind in Kontakt mit Ihren Antriebskräften gekommen. Jetzt sollten Sie diese Frage aus einem etwas anderen Blickwinkel heraus betrachten. Denken Sie bitte über Ihre Antriebskräfte hinsichtlich dessen nach, was Ihrem Leben einen echten Sinn geben würde, ein tiefes Dazugehörigkeitsgefühl und das Gefühl, dass Sie sich wirklich wohl in Ihrer Haut fühlen.

Beim Versuch, diese Art von Fragen zu beantworten, müssen Sie auch darüber nachsinnen, an was Sie glauben. Sind Sie ein religiöser Mensch, oder glauben Sie, dass es uns einfach deshalb gibt, weil es uns eben gibt? Oder sind Sie ein spiritueller Mensch? Verbinden Sie das mit Religion, oder ist das für Sie etwas völlig anderes? In diesem Kapitel wollen wir Ihnen nicht verkünden, was Sie glauben sollten. Es soll Ihnen vielmehr helfen, eine unglaubliche Kraftquelle zu nutzen, die aus Ihrem Inneren kommt und Ihnen ein tiefes Gefühl von Zufriedenheit und Sinn schenken kann, wenn Sie es sich gestatten, mit ihr in Kontakt zu kommen.

Was ist Spiritualität?

Spiritualität ist äußerst schwer zu definieren – es ist fast so, als versuchte man, eine Wendeltreppe zu beschreiben, ohne die Hände zu Hilfe zu nehmen! Welche Definitionen wir auch sahen, sie hinterließen bei uns immer das Gefühl, dass nur ein kleiner Teil wirklich erfasst wurde. Unseres Erachtens liegt einer der besten Wege, sie allmählich zu verstehen, darin, sie als etwas zu sehen, was uns befähigt, unseren positiven und kreativen Teil zu entwickeln. Deshalb hat sie nicht notwendigerweise etwas mit Religion zu tun, und sie ist nichts, worüber man in einem Buch liest und das man auf der Stelle in sein Leben übernimmt! Das kommt teilweise daher, weil sie bereits in Ihnen ist. Sie ist auch etwas so Persönliches und für Sie Einzigartiges, dass der erste Schritt zu ihrer Entwicklung darin besteht, ihre Existenz zu bemerken und ihr langsam zu erlauben, aufzutauchen, in welcher Form auch immer das für Sie von Bedeutung sein kann. Anders ausgedrückt, sie gehört zu Ihnen – Sie müssen nicht dem Stil anderer Leute nacheifern. Vergessen Sie nicht: Was auch immer Sie glauben, ist in Ordnung, solange es für Sie funktioniert. Es ist sehr wichtig, dass man etwas hat, woran man glaubt, etwas, an dem man festhalten kann, etwas, das einem überleben hilft. Wiederum glauben wir, dass dies in einen religiösen Zusammenhang eingebettet sein kann oder auch nicht – Sie müssen Ihren eigenen Weg beschreiten.

Ihr innerer Kern ist Ihre Seele oder Ihr Geist, ein innerster Teil von Ihnen. In diesem Kapitel betrachten wir Spiritualität als einen Weg, der Ihnen hilft, mit sich selbst einig zu werden als menschliches Wesen in seiner ganzen Tiefe statt als jemand, der immer nur aktiv ist. Spiritualität wird Ihnen ein Gefühl des Verbundenseins vermitteln, ein tieferes Gefühl des Wohlbefindens, einen Existenzgrund, ein Gefühl des inneren Friedens. Man redet oft davon, dass Menschen in guter Gemütsstimmung sind; überlegen Sie, was Sie dazu bringt, das von sich oder anderen zu sagen. Denken Sie auch über den Ausdruck „seelenzerstörend" nach und über den Zusammenhang, in dem Sie ihn verwenden würden.

Unseres Erachtens gibt es heutzutage viele Menschen, die eine entsetzliche Unausgefülltheit und einen Richtungsverlust im tiefsten Sinne spüren. Es ist ein Gefühl entsetzlicher Leere. Wenn Sie es erlebt haben, wissen Sie, wie Furcht erregend und schmerzhaft es ist. Klienten haben es oft als ein Gefühl beschrieben, als erreiche man einen unerwarteten Scheideweg. Die Tatsache, dass es anscheinend keinen Weg nach vorn gibt, lässt in ihnen Fragen der erschreckendsten Art aufsteigen. Sie fragen sich deshalb, wohin sie gehen und warum sie tun, was sie tun. Also kommen Menschen, die das durchmachen, zu der schmerzvollen Erkenntnis, dass sie bisher einfach vor sich hin vegetierten. Dass sie auf eine Weise getrieben wurden, die sie ihrer Spiritualität beraubte, oder dass andere Aspekte ihres Lebens in einem Ausmaß dominierten, dass keine Zeit blieb, die Spiritualität zu pflegen. Um wieder in Kontakt mit jenem inneren Kern zu kommen, müssen Sie aufhören, lediglich zu vegetieren, und wieder leben. Sie müssen vor allem aufhören, sich auf das Durcheinander, das Oberflächliche, auf bedeutungslosen Kram zu konzentrieren, weil Sie sonst das verpassen, was Ihnen gegeben wurde. Sie verpassen sonst etwas unglaublich Besonderes. Spiritualität bringt Sie wieder in Kontakt damit, wer Sie sind und was Sie brauchen, und wirkt als mächtiges Gegenmittel zu einem Leben, das so oft von unspirituellen Dingen gesteuert und beherrscht wird.

Das heißt nun nicht, dass Sie die praktischen Aspekte Ihres Lebens außer Acht lassen sollten! Sie alle können erkennen, dass Sie angetrieben werden von dem Bedürfnis, für ein Heim für sich und Ihre Familie zu sorgen und eine gewisse finanzielle Sicherheit aufzubauen. Vergessen Sie aber nicht, dass dies nicht alles ist, sondern nur ein Teil dessen, was Sie ausmacht. Mit zunehmendem Alter suchen die Menschen oft eine spirituelle Bedeutung in ihrem Leben. Vielleicht kommt das daher, weil sie von anderen Antriebskräften desillusioniert sind. Oder sie haben vielleicht das Gefühl, dass sie die selbst gesteckten Aufgaben erreicht haben und dass ihnen ihre anderen Ziele nicht mehr ausreichen. Diese Ziele sichern Ihr Alltagsleben, aber das ist auch alles. Sie müssen tiefer in sich hineinreichen können, um spirituelle Kraft zu bekommen. Andernfalls bleibt in Ihnen womöglich ein tief gehendes Gefühl der Unzufriedenheit zurück. Es besteht dabei die Gefahr, dass Sie in einem Zustand emotionalen und spirituellen Bankrotts landen.

Bei Ihrer Suche nach der spirituellen Seite Ihres Lebens sollten Sie über folgende Fragen nachdenken:

- Wann hat Sie das letzte Mal etwas Schönes bewegt? Das könnte die Natur sein, etwa eine schöne Landschaft, Flora, Fauna, die Jahreszeiten – es gibt unzählige Beispiele, oder ein Kunstwerk, Musik, Dichtung, Literatur oder ein Theaterstück, das Ihnen wirklich gefiel.
- Wenn irgendetwas davon Sie anrührt, fragen Sie sich, wann Sie dem das letzte Mal gefrönt haben? Wie viel Zeit widmen Sie

Dingen, die Ihnen wirklich etwas bedeuten? Wir sprechen von Dingen, die Sie aufrichtig lieben, die Sie bewegen und Ihnen das Gefühl vermitteln, gerne am Leben zu sein, privilegiert zu sein, weil Sie daran teilhaben können.

- Vielleicht haben Sie auch Hobbys und Interessengebiete, bei denen Sie sich wohl fühlen. Pflegen Sie regelmäßig erholsame Interessen, oder gehen andere Dinge dauernd vor?
- Was ist mit Ihren Beziehungen? Nehmen Sie sich genug Zeit, seelisch aufzutanken, indem Sie mit den Ihnen wichtigen Menschen Zeit verbringen?

Schlüssel zur Spiritualität

Freude zu erleben ist ein Kernpunkt, um Ihr Leben spirituell zu bereichern. Wie Sie das erreichen, wird individuell sehr unterschiedlich sein, aber Sie sollten darüber nachdenken. Freude ist nicht oberflächlich oder unnötig – sie ist etwas ungemein Wichtiges und muss ernst genommen werden!

Um ein Leben mit einem gesunden Maß an Spiritualität zu führen, müssen Sie ehrlich sein. Wir meinen nicht, dass Sie herumpoltern und sich in die Bredouille bringen sollen, indem Sie ungehobelt sind oder den anderen Dinge über sich erzählen, die Sie verwundbar machen würden. Wir sprechen vielmehr davon, dass Sie einen Weg suchen, der Ihnen hilft, sich selber tiefer gehend zu verstehen, indem Sie sich Zeit nehmen, die Wahrheit zu sagen – indem Sie ehrlich mit sich sind. Das zwingt Sie dann auch dazu, sich mit wirklich wichtigen Dingen zu beschäftigen, statt sich unter dem Mäntelchen der Unehrlichkeit zu verstecken, womit Sie lediglich Dinge vermeiden, die unbedingt verändert werden müssten.

Sie müssen auch an den Bereichen weiterarbeiten, die Ihnen Gefühle der Schuld und Scham verursachen. Diese negativen Gefühle verhindern sonst, dass Sie Ihre spirituelle Seite voll und ganz entwickeln. Kurz: Sie müssen sich wohl in Ihrer Haut fühlen, um wirklich in Kontakt mit Ihrer Spiritualität zu gelangen.

Wiederum müssen Sie jenen Teil von sich anzapfen, der die Verantwortung für Ihr Leben übernimmt. Er ist eine wesentliche Kraftquelle und bringt Sie in den richtigen geistigen Zustand –

nicht passiv durchs Leben zu gehen. Wie bereits oft erwähnt, können Sie nicht alles kontrollieren und sollten das auch gar nicht anstreben, aber es gibt Aspekte in Ihrem Leben, auf die Sie recht großen Einfluss haben. Wenn Sie sich dafür entscheiden, können Sie durchaus ein gutes Maß an Spiritualität erlangen.

Was ist mit den wichtigen Menschen in Ihrem Leben? Menschen, denen Sie vertrauen und an die Sie glauben, und Menschen, die – wie Sie spüren – wirklich für Sie da sind und Sie bedingungslos lieben. Zu lieben und geliebt zu werden ist mit Sicherheit eine sehr spirituelle Erfahrung und ein grundlegendes menschliches Bedürfnis. Wie viel Zeit verbringen Sie mit Familienmitgliedern und Freunden, die Sie wirklich gern mögen und mit denen Sie gern zusammen sind? (Beachten Sie: Wir sprechen nicht von denen, mit denen Sie nicht gern zusammen sind!) Gute Menschen, Menschen, die Sie lieben und von denen Sie geliebt werden, laden Ihre spirituellen Batterien auf. Verbringen Sie also so viel Zeit wie möglich mit den Personen, die Ihnen am Herzen liegen, die Freude in Ihr Leben bringen, die Sie inspirieren oder die Sie vielleicht brauchen.

Gab es in Ihrem Leben je Momente, in denen Sie sich wirklich glücklich und zufrieden fühlten? Das könnte etwas so Einfaches sein wie das schöne Gefühl beim Aufwachen nach einem Nickerchen am Sonntag, Sonnenbaden oder Tagträumen bis hin zu so einschneidenden Ereignissen wie dem Moment, als Sie Ihr neugeborenes Kind zum ersten Mal sahen. Es könnte die Erfüllung des Wunsches sein, einen Ort oder ein Bild in Wirklichkeit zu sehen, das Sie als Abbildung in einem Buch bewundert haben. Versuchen Sie an solche Momente zu denken und verschaffen Sie sich unbedingt die Gelegenheit, derartige Gefühle möglichst oft zu erleben.

Gibt es Dinge, von denen Sie schon immer träumten? So viele Leute sagen uns, es sei ihr Wunsch, dass sie genug Zeit hätten, zu tanzen, eine Sprache, ein Musikinstrument zu erlernen. Was wollen Sie denn seit jeher? Und weshalb haben Sie es nicht getan? Oft machen Leute aus Angst bestimmte Dinge nicht. Angst hält die Menschen davon ab, das Leben auszuschöpfen. Um Spiritualität zu erfahren, müssen Sie wirklich Ihr Leben leben und einen Bogen um diese Angst machen. Haben Sie keine Angst mehr, zurückgewiesen oder nicht verstanden zu werden oder Risiken einzugehen. Haben Sie vor allem keine Angst davor, etwas anders zu machen. Ist es nicht unglaublich, dass so viele Menschen eine Leere in ihrem Leben erkennen und dann nichts dagegen unternehmen? Leider reden einem oft ausgerechnet die negativen Stimmen ein, dass sich nichts ändern kann, und halten einen davon ab. Also leben letztlich manche Menschen in einer selbst auferlegten Gefangenschaft. Glauben Sie von diesem Augenblick an, dass Sie nicht weiter in diesem Gefängnis verharren müssen – übernehmen Sie die Verantwortung für Ihr Glück und Ihr seelisches Wohlbefinden, und Sie werden Spiritualität finden.

Führen Sie einen ständigen Kampf gegen die Zeit? Sie können kaum Ihre spirituellen Batterien aufladen, wenn Sie immerzu erschöpft sind und nie Zeit für sich haben. Wenn Sie zu viel arbeiten – sei es in Beruf, Kindererziehung oder Pflege von Angehörigen –, wie oft fragen Sie sich, ob Ihre Müdigkeit etwas Unvermeidbares ist? Nehmen Sie Erschöpfung nie als etwas absolut Unausweichliches und Unveränderbares hin. Vielleicht können Sie durch Kleinigkeiten Ihrer Erschöpfung ein wenig Abhilfe verschaffen, und dafür gewinnen Sie dann Zeit für Ihre spirituelle Seite. Wenn Sie überbeansprucht sind, passen Sie auf, dass Sie sich nicht unnötigerweise noch mehr Aufgaben aufhalsen. Und setzen Sie sich auch keine unmöglichen Ziele – das treibt Sie nur in eine Spirale des Versagens, und Sie müssen wahrscheinlich andere Leute hängen lassen. Nie Zeit zu haben passt nicht zu einem spirituellen, also geistigen Leben. Wir haben das Wort „Geist" im Wörterbuch nachgeschlagen – es besagt „die Kraft, die den Körper belebt" – sehen Sie, was wir meinen? Wie können Sie spirituell sein, wenn Sie erschöpft und ausgebrannt sind? Die Antwort lautet, Sie können es nicht, und das Traurige daran ist, dass Sie langsam dasjenige abtöten, das lebenswichtig ist und ohne das Sie buchstäblich nicht leben können.

Einige von Ihnen haben sich vielleicht von der Religion, in der Sie erzogen wurden, entfernt. Vielleicht finden Sie nie zu ihr zurück, aber einige von Ihnen empfinden möglicherweise ein Gefühl von Verlust. Oder vielleicht fühlen Sie sich zu einer anderen Religion hingezogen. Wir baten Sie an anderer Stelle, sich spielerisch Ihren 80. Geburtstag vorzustellen (siehe Seite 153). Diese

Übung ist auch jetzt hilfreich. Überlegen Sie, was Sie wirklich vom Leben wollen. Natürlich wird es materielle Erfordernisse geben, aber was brauchen Sie sonst noch? Denken Sie jetzt einige Zeit darüber nach, weshalb Menschen einen spirituelleren oder religiöseren Weg suchen oder wirklich ihr Leben „einen Gang herunterschalten". Könnte es sein, dass sie zu der Erkenntnis gelangen, dass das, was sie haben, sie nicht ausfüllt, dass das, was sie haben, ihnen womöglich den Weg verstellt oder sie davon abhält, jenes innere Glück zu finden, von dem sie wissen, dass sie es wirklich brauchen?

Halten Sie sich vor Augen, dass Sie ein „Seelenüberlebender" sind. Sie allein verfügen über die Mittel, sich diesen inneren Frieden zu geben, der möglich ist, wenn Sie es zulassen. Wir sprachen viel darüber, dass Sie die Verantwortung übernehmen – hier ist ein weiterer Bereich, in dem Sie etwas versäumen, wenn Sie das nicht tun. Sie können nicht auf jemanden oder etwas warten, der oder das dann zufällig als Katalysator fungiert – es kann mit einer Entscheidung beginnen und wird nie aufhören, wenn Sie es erst in Bewegung gesetzt haben. Ja, Sie könnten wahrscheinlich mit einer Menge Ausreden aufwarten, warum Sie das nicht haben können oder nicht verdienen, warum es andere Leute bekommen, aber nicht Sie. Sie müssen sich mit dem Teil von Ihnen auseinander setzen, der dies tut. Erinnern Sie sich, dass nichts so sehr Gewohnheiten verändert wie Gewohnheiten. Wiederholen wir es: Nichts verändert Gewohnheiten so sehr wie Gewohnheiten. Jetzt ist es an der Zeit, sich diesen alten negativen Verhaltensweisen in den Weg zu stellen, jene Selbstgespräche abzuwürgen, denen Sie andauernd Gehör geschenkt haben. Sie sind dieser äußerst schlechten Angewohnheit verfallen, sich selbst einzureden, es sei für alle anderen in Ordnung, aber nicht für Sie. Hüten Sie sich vor diesem Verhalten, weil es Sie von jeglichem spirituellen Weg entfernt, ganz zu schweigen von spirituellem Wachstum.

Wenn Sie bei der Lektüre nicht wegkommen von dem Gedanken „spirituell = religiös" oder dass es identisch sei mit irgendeinem verqueren Glauben oder einem seltsamen Verhalten – hören Sie sofort damit auf! Blockieren Sie sich nicht unnötig. Religion und Spiritualität sind etwas völlig Unterschiedliches und bei der sorgfältigen Lektüre dieses Kapitels werden Sie das auch merken. Sie werden sich durchaus bewusst sein, das wir keinerlei befremdliche oder merkwürdige Rituale oder Praktiken vorschlagen! Das Entscheidende ist, dass Sie Sie selbst sein müssen, um spirituell zu sein. Das ist der springende Punkt. Aus diesem Grund stechen Menschen, die Spiritualität nur vorspielen, hervor – weil sie nicht aufrichtig sind. Versuchen Sie sich zu erinnern, wann Sie das letzte Mal jemanden trafen, den ein Gefühl von innerem Frieden und Zufriedenheit umgab? Erinnern Sie sich, wie sich das anfühlte? Dachten Sie: „Davon hätte ich auch gern etwas – ich frage mich, wie derjenige es geschafft hat, so zu werden"?

Von jetzt an sollten Sie sich sich selbst gegenüber öffnen und sich nicht von überflüssigen Verhaltensweisen und Gewohnheiten davon abhalten lassen. Erlauben Sie sich von nun an, die Person zu sein, die Sie sind. Vielleicht jagt Ihnen das zuerst Angst ein, aber denken Sie an den Lohn. Vergessen Sie nicht, dass spirituelle Leere nahezu immer mit negativen Gefühlen, die nicht wahr sind, erfüllt ist. Leider werden Sie angefangen haben, sie zu glauben, weil Sie sie so lange empfinden. Sie haben begonnen sich einzureden, dass sie stimmen, dass Sie sie nicht ändern können – gleichgültig wie sehr Sie sich bemühen. Aber diesmal wird es anders sein.

Haben Sie je bemerkt, was passiert, wenn Sie *versuchen*, etwas zu tun? Sie schaffen es niemals, nicht wahr? Das englische Wort für versuchen – *try* – steht für *today repeating yesterday,* also „heute das Gestern wiederholen". Also ist versuchen nicht die Antwort – es funktioniert nicht. Sie müssen es *tun*! Sie müssen Ihren Seelenüberlebenden nehmen und mit der Person, die Sie heute sind, zusammenbringen. Dies wird Ihnen die Kraft verleihen, Spiritualität um sich zu sammeln. Ihr Seelenüberlebender ist jener Teil von Ihnen, der es wirklich immer schafft und überlebt. Ganz egal, wie „kampfesmüde" und vernarbt Sie sein mögen – Sie haben überlebt. Es gibt Sie heute noch. Ja, vielleicht fühlen Sie sich schlecht, leer und ausgelaugt. Ja, vielleicht empfinden Sie all jene Gefühle der Wertlosigkeit, des geringen Selbstwerts, der Einsamkeit und Isolation, aber Sie haben überlebt! Sie haben es geschafft, die traumatischen Erlebnisse und Schwierigkeiten Ihrer Lebensreise zu überstehen. Wenn Sie all das überleben können, denken Sie nur, wie viel Sie mit einem positiven Selbstgefühl erreichen können. Am

Ende werden Sie den alten Mythos durchbrechen, dass jene Gefühle nur anderen, nicht aber Ihnen zustehen. Sie haben ein Recht auf Glück, auf positive Gefühle sich selbst gegenüber. Sie haben ein Recht auf Veränderung, aber ohne Spiritualität in Ihrem Leben wird immer dieses Unausgefülltsein bleiben – diese Leere in Ihnen.

Spiritualität lässt sich schwer definieren, weil sie eine so individuelle und persönliche Erfahrung ist, aber die Hauptbestandteile sind ein Gefühl des Wohlbefindens, der Fähigkeit, sich hinzusetzen und nur aus dem Fenster zu schauen und zu spüren, dass Sie ein Teil von etwas sind – nicht die Gesamtheit, nicht der Herrscher darüber, nicht dafür verantwortlich, sondern nur ein Teil davon. Spiritualität heißt hinnehmen, wer wir sind, und unsere Begrenzungen akzeptieren. Sie ist das Wissen, dass wir nicht alles tun können, aber auch das Bewusstsein der Dinge, die wir, wie wir wissen, gut können, für die wir dankbar sind. Seien Sie also dankbar für Ihren Seelenüberlebenden. Seien Sie dankbar für jenen Teil von Ihnen, der ein Gefühl von Sinn und eine Richtung hat. Mit der Zeit werden Sie diesem Teil von Ihnen näher kommen, der jenes Gefühl der Ganzheit und des inneren Friedens erlangen kann.

Spiritualität hat also damit zu tun, dass es Ihnen wirklich gut damit geht, Sie selbst zu sein. Sie ist sowohl eine Kraftquelle wie ein Ort, aus dem Selbstwert entspringen kann. Sie verleiht Ihnen ein Gefühl von Qualität und Wohlbefinden – dass das Leben eine Bedeutung hat und wirklich Ihnen gehört. Sie ist, wie bereits erwähnt, fast wie ein Gegenmittel zu all dem Negativen, das das moderne Leben ständig auf Sie wirft, und wenn Sie an der Entwicklung jenes Bereiches auf für Sie wichtige und hilfreiche Weise weiterarbeiten, werden Sie ungemein profitieren. So entsteht jenes Gefühl von Richtung, nach dem Sie sich von Natur aus sehnen, und wenn Sie wirklich auf sich hören, werden Sie allmählich wahrlich Ihr Potenzial verwirklichen. Geben Sie sich also einen Ruck in Richtung spirituelles Wohlbefinden und Bewusstsein.

Es macht nichts, wenn Sie vor der Lektüre dieses Buches nicht über Spiritualität nachgedacht haben. Sie müssen sich deshalb nicht schämen. Dieses Buch soll Ihnen helfen, sich zu ändern und sich in Ihrer Haut wohler zu fühlen. Das kann nur geschehen, indem Sie sich entscheiden, jetzt damit anzufangen. Sie sind Ihr Seelenüberlebender. Sie haben es in der Hand. Sie allein können die Veränderungen vornehmen. Wir können Ihnen nur Vorschläge unterbreiten und Sie bei Ihrer positiven Entscheidung, Ihre Einstellung zu ändern, unterstützen. Meinen Sie nicht, dass es in Anbetracht all dieses Potenzials ein riesiger Fehler wäre, es nicht bei Ihrer Suche nach innerem Frieden, den Sie verdienen, zu nutzen? Erkennen Sie jetzt, dass Sie nur durch das Anpacken von Problemen mental und spirituell wachsen. Allein aufgrund von Angst werden viele von Ihnen es vermieden haben, sich vorwärts zu bewegen, aber jetzt erkennen Sie allmählich, dass Angst nur ein falscher Augenschein ist – dass es gar nicht so Furcht erregend ist.

Beachten Sie also unbedingt, dass ein durch Spiritualität erhöhtes Leben eine Gelegenheit bietet, jene im Gegensatz zueinander stehenden Kräfte der Freiheit und der Abhängigkeit ins Gleichgewicht zu bringen, den Kampf zwischen Ihrer Triebfeder nach Leistung und Beziehungen, Ihren Wünschen und Ihren Bedürfnissen. Sie ist die Grundlage des Selbstwertgefühls und der Schlüssel zur Befähigung, und sie ist in Ihnen, wenn Sie sich nur dieses Schlüssels bedienen und dies erkennen.

Der Weg zu ihr kann sehr einfach sein. Er liegt vielleicht buchstäblich darin, die Gelegenheit zu Ruhe und Nachdenken (nicht notwendigerweise Meditation) zu ergreifen. Vielleicht besteht er darin, zu einem besonderen Platz zu gehen oder sich ihn zu schaffen. Vielleicht möchten Sie sich eine kleine Zufluchtsstätte in Ihrem Garten oder in einer Ecke Ihres Schlafzimmers einrichten. Vielleicht suchen Sie sich spezielle Bücher, Musik, Kunst, was auch immer Sie inspiriert. Vielleicht versprechen Sie sich, sich jeden Tag etwas Zeit für einen geliebten Menschen zu nehmen – nicht nur für den alltäglichen Umgang, sondern dafür, tatsächlich mit ihm zusammen zu sein und die Zeit zu etwas Besonderem zu machen. Es gibt unendlich viele Möglichkeiten.

Zusammenfassung

• Spiritualität ist vielschichtig und schwer zu erklären, aber am besten fängt man damit an, dass sie einen befähigt und in einem menschlichen Wesen positive und schöpferische Kräfte entwickelt. Sie ist auch etwas, das Ihrem Leben Bedeutung und ein Gefühl von Zugehörigkeit verleiht.

- Verwechseln Sie sie nicht mit Religion – sie ist etwas ganz anderes. Wenn Sie nicht religiös sind, hindert Sie das nicht daran, ein spiritueller Mensch zu sein, und umgekehrt.

- Suchen und entwickeln Sie Ihr Gefühl von Spiritualität auf eine einzigartige und persönliche Weise, dadurch wird es Ihnen völlig richtig und bedeutsam vorkommen. Versuchen Sie nicht, dem Bauplan eines anderen zu folgen.

- Wahrscheinlich brauchen Sie einen spirituellen Auftrieb, wenn Sie derzeit einen Richtungsverlust in Ihrem Leben erfahren, das Gefühl, sich an einem unangenehmen Scheideweg zu befinden.

- Sie ist nicht verrückt oder unpraktikabel. Sie müssen sich sowohl um die praktische Seite Ihres Lebens wie auch um die spirituelle kümmern – beide sind wichtig.

- Denken Sie über die Bereiche Ihres Lebens nach, die in Ihnen Gefühle des Wunderbaren und des inneren Friedens hervorrufen – vielleicht Musik, Kunst, Natur, Beziehungen – die Liste ist endlos und wiederum sehr persönlich, aber die Schlüsselfrage, die Sie sich stellen müssen, lautet: „Wie viel Zeit widme ich diesen Bereichen?"

- Jetzt müssen wir Sie erinnern, dass Zeit der größte Feind der Spiritualität ist. Wie können Sie spirituell sein, wenn Sie erschöpft sind und Ihre Zeit nur auf die Arbeit verwenden (im Beruf oder zu Hause)?

- Hüten Sie sich vor spiritueller Leere, die voll negativer Gefühle ist. Umgekehrt ist weniger Raum für Negatives, wenn Sie spirituell erfüllt sind.

- Spiritualität ist das Gegenmittel zu all dem Negativen des modernen Lebens.

Kapitel

Sofortiger Zugang zu innerem Frieden und Leichtigkeit

Zum Abschluss dieses Buches nehmen wir uns noch etwas Zeit, um Ihre bisherige Reise neu zu bewerten. Dabei werden wir die verschiedenen Stränge des Buches miteinander verknüpfen. Der Hauptteil dieses Kapitels konzentriert sich jedoch darauf, dass Sie von jetzt an lernen, einen geistigen Zustand zu schaffen und zu erlangen, der Ihnen hilft, ein stärkeres Gefühl von innerem Frieden zu spüren – ein Gefühl, das Sie zu einem Zustand der Leichtigkeit und Selbstsicherheit führt. Das erfordert Übung und Geduld, aber wenn Sie ernsthaft daran arbeiten, werden Sie die verdienten Früchte ernten.

Mit dem Durcharbeiten der Übungen in diesem Buch haben Sie begonnen, ein größeres Maß an Wissen und Einsichten zu erlangen, aber Einsichten sind absolut nutzlos, wenn Sie sie nicht umsetzen! Mittlerweile werden Sie begonnen haben, einen geistigen Zustand zu erreichen, der Sie befähigt, die Dinge anders zu betrachten, was sich wiederum direkt darauf auswirken wird, wie Sie sich fühlen. Sie werden sich mit dem auseinander setzen, was verändert werden muss, und mithilfe einiger der in diesem Buch gezeigten Techniken werden Sie sich selbstsicher genug gefühlt haben, zum Handlungsstadium fortzuschreiten, wobei Sie in einem für Sie angemessenen Tempo vorgehen. Ihre Erkundungen werden jenes „Fenster der Gelegenheit" geschaffen haben. Diesmal jedoch haben Sie es nicht nur geschaffen, sondern auch geöffnet und sind hindurch gestiegen, statt davor stehen zu bleiben und sich dann umzudrehen, als hätte es nie existiert. In der Vergangenheit waren Sie dann immer frustriert, weil Sie sahen, was anders sein könnte, aber Sie sich nie der Herausforderung stellten. Jedes Mal wenn dies passierte, untergrub dies Ihr Vertrauen darauf, dass sich Dinge ändern können – Sie waren bisher gefangen in jener sich selbst erfüllenden Prophezeiung. Durch das Ingangsetzen bestimmter Veränderungen haben Sie das nötige Gegenmittel geschaffen. Als Ergebnis dessen befinden Sie sich nun auf Ihrem Weg, sich viel fähiger und machtvoller zu fühlen. Sie haben nicht nur einige Veränderungen vorgenommen, sondern sie zudem weiter betrieben, und infolgedessen fühlen Sie sich selbstsicherer, weitere Veränderungen in Angriff zu nehmen. Der Erfolg wird Sie vorantreiben, weil er eine Energiequelle und die geistige Einstellung, dass alles möglich sei, erzeugt. Und in ebendiesem Zustand können einige Träume tatsächlich Wirklichkeit werden.

In der Schlussphase all dieser harten Arbeit geht es nun darum, jenes wahre, tiefere Gefühl von innerem Frieden zu finden. Durch das Wegräumen eines Teils der Trümmer und der Unordnung erscheint der Weg nach vorn klarer und einfacher, und der Blick zurück wird angenehmer sein. Was auch immer in der Vergangenheit liegt, jetzt erkennen Sie, dass Sie es in der Hand haben, wie es sich heute auf Sie auswirkt. Sie sind sich auch völlig bewusst, dass Sie Hilfe verdienen, falls Sie noch immer mit der Vergangenheit kämpfen. Wie lange Sie auch daran arbeiten müssen, sich zu befreien – das Endergebnis wird es immer wert sein. Wir unterschätzen nicht die Schwierigkeiten, auf die Sie womöglich stoßen, aber das hindert uns nicht, Ihnen zu sagen, dass Sie sich mit der richtigen Hilfe befreien können.

Denken wir noch einmal über einige der in diesem Buch behandelten Themen nach. Während der Arbeit an diesem Buch haben Sie vielleicht begonnen, einige der folgenden Erfahrungen zu erleben. (Vielleicht möchten Sie diese Liste erweitern – folgende Punkte sollen Ihnen nur bei Ihrer Rekapitulation als Anregung dienen.)

- Das Gefühl, dass Sie durch Hindernisse waten oder Ihre Vergangenheit hinter sich herschleppen, hat sich verringert.
- Sie empfinden ein größeres Gefühl von Freiheit.
- Sie werden sich Ihrer Möglichkeiten besser bewusst sein.
- Sie verwechseln Aufgeregtheit nicht mehr mit Angst und fühlen sich deshalb eher bereit und fähig, sich Herausforderungen zu stellen.
- Sie wissen, dass Veränderungen schwierig und belastend sind – gleichgültig ob Sie die Veränderungen nun als negativ oder positiv betrachten.

- Sie setzen sich erreichbare Ziele, und jedes Mal wenn Sie erfolgreich sind, stecken Sie sich das Ziel ein wenig höher, falls nötig.
- Sie zerlegen Aufgaben und Ziele in zu bewältigende Teile. Sie errichten sich keinen Berg mehr, angesichts dessen Ersteigung Sie sich erschöpft fühlen.
- Sie projizieren nicht mehr so negativ in die Zukunft.
- Ihre innere Stimme wird leiser sein.
- Sie werden nicht so viele falsche Verallgemeinerungen aufstellen, die Ihrer Motivation und Ihrem Antrieb schaden.
- Sie werden nicht mehr zum Metzger gehen, um Brot zu kaufen! (Wenn Sie diese Bemerkung nicht verstehen, schauen Sie sich noch einmal Kapitel 12 an.)
- Sie sind stärker in Kontakt mit Ihren Bedürfnissen und gestatten ihnen, Sie vorwärts zu drängen.
- Sie wissen auch, dass es ein natürliches „Tauziehen" gibt, weil Sie denen gefallen wollen, die Sie lieben, und Ihre eigenen Bedürfnisse befriedigen wollen.
- Sie wissen, dass das Lösen von Beziehungsproblemen keine Schwarz-Weiß-Lösung verlangt, sondern dass es Kompromisse geben muss.
- Sie sind in Bezug auf Ihre Triebfedern ehrlicher.
- Sie sind besser in Kontakt mit Ihren positiven Antriebskräften und auf der Hut vor den negativen.
- Sie haben begonnen, ein größeres Gefühl von Spiritualität zu entwickeln, oder sind zumindest besser in Kontakt damit.
- Sie sind sich der Verhaltensmuster bewusst und wissen jetzt, dass Sie nicht ihr hilfloses Opfer sein müssen, wenn sie Ihnen nicht nützen.
- Sie sind davon überzeugt, dass Sie etwas verändern können, selbst wenn Sie sich nicht ganz sicher sind, wie.
- Sie übernehmen auf die gesündeste Art die Verantwortung für sich. Sie sehen jetzt viel klarer, dass in Beziehungen die einzelnen Partner jeweils 50 Prozent beitragen müssen und erfolgreiche Beziehungen durch Kommunikation und Verhandlungen entstehen.

Wie Sie sofort zu innerem Frieden gelangen können

Schauen wir uns nun die Techniken an, mit denen man einen sofortigen Zustand von Frieden und Leichtigkeit erreichen kann – so prompt, als stecke man die EC-Karte in den Automaten und bekomme Geld! Innerer Frieden unterscheidet sich von Entspannung – er ist ein Zustand guten Selbstwertgefühls, von Selbstsicherheit und Antrieb (keines belastenden, sondern eines, der Sie spüren lässt, dass Sie wissen, wohin Sie gehen). Denken Sie an den Gesichtsausdruck eines Tennisspielers beim Aufschlag oder eines Leichtathleten am Startblock – all diese Menschen wissen, wohin sie gehen und was sie tun sollen. Vielleicht schlägt ihr Herz ein wenig schneller, aber das geht einher mit einem Gefühl der inneren Ruhe (schauen Sie sich nur ihren gesammelten Gesichtsausdruck an). Wenn sie am Startblock kauern oder den Ball aufschlagen, sagen sie sich, dass sie es ‚schaffen' und, noch wichtiger, dass sie wissen, dass sie es schaffen.

Legen Sie das Buch aus der Hand und versuchen Sie einfach, sich dieses Gefühl einige Minuten lang auszumalen – denken Sie an eine bestimmte Aufgabe und zwar an eine, die eine gewisse Herausforderung für Sie darstellt, etwa eine Rede, eine Präsentation, eine Auseinandersetzung mit jemandem, eine Reklamation – was auch immer. Stellen Sie sich kurz diese Aufgabe vor und zwingen Sie sich durch Willenskraft in ein Gefühl von „Ich schaffe es" – „Es wird klappen."

Was müssen Sie tun, um in diesen geistigen Zustand zu gelangen, dass Sie es schaffen? Was überlegen Sie? Was stellen Sie sich bildhaft vor? Welche Wörter oder Wendungen hören Sie? Denken Sie an andere Gelegenheiten in Ihrem Leben, als Sie in einer schwierigen oder belastenden Situation Erfolg hatten?

Damit Sie sich das leichter überlegen können, stellen wir Ihnen Jessica als Beispiel vor. Sie ist Familientherapeutin und wurde gebeten, in einer Fernseh-Talkshow aufzutreten. Und so ging sie ihre Nervosität an:

„Ich wollte wirklich in der Sendung auftreten, war aber sehr nervös. Ich war noch nie vorher im Fernsehen gewesen und wollte mich nicht blamieren oder meinen Arbeitgeber enttäuschen. An dem Tag meines Auftritts stand ich kurz vor Sendebeginn im Korridor des Studios und fühlte mich hundeelend, ich war nervös, zittrig und schwitzte. Wenn ich nicht aufs Klo rannte, bibberte ich buchstäblich und dachte an nichts anderes als daran, wie aufgeregt ich war. Ich entschloss mich hier und jetzt, dass ich etwas unternehmen musste, weil es mir so grässlich ging. Ich war felsenfest überzeugt, dass meine Zusage ein Riesenfehler und ich nicht dazu imstande war – ich glaubte tatsächlich, ich würde zusammenbrechen! Ich übertreibe wirklich nicht. Mir ging es körperlich elend, und ich konnte keinen klaren Gedanken fassen.

Irgendwann dachte ich: ,Das ist verrückt.' Ich wusste tatsächlich, dass es so nicht weitergehen konnte, also musste ich etwas unternehmen. Ich fragte mich, warum ich so nervös war. Ich ignorierte die negativen Antworten, weil ich ohnehin in gutem Kontakt mit ihnen war – ich brauchte sie nicht noch zu verstärken. Die positive Stimme erwiderte, das käme daher, weil ich gut sein wollte. Ich fühlte mich sofort ein wenig anders – ja – ich wollte erfolgreich sein, und ich begann, mir vorzustellen, wie es wäre, wenn ich nach einem gelungenen Auftritt vom Drehort zurückkäme. Da spürte ich schwach freudige Aufregung aufflackern, und Stück für Stück wurde die Nervosität umgewandelt. Von da an erinnerte ich mich immer wieder, dass ich aufgeregt war und einfach nur gut sein wollte. Ich etikettierte von diesem Punkt an meine Gefühle nicht mehr als Nervosität und versuchte einfach, so positiv wie möglich zu bleiben. In der Tat sagte ich mir immer wieder vor: ,Ich bin so aufgeregt – herrje, ich bin so gespannt ...' Dann dachte ich an die anderen Gelegenheiten in meinem Leben, als ich unter Stress Dinge gut gemacht hatte, und das eine schien das andere zu verstärken. Im nächsten Augenblick wurde ich vor die Kamera gerufen, und ja, ich war noch immer nervös, aber es lähmte mich nicht und ich machte meine Sache gut."

Denken Sie an die verschiedenen Rituale von Sportlern. Manche Rituale fallen ziemlich auf und wirken aggressiv wie etwa die des All-Blacks-Rugbyteams. Andere sind leiser und verhaltener, aber im Endeffekt beeinflussen solche Rituale auf der Stelle Ihre Gefühle, weil das Ritual umso machtvoller wird, je öfter es wiederholt und je ausgefeilter es wird. Es gibt verschiedene Arten, sich in eine solch positive Stimmung zu versetzen. Vielleicht haben Sie eine bestimmte Musik, mit deren Hilfe Sie Ihre Stimmung ändern können. Etwa ein Instrumentalstück oder ein fröhlicher Popsong mit einem Text, der Sie wirklich zur Tat schreiten lässt. Wenn es funktioniert, nutzen Sie es! Vielleicht nehmen Sie sich etwas Zeit, ehe Sie eine Herausforderung oder etwas Schwieriges anpacken, um eine Art Drehbuch aufzubauen, das Sie an Ihre Stärken und Fähigkeiten und vergangene Gelegenheiten erinnert, in denen Sie erfolgreich waren, und damit verleihen Sie sich die Selbstsicherheit, dass Sie es schaffen.

Andere Leute haben ziemlich abergläubische Arten von Ritualen. Einer unserer Klienten hatte ein „Glückssacko". Als er zum ersten Mal eine Präsentation gab, trug er dieses Sacko, und alles lief bestens. Deshalb schrieb er diesem Kleidungsstück Glück zu. Seither trägt er es. Es tut nichts zur Sache, ob Sie wirklich daran glauben, dass ein Kleidungsstück Glück bringen kann. Das ist völlig ohne Belang. Der springende Punkt ist für diesen Mann, dass sich seine Stimmung ändert, wenn er dieses Sacko anzieht, weil es ihm das Gefühl verleiht, dass er ein Glückspilz ist. So wählt er sich bewusst seine Stimmung und nutzt das Sacko lediglich als Verstärkung. Genau dasselbe gilt für andere Rituale. Das Ritual selbst ist vielleicht fast bedeutungslos, aber entscheidend dabei ist, dass der Betreffende die Wahl trifft, sich anders zu fühlen, und das Ritual dient als Hilfe dazu. Wenn das Ritual und das positive Ergebnis weiterhin miteinander in Verbindung gebracht und somit verstärkt werden, ist das Ergebnis umso wirkungsvoller, sodass die positiven Gefühle in dem Augenblick zu fließen beginnen, in dem die Person ihr spezielles Ritual einleitet.

Eigenartigerweise trafen wir an dem Tag, an dem wir dieses Kapitel schrieben, eine Person, die ihren sofortigen Zugang zu innerem Frieden und Selbstsicherheit auf höchst wunderbare Weise gefunden hatte:

„Der Tag hatte grauenhaft begonnen. Ich fühlte mich äußerst angespannt und niedergeschlagen. Ich hatte seit Ewigkeiten zu dieser Kunstausstellung gehen wollen, aber an diesem Tag wollte ich davon überhaupt nichts mehr wissen. Ich hatte Angst auszugehen, und fürchtete, es würde etwas wirklich Schlimmes passieren, wenn ich es täte. Nun ja, der Zufall wollte es, dass Tom, meinem Partner, einfiel,

dass die Ausstellung noch lief, und er bestand darauf, dass wir hingingen. Ich fühlte mich derart mies – ich versuchte, es ihm auszureden, aber er meinte nur: „Jetzt gehen wir mal und wenn du dich wirklich elend fühlst, können wir immer noch heimfahren.' Ich dachte, ich könnte noch entwischen, weil man dort nie einen Parkplatz findet. Und nun raten Sie mal! Genau vor dem Gebäude war ein Parkplatz frei, als wir ankamen. Ich musste lachen, aber ich war deshalb nicht optimistischer gestimmt – es kam mir eher wie eine Verschwörung vor, und mir war ganz schlecht, als ich die Treppe hinaufging und all die Leute da drinnen sah.

Wir gingen jedenfalls hinein, und ich entspannte mich auf einmal. Da hingen so viele schöne Bilder, dass ich mich ganz in sie vertiefte und über zwei Stunden blieb. Ein Gemälde beeindruckte mich besonders, ich verliebte mich richtiggehend und kaufte es. Um die Sache kurz zu machen, es wurde zu meinem sofortigen Zugang zu innerem Frieden. Ich liebe das Bild – ich finde es so schön und faszinierend, aber darüber hinaus fühle ich mich jedes Mal, wenn ich es anschaue, sofort wohl. Es erinnert mich an einen Tag, an dem sich meine Stimmung um 180 Grad drehte, und immer, wenn ich es anschaue, fällt mir ein, wie gut es mir ging, als ich es in der Ausstellung sah, und diese tollen Gefühle fließen wieder. Gestern Abend ging ich zum ersten Mal, seit es an der Wand hängt, zu Fuß heim – die Lampe darüber brannte, und ich sah das Bild von der Straße aus. Ich lächelte nur und war zutiefst glücklich."

Quellen des inneren Friedens und der Selbstsicherheit

Rekapitulieren wir noch etwas mehr und betrachten wir eingehender die Quellen, die Sie anzapfen müssen, um in diesen Zustand des inneren Friedens und der Selbstsicherheit zu gelangen und um sich vor den Blockaden zu hüten, die sich Ihnen in den Weg stellen werden.

Sehen Sie sich selbst in klarerem Licht!

Sie sollten um Ihre positiven und negativen Seiten wissen und sich die negativen zugestehen. Sie können nicht in allem gut sein, und nicht alles kann immer gelingen und das sollte es gar nicht. Sie müssen allerdings Ihre positiven Seiten unbedingt kennen – Sie dürfen nicht zu den Leuten gehören, die sich hinter falscher Bescheidenheit verstecken und auf der Strecke bleiben.

Sie müssen wissen, wohin Sie gehen!

Sie haben einige Entscheidungen für die Zukunft getroffen, und dies bildet einen Spielplan, der Sie sowohl motivieren wie auch bestärken wird. Denken Sie wieder an den Tennisspieler und den Leichtathleten. Sie können Prüfungen mutig begegnen, wenn Sie wissen, was zu tun ist, warum Sie das tun, welche Richtung das nehmen wird, und wenn Sie vor allem überzeugt sind, dass Sie über die Fähigkeiten hierfür und die innere Stärke verfügen, um jedweden negativen Antriebskräften zu widerstehen. Denken Sie an Soldaten, die in die Schlacht ziehen. Haben Sie sich je gefragt, wie sie das schaffen? Entscheidend ist ihre Ausbildung und Vorbereitung. Ein Teil ihrer natürlichen Angst wird gelindert, weil sie einen genauen Plan haben, der immer wieder eingeübt wurde, und sie haben eine Abfolge von Bewegungen auszuführen. Auch sie müssen das Unvorhergesehene in Betracht ziehen, aber sie starten zumindest von einem soliden Fundament aus.

Das bloße Wissen, wohin Sie gehen, ist ein Zustand an sich. Hierin liegt ein Gefühl von Sicherheit und Geborgenheit. Sie versuchen nicht die Zukunft vorauszusehen, aber Sie sind mit der Entscheidung gerüstet, die Sie getroffen haben, und Sie haben sich die Erlaubnis erteilt, die Sache voll Elan anzupacken. Sie werden auch ein Gefühl von Zufriedenheit spüren, weil Sie sich von nun an eingestehen, dass man nicht alles unbedingt perfekt machen muss. Sie erkennen allmählich, dass es in Ordnung ist, wenn Sie Ihr Bestes geben, und dies erlaubt Ihnen, an dem, was Sie tun, Gefallen zu finden und sich nicht übermäßig mit der Leistungsantriebskraft zu belasten.

Haben Sie keine Angst mehr, Fehler zu machen!

Gestatten Sie sich, Fehler zu machen, und geißeln Sie sich nicht dafür. Dies wird vielen von Ihnen sehr fremd sein – aber stellen Sie sich mal vor, wie es wäre, wenn es Ihnen nichts ausmachen würde, dass Ihnen Fehler unterlaufen. Das sieht schwarz auf weiß niedergeschrieben komisch aus, nicht wahr? Aber welch wunderbarer

Gedanke, dass Sie tatsächlich aufhören könnten, sich zu quälen, und von nun an Fehler als Erfahrungen betrachten könnten, aus denen Sie zumindest lernen können. Sie sollten auch erwägen, den Begriff Fehlschlag möglichst aus Ihrem Wortschatz zu streichen. Es ist so ein vernichtendes Wort und so negativ. Ja, wir wissen, auf dem Papier sieht es so einfach aus. Wahrscheinlich könnten Sie ganz gut ohne bestimmte Erfahrungen auskommen, und Sie finden nicht, dass man daraus irgendeinen Gewinn ziehen könne. Lassen Sie sich dadurch nicht ablenken – das meinen wir gar nicht. Wir sprechen von den Dingen, die man ändern kann –auf die Sie einigen Einfluss ausüben können. Lassen Sie sich nicht von dem fesseln, was nicht zu ändern ist – Sie wissen, um welche Dinge es sich handelt. Lassen Sie sich nicht länger davon blockieren.

Entsagen Sie dem Perfektionismus!

Das ist kein löblicher Zustand, sondern ein geistiger Zustand, in dem Sie niemals das Gefühl haben können, wirklich etwas geleistet zu haben – weil man einfach niemals etwas wirklich perfekt machen kann. Er hält Sie auch davon ab, manche Dinge zu tun, weil Sie sie nur dann in Angriff nehmen, wenn Sie absehen können, dass es Ihnen perfekt gelingt. Passen Sie auf, dass Perfektionismus sich nicht als positive Antriebskraft in Ihrem Leben tarnt, weil er keine ist!

Die Teilnahme an der Glückslotterie

Was veranlasst Sie zu der Annahme, dass es eine Glückslotterie gibt und der Hauptgewinn nur immer von anderen, nie aber von Ihnen gezogen wird? Wir wissen, dass Sie an Ihrem Pech kleben bleiben können und fürchten, wenn Sie einmal Pech hatten, müsste es Sie immer verfolgen. Manche Menschen können sich sogar einreden, dass das Sich-Sorgen-Machen nahezu ein Gegenmittel gegen Probleme sei – „Wenn ich mir schreckliche Sorgen wegen etwas mache, tritt es nicht ein." Aber wenn man sich auf so negative Weise vor etwas schützt, zahlt man dafür einen hohen Preis, weil so die negativen Antriebskräfte am Ruder sind. Während Sie sich im festen Griff der negativen Antriebskräfte befinden, kann nichts Positives geschehen.

Schauen Sie sich Ihre Talente an!

Nehmen Sie sich die Zeit, an die Dinge zu denken, die Sie gut können – denken Sie über die damit einhergehenden Gedankenprozesse nach. Was tun Sie denn, damit etwas Positives oder Erfolgreiches herauskommt? Sie müssen das Gefühl haben, dass Sie manchmal ein Ergebnis beeinflussen können. Arbeiten Sie unbedingt weiter an der Identifizierung nützlicher Strategien und erlauben Sie sich zu glauben, dass es ein gesundes Maß an Kontrolle gibt – glauben Sie aber nicht eine Sekunde lang, dass wir Sie auffordern, ein Kontrollfanatiker zu werden! Und wir wollen Sie auch keinesfalls zu der Annahme ermuntern, Sie könnten das Unbeherrschbare kontrollieren – das können Sie nicht, und die Erkenntnis, dass Sie Menschen, Orte und Dinge nicht beherrschen können, ist sehr heilsam! Sie können vielleicht einen gewissen Einfluss ausüben, aber lassen Sie sich nicht einmal zu der Annahme verlocken, dass Sie über eine derartige Macht verfügten.

Neue Antriebskräfte

Denken Sie darüber nach, einige neue Antriebskräfte wie etwa die folgenden zu entwickeln:

- Freude
- Sich kundig machen
- Gespannte Aufgeregtheit
- Innerer Frieden

Nehmen Sie nicht mehr die ganze Schuld auf sich! Wir fordern Sie nicht auf, keine Moral zu haben und Pflichten und Verantwortlichkeiten zu vernachlässigen. Wir fordern Sie vielmehr auf, sich von nun an nicht mehr von Schuld antreiben zu lassen. Wenn Sie ihr eine große Macht über Sie einräumen, wächst ihre Macht immer weiter an. Sie ist die Ursache von großer Qual, von Unglück und Depression.

Sie müssen sich entscheiden. Wenn Sie sich wegen einer Sache schuldig fühlen, müssen Sie entweder versuchen, etwas dagegen zu unternehmen, oder sie loslassen. Wenn Sie zum Beispiel hin-

und hergerissen sind zwischen beruflichen Pflichten und Familie und in zwei verschiedene Richtungen gezerrt werden, müssen Sie etwas tun. Verharren Sie nicht in dem Schuldgefühl – es zerstört Sie sonst. Schauen Sie sich noch einmal die Kapitel an, in denen wir dieses Thema eingehender behandelt haben.

Ihr persönliches Programm

Sie müssen Ihr persönliches Programm finden, sich all dies so einzuprägen, dass Sie in Sekundenschnelle Zugang dazu haben – als würden Sie eine Diskette in das Computerlaufwerk stecken. Vielleicht können die guten Gefühle, die von der Arbeit in diesem Bereich kommen, durch die Assoziation etwa mit einem Gedicht, einem Musikstück, einer Landschaft, der Erinnerung an etwas Schönes oder Ähnlichem ausgelöst werden. Setzen Sie sich nach Möglichkeit hin und überlegen Sie, wie Sie dies erreichen können. Ein Freund erzählte uns folgendes Beispiel:

„Ich stelle mir diesen Zauberstuhl vor. Wenn ich mich also auf einen beliebigen Stuhl setze, sage ich mir, dass ich auf diesen Stuhl niedersinke. Ich weiß, wie sich die weiche Polsterung anfühlt, kenne sogar den Geruch des Bezugs. Dieser Stuhl tut mir unglaublich gut und setzt meine positive Stimme frei. Wenn ich also darauf Platz nehme, fängt die Stimme an, mir all die positiven Dinge zu erzählen, die ich wissen muss, um jegliche vor mir liegende schwierige Aufgabe anzupacken. Ich aale mich buchstäblich in diesem Stuhl, bis ich mich bereit fühle für jede beliebige bevorstehende Aufgabe.“

Vergebung

Wir haben schon mehrfach über Vergebung gesprochen. Die Tatsache, dass sie immer wieder vorkommt, zeigt ihre Bedeutung. Sie ist besonders wichtig, wenn es darum geht, ein Gefühl von innerem Frieden zu entwickeln. Bedenken Sie, wir sprechen hier nicht davon, dass Sie unbedingt jemandem verzeihen müssen, damit es dem anderen besser geht – das Wichtigste, was es im Hinblick auf Vergebung zu verstehen gibt, ist, dass Sie sich dadurch besser fühlen. Sie befreit Sie. Wenn Sie vergeben, können Sie tatsächlich aufhören, über das Geschehene zwanghaft nachzugrübeln, und sich vorwärts bewegen. Wir sagen damit nicht, dass man vollständig vergessen kann – das wäre lächerlich –, aber Sie können sich vorwärts bewegen. Dadurch können Sie eine gewisse Distanz schaffen, die schlechte Erinnerungen abmildert, und mit der Zeit können die Erinnerungen verblassen.

Sie müssen auch erwägen, sich selbst zu vergeben. Vielleicht haben Sie etwas getan, das jemand anderen verletzte, oder Sie haben etwas Illegales oder ein Unrecht begangen. Vielleicht haben Sie eine Entscheidung getroffen, die schreckliche Folgen nach sich zog. Auch in so einem Fall können Sie sich nicht vorwärts bewegen, solange Sie sich nicht verzeihen, und sich nicht zu vergeben bedeutet schlicht und einfach, dass Sie sich zu ewiger Strafe verdammen.

Lassen Sie los!

Dies folgt auf die Vergebung. Jedes Mal wenn Sie bei etwas Negativem, das ein anderer begangen hat, oder bei Ihren eigenen Fehlern verharren, gehen Sie in die Falle von etwas Vergangenem. Der Augenblick oder die Erfahrung ist vorbei; die diesbezüglichen Gefühle leben womöglich weiter – darin besteht das Problem. Ja, und vielleicht hat es Konsequenzen auf das Heute. Was können Sie also tun? Vielleicht müssen Sie sich mit den Folgen abfinden, aber Sie können etwas gegen die Gefühle unternehmen.

Akzeptanz

Manchmal lässt sich ein Schaden nicht ungeschehen machen – aber Sie müssen ihn nicht verstärken und Ihr restliches Leben lang den Preis dafür bezahlen. Erkennen Sie jetzt, dass Sie immer dann, wenn Sie an etwas Negatives denken, weiterhin Ihre Zeit und Energie dem Negativen widmen. Wenn Sie etwas akzeptieren und loslassen können, befreien Sie sich.

Machtlosigkeit

Einige von Ihnen sind vielleicht mit dem Zwölfpunkteprogramm der Anonymen Alkoholiker vertraut. Ein Meisterstück von dessen Philosophie stellt das Konzept der Machtlosigkeit dar. Die meisten

Menschen kämpfen gegen dieses Gefühl an, aber innerer Friede kommt, wenn wir akzeptieren, dass wir im Grunde machtlos über Menschen, Orte und Dinge sind. Anders gesagt, hören Sie auf, das Unabänderliche beeinflussen zu wollen – das Leben wird auf diese Weise weniger schmerzvoll und belastend. Vergeuden Sie keine Energie oder heitere Gelassenheit, wenn etwas nicht verändert oder beeinflusst werden kann. Verwenden Sie sie unter allen Umständen auf die Bereiche Ihres Lebens, die sich beeinflussen lassen, aber vergeuden Sie nicht Ihr körperliches und seelisches Wohlbefinden für Dinge, die nicht zu ändern sind.

Welchen Wert hat das, was ich mache?

Stellen Sie sich diese Frage. Mit anderen Worten, prüfen Sie sich unbedingt, was genau Sie aus dem, was immer Sie auch tun, ziehen. Stellen Sie sich diese Frage immer wieder, vielleicht erfahren Sie viel Überraschendes!

Wenn Sie beständig an allen diesen Bereichen arbeiten, werden Sie entdecken, dass Sie immer stärker in Kontakt mit Ihren positiven Antriebskräften kommen. Sie werden auch merken, dass Sie aufhören, Dinge zu tun, die einfach nicht funktionieren oder, im schlimmsten Fall, Ihnen Probleme bereiten, indem sie Sie Ihrer Hoffnung berauben, Sie ängstlich, depressiv, wütend oder was auch immer machen. Um Ihren persönlichen sofortigen Zugang zu innerem Frieden zu erzeugen, müssen Sie erkunden, was für Sie funktioniert. Vergessen Sie nicht: Sie sind einzigartig, und Sie müssen sich unbedingt die Zeit nehmen, herauszufinden, was für Sie funktioniert. Wenn Sie sich erst einmal entschieden haben, müssen Sie regelmäßig daran arbeiten. Dadurch können Sie sich schließlich geradewegs in die wundervollen positiven Gefühle, die dann aufsteigen werden, einstimmen und sich einfach in ihnen aalen. Ob es nun eine bestimmte Musik, ein Wundersacko, ein Stuhl, ein Bild oder eine wunderschöne Aussicht ist – darauf kommt es nicht an –, suchen Sie sich etwas und lassen Sie es für sich wirken. Vielleicht liegen einige Strecken des Anstiegs vor Ihnen, aber Sie bezwingen sie einfach Schritt für Schritt und vergessen nicht, jenen sofortigen Zugang immer bei sich zu tragen.

Sie sind nun am Ende des Buches angekommen, aber dies stellt nur den Beginn Ihrer Reise zur Veränderung dar. Toll, dass Sie den Mut und die geistige Offenheit aufbringen, diese Reise anzutreten. Wenn Sie sich die Zeit genommen haben, das ganze Buch zu lesen sowie die Aufgaben und Übungen zu machen, sind Sie nun mit Informationen und Ideen gerüstet, die Ihnen dabei helfen, Ihre Motivation auf verschiedenen Ebenen zu entwickeln und auszubauen und die Herausforderung der Veränderung zu einem gesunden und aufregenden Teil Ihres Lebens zu machen, sodass Veränderung keine Illusion bleibt, die nie Früchte trägt. Seien Sie von nun an überzeugt, dass Veränderung möglich ist, stellen Sie jene negativen Stimmen ab, die Sie zurückhalten, und lernen Sie wirklich verstehen, dass diese Antriebskräfte Sie ganz natürlich voranbringen werden. Sie haben nichts zu verlieren und wahrscheinlich mehr zu gewinnen, als Sie sich überhaupt vorstellen können. Seien Sie vor allem überzeugt, dass Sie wirklich all das Gute verdienen, was Ihnen widerfahren wird, und lassen Sie sich von diesem Gedanken stimulieren.

Anhang

Anlaufstellen

Hier sind einige Adressen von Einrichtungen aufgelistet, die Ihnen weiterhelfen.

Alkoholprobleme

Anonyme Alkoholiker, Fehmarner Straße 21, 13353 Berlin-Wedding, Tel.: 030/1 92 95

Anonyme Alkoholiker, Landwehrstraße 9, 80336 München, Tel.: 089/1 92 95

Deutschlandweite Adressen finden Sie im Internet unter www.anonyme-alkoholiker.de

Zentrales Dienstbüro der Al-Anon-Familiengruppen Interessengemeinschaft e.V., Emilienstraße 4, 45128 Essen, Tel.: 02 01/77 30 07, Internet: www.al-anon.de

Essstörungen

Frankfurter Zentrum für Ess-Störungen, Hansaallee 18, 60322 Frankfurt am Main, Tel.: 069/55 01 76, Internet: www.fz-ess-stoerungen.de

Drogenprobleme

Narcotics Anonymous: NA Service Komitee, Postfach 11 10 10, 64225 Darmstadt, Tel.: 0 61 51/71 31 31, Internet: www.narcotics-anonymous.de

Spielsucht

Arbeitskreis gegen Spielsucht e.V., Wasserstraße 25, 59423 Unna, Tel.: 0 23 03/8 96 69, Internet: www.hin.de

Beratungsstellen und Therapeuten

Wenn Sie Beratung oder eine Therapie in Anspruch nehmen wollen, gibt es verschiedene Möglichkeiten, wie Sie den richtigen Ansprechpartner finden:

1. durch persönliche Empfehlung;
2. durch Ihren Hausarzt;
3. durch die lokalen psychologischen Beratungsstellen. Diese geben auch Auskunft über Therapeuten in Ihrer Nähe.

Stichwortverzeichnis